そろそろ左派は〈経済〉を語ろう

レフト3・0の政治経済学

ブレイディみかこ×松尾匡×北田暁大

亜紀書房

そろそろ左派は〈経済〉を語ろう　レフト3・0の政治経済学

目次

はじめに

経済にデモクラシーを！

ブレイディみかこ

昨年、クリスマス前の英国の書店に堆く平積みされ、多くの人々が友人や家族にプレゼントしていた本があった。わたしも目の前で、大学生ぐらいの若い女の子が三冊まとめてレジに持っていく姿を見た。その本の題名は『Talking to My Daughter About the Economy: A Brief History of Capitalism』といい、著者はギリシャの元財務相で経済学者のヤニス・バルファキス。一〇代の娘のために彼がやさしく経済について語るというコンセプトで書かれた本だ。そのまえがきには、こんなことが書かれている。

「誰もがきちんと経済について語ることができるようにするということは、善き社会の必須条件であり、真のデモクラシーの前提条件だ」

他方、スペインには「欧州の新左派」と呼ばれるポデモスという政党がある。その党首、パブロ・イグレシアスは「経済にデモクラシーを」という言葉の提唱者だ。この言葉のとおり、欧州の左派の間ではデモクラティック・エコノミーというコンセプトがさかんに議論されている。

「きっとそれは左派っぽい経済改革のことで、貧困対策の分配をきちっとやって弱者を救いましょうとか、ブラック労働をなくしましょうとか、そういうことを言っているんでしょう」ぐらいに思っていると、ポデモス提唱の経済政策を見るとびっくりするだろう。「EUの安定・成長協定にフレキシビリティーを要求する」「欧州中央銀行の財政ファイナンスを妨げるルールの変更」「スペイン憲法の財政均衡ルールの廃止」と、がっつりマクロなことが書かれているからだ。

前述のヤニス・バルファキスもポデモスと同様の経済政策を唱えているし、ついに支持率で与党を抜いた英国労働党の党首ジェレミー・コービンも彼らと志を同じくしている。

こうした欧州の左派が主張するデモクラティック・エコノミーの概念は、経済活動に関する決定権を社会で広く分散し、人々が自らの人生に主導権を持って金銭的安定を確保できる経済を実現しようという考え方だ。政治制度としての民主主義がある程度確立されたとしても、経済的不平等が存在すれば、民主主義は不完全である。その経済的なデモクラシーの圧倒的な遅れこそが、トランプ現象やブレグジット、欧州での極右勢力の台頭に繋がっているとすれば、いま左派の最優先課題が経済であることは明確である。これが欧州の左派の共通認識だ。

さて、そうした認識を持った左派がダイナミックに活動している欧州に住むわたしが、日本に帰省すると違和感をおぼえることが往々にしてある。

まず、左派の人があまり経済に関心を持っていない。というか、経済を語ることは左派の仕事ではないと思っているように感じられるときがある。また、「経済成長は必要ない」という非常に画一的な意見を耳にすることが多い。

「では貧困や格差の問題には興味ないの?」と聞くと「分配は重要」という答えが返ってくるのだが、「成長とかもうあるわけがない」「これからの日本は内面を豊かにせねばならない」と彼らが言う社会で、どうやっていま苦しんでいる人々のために実質的な分配をおこなっていくのかは不明瞭である。

この経済に対するぼんやりした態度は、近年の欧州の左派とは真逆と言ってもいい。

まあそれでも欧州に追随することはないのだし、日本には日本独特の左派がいてもいいが、しかしそうも言っていられなくなるデータがある。スコットランドのグラスゴー大学教授アンドリュー・カンバースが二〇一七年に発表した、まさにデモクラティック・エコノミーの達成度合いを測る指数と言える「経済民主主義指数」のリストを見ると、日本はＯＥＣＤ加盟の三二ヶ国の中で、下から四番目なのだ。日本の下には債務と緊縮で疲弊しているギリシャがいて、その下にはトランプの米国がいる（ちなみに最下位はスロバキアだった）。

これは何を意味するのだろう。つまり、日本は世界で経済的に最も不平等な国の一つであり、「経済にデモクラシーを」後進国であるということだ。日本人の家計金融資産が史上最高の一八三二兆円と報じられている一方で、家庭を持ったり子どもをつくったりするのはエリートのすることだと思う若者たちが存在し、就職氷河期に社会に出ることを余儀なくされたロスジェネ世代が忘却され、シングルマザーたちが毎月の生理用品を買うために食事を抜いているということだ。

こんな社会に生きる左派を名乗る人々が「経済に興味がない」と言うのは、日本独自の風土とか歴史的事情とかいうより、単に無責任なのではないだろうか。

日本の左派の人々と話していると、彼らの最大の関心事は改憲問題であり、原発問題であり、人種やジェンダー、ＬＧＢＴなどの多様性と差別の問題だ。こうしたイシューは社会のデモクラシーを守るために重要だと考えられているが、経済はデモクラシーとは関係のない事柄だと思われている。これは日本があまりにも長い間、なんだかんだ言っても自分たちはまだ豊かなのだという幻想の泡に包まれてきたたせいもあるだろうし、豊かだった時代への反省と反感が強すぎるせいかもしれない。

だが、これほど歴然と経済にデモクラシーが欠如している国であることが明らかになっているのに左派が経済に興味がないという状況は、国内経済の極端な不均衡が放置されている事実ときれいに合わせ鏡になっているように思える。豊かだった時代は良くなかったと思う人々もいるかもしれないが、豊かだった時代を知らない世代もいるし、豊かだったはずの時代から現在まで一貫して貧しい人々もいる。

そして左派とは本来、社会構造の下敷きになっている人々の側につくものであり、不公平は不可避だという考え方を否定するものではなかったのか。

「誰もがきちんと経済について語ることができるようにするということは、善き社会の必須条件であり、真のデモクラシーの前提条件だ」とヤニス・バルファキスは書いた。

欧州の左派がいまこの前提条件を確立するために動いているのは、経世済民という政治のベーシックに戻り、豊かだったはずの時代の分け前に預かれなかった人々と共に立つことが、トランプや極右政党台頭の時代に対する左派からのたった一つの有効なアンサーであると確信するからだ。

ならば経済のデモクラシー度が欧州国と比べても非常に低い日本には、こうした左派の「気づき」がより切実に必要なはずだし、時代に合わせて進化を遂げようとしている海外の左派の動きを「遠い国の話」と傍観している場合でもないだろう。わたし自身にとり、間接的、直接的に『ヨーロッパ・コーリング』以降の執筆活動の核であり続けたこのテーマを、経済学者の松尾匡さん、社会学者の北田暁大さんと日本で語り合う幸運な機会に恵まれた。この本は、英国在住の市井のライターが、お二人から多くの貴重なことを教えていただいた時間の記録でもある。

本書が、日本に「真のデモクラシーの前提条件」をつくるための助けとならんことを祈っている。

第1章

下部構造を忘れた左翼

下部構造を忘れた左翼

ブレイディ　今日、日本に着いて羽田空港から電車に乗っていたんですけど、車内で就職したてみたいなスーツを着た若い男の子が「今度一日有給がほしいんだけど、研修の時にインフルエンザで四日休んだばっかりだから……」とか友達と話しているのが聞こえてきました。思わず「有給と病休は別枠だよ！」って言ってやりたくなっちゃいました。なんか、帰国するたびに、ますます社会が萎縮していっているような気がしますね。特に若い人たちがものすごく元気がなくなっているように感じます。

松尾　そうですね。「失われた二〇年」の長期不況の影響によって、若い世代は小さな頃からずっと雇用が不安定な時代を見て育ってきましたからねぇ。小泉改革以降、雇用も流動化してますから、職を失う恐怖もあってつい萎縮してしまうんじゃないでしょうか。「階級」というのは世代を表す概念とは違いますけど、いまの若い世代は団塊世代なんかと比べるとずっと貧しい階層になってしまっています。もちろん、いまの社会は世代を問わず全体的に雇用が不安定ではありますけど、若い人たちほど、生まれた時からずっといい目を見ていませんからね。

ブレイディ　日本って、なんかそういう「年齢階級層」みたいものが特に強く表れているような気がします。

北田　いまの若者以上に、三〇代後半〜四〇代半ばの「元若者」であるロストジェネレーションの状況は悲惨ですよ。バブル期と小泉構造改革の間に挟まったロスジェネの世代は、格差論が唱えられはじめたゼロ年代の初頭にはまだ「若者」でしたが、もはや「単なる中年」になってしまいました。他方、いまの若者世代はロスジェネの頃に比べれば就職率もずいぶん良くなり、大学新卒者も売り手市場になってきているので、まだマシなほうだと思います。

松尾　ロスジェネは「失われた二〇年」のあおりをもっとも強く受けた世代ですからね。いずれにしても、持続的な経済成長があった時代に資産を形成できた世代と、不況の時代に社会に出た世代とでは、所得や財産に大きな開きが出ています。現在の日本社会は、かつて言われたような「格差社会」どころか、歴然とした「階級社会」になりつつあると思います。

ブレイディ　欧米でもミレニアルズとかジェネレーションYとか言われるような、いま一六〜三五歳くらいまでの若い世代がいるんですが、彼らの所得水準は三〇年前の人たちの所得水準と比べて大幅に減少していると言われています。

北田　ところが、いまの若者やロストジェネレーションよりも経済的に豊かな時代に育った年長世代の左派の間では、なぜか相も変わらず脱成長論が人気なんですよね。脱成長論というのは、「いまの先進国の低成長率は、これまでひたすらに拡大・成長を続けてきた資本主義の限界を示しているんだ」というような考え方のことです。「地球環境やエネルギー問題、少子高齢化などの趨勢を考えると、もうこれ以上の経済成長は見込めない。これからは、ひたすら利潤を追求するような「経済成長モデル」を前提にするのはやめて、成長をしなくてもかまわない「成熟社会」の新しい社会モデルを模索しよう」という風に言われています。

ブレイディ　脱成長論って日本で妙に人気ありますよね。欧州の左派で「経済成長はもういらない」なんて言う人たちはあんまりいないので、すごく不思議な感じがします。欧州でも一部のエコ・ウォリアーズ（強硬な環境活動家）のような人にそういう主張をする人が時々いますけど、決して主流ではありません。『THIS IS JAPAN』（太田出版）という本を書いた時に横浜の寿町で出会った大学生の男の子がいるんですけど、一緒に野宿者の夜回りのボランティアをしていたら、彼がぼそっと「なんか、日本社会はもう萎むしかないから、これからは内面を豊かにして、小さく生きていきましょう、みたいなことがさかんに言われていますよね。けど、なんで「ビッグになりたい」とか思うのがあかんのかな。俺ら若いもんは、もうそういうこと考えたらあかんのでしょうか？」ってつぶやいたのが、いまでもとても印象に残っています。若い人にそういうことを考えさせる風潮って、どうなんだろうなって……。

松尾　僕の専門は理論経済学なんですけど、もともとは中でも数理マルクス経済学という分野を中心に研究していました。この研究は一応いまでも続けてるつもりでして、自分で「マルクス主義経済学者」とも名乗ったりしているので、これまで多くの左派の人びとが、働く人や弱者の境遇を改善するために尽くしてきたことには敬意を持っています。だから、資本主義社会で起こるさまざまな矛盾を指摘していくことや、資本主義とは違う新しい生産のあり方を考えていく作業自体はとても大切なものだと思っています。
ただ、僕はマルクス以降の主流派経済学の展開もできるだけ踏まえたうえで、かつてのマルクス主義経済学の枠組みの何を捨て去るべきで、何を発展させていくべきなのかを考えていきたいと思ってやってきたところがあるんですよね。そういう観点から現在の脱成長論というのを見てみると、どうも現代経済学の基本的な議論をきちんと踏まえないままで、「成長／脱成長」を議論してしまっているんじゃないかという気がします。

ブレイディ　欧州では「経済成長はもういらない」というような主張では庶民の支持は得られないし、国会中継とかを見ていても、誰でも「経済成長をまずしながら」とか「経済成長を促進しながら」って言っています。むしろ左派ほど「健全な成長（Healthy Growth）」の必要性を唱えるのが普通なんです。景気が良いほうがいいなんていうのは当たり前の話だと思うんですけど、なんで日本の左派は経済成長を求めることを悪事のように思っているんだろう？　むしろ、景気が悪くなることのどこにヒューマニティがあるのだろうと単純に不思議に思うのですが。

松尾　景気が悪いと結局苦しむのは庶民ですからね。そもそも「左翼」というのは、定義は何かと言ったら労働者階級の経済的な貧しさの問題に取り組む人たちのことなので、労働者の物質的な豊かさを追求する、というのは左翼の十分条件ではないにしろ、必要条件だと思います。

ブレイディ　ケンブリッジ・ユニバーシティ・プレスの辞書サイトでは、英国英語における「Left（左翼）」の意味をとてもシンプルに定義しているんですよね。「富と力は社会のすべての部分で分配されるべきだと信じる政治的な集団」というのが「Left」の定義なんです。まずは富の分配、つまり経済の話なのです。でも、日本の左派は、なんだか経済の話をすることを「汚いこと」だと思っているような気がします。わたしはお金の問題はとても大切だし、社会の基礎だと思う。

わたしは自分のことをいわゆる反緊縮派（緊縮財政に反対する人びとのこと。緊縮財政とは、財政均衡を重視して、政府支出を削減したり増税したりすることを指す）だと思っているのですが、日本である左派を名乗る方と話していた時、「欧州の反緊縮派と日本の反緊縮派は違う」っておっしゃったんですよね。それで、「どこが違うんですか？」って訊いたら、「欧州の反緊縮運動のサイトにいったら、反戦や反核、差別反対といったことも訴えている。カネのことばかり言ってる反緊縮派はありえないから、日本で緊縮財政に反対している人びとは、本物の反緊縮派ではない」って。なんか、すごい倒錯というか、そこまでロジックを捻じ曲げても、どうしてもカネの話というか、経済の問題を訴える人たちがレフトと呼ばれるのは嫌なのかなって（笑）。というか、経済政策にも理念は反映されるものなのだという認識が希薄すぎる気がします。

北田　わたしは日本の問題は、「左翼が下部構造（マルクス主義の用語で、社会の土台である経済の仕組みのこと）を忘れている」ということなんじゃないかと思っています。いまの左派の主流は、一九六〇～七〇年代に起きた既成左翼批判（新左翼）を引き継いでいるところがあるから、もともと先行世代のマルクス主義の「経済決定論」みたいなものに対する警戒心がとても強いんですよね。なので、経済還元論はダメとか言って、ルイ・アルチュセール（フランスの構造主義・マルクス主義哲学者）やアントニオ・グラムシ（ヘゲモニー論を唱えたイタリアのマルクス主義思想家）とかにいっちゃう。そのこともあって、経済的な下部構造の問題よりも、上部構造（下部構造に規定される法や政治、文化などの次元のこと）の問題――たとえば、文化の問題やマイノリティ、ジェンダーなどのアイデンティティの問題――に焦点を当てがちなんですけど、いつのまにか「大事なのは経済だけじゃない」というのが変質して、「経済は大事じゃない」ということになってしまったように思えます。

ブレイディ　本当にそんな感じのところがありますよね。でも、経済の問題というのは明日のご飯の問題なんだから、庶民にとってもっとも大事なものに決まっていると思います。貧しい層ほどそうです。どうやったら経済が「汚いもの」だという考えから抜け出していただけるんだろうかと、ずっと考えているところなんですけど。

「再分配」と「経済成長」は対立しない

北田 先ほどブレイディさんがおっしゃった「Left」の定義で言うと、一応日本の左派の間でも「富の分配」の問題は議論されているんですよね。でも、なぜかそれが「成長」の問題とは切り離されて考えられてしまっている。

松尾 日本では再分配と経済成長が、まるで対立するものであるかのように思われているような気がします。

ブレイディ そこが不思議なんですよね。よく、「分配しないのなら成長しなくてもいい」みたいなことを言う人がいるし、どちらが先かで論争になっていることもある。「成長か分配か」という対立軸も欧州にはほとんどありません。ずっと疑問に思っているんですけど、なんでなんでしょう?

松尾 経済成長というと、大企業がウハウハ儲かるというイメージを持たれているのかもしれませんが、たとえば福祉サービスに使うお金が世の中全体でどんどん増えて、失業者が福祉労働者として雇われていくことでも経済成長はするんですよね。もちろん経済成長の必要性を訴える人にもいろいろな主張があるので、中には「成長は必要だけど再分配は必要ない」と言う人もいます。でも、本来は成長と再分配というのはお互いに排他的な関係にはないので、普通に両立できるはずのものなんですよ。

北田　そもそも社会全体のパイが小さくなってしまっているのだから、小さくなってしまったパイの切り分け方を変えるだけじゃなくて、きちんと全体のパイを大きくしていく経済成長も目指さなければならないのは当然ですよね。「成長か分配か」という二者択一ではなくて、松尾さんのおっしゃるように、その両立を目指すことが必要です。二兎ではなく同じ事柄の二側面です。

松尾　両者が対立するもののように考えられてしまうのは、おそらく、「誰かが得をしていたら、その分、裏で誰かが損をしているに違いない」というようなイメージがあるからじゃないでしょうか。でも、一般に市場での競争が、こういう「食うか食われるか」の弱肉強食のイス取りゲームになってしまうのは、いまの日本のような、むしろ適切な経済成長がない長期停滞の時代なんですよ。適切な経済成長があれば、誰かのイスを奪うことなく誰もが仕事を得て豊かになれるはずなので、格差や貧困の問題を解決しようとしたら、まずはデフレを脱して景気を良くすることを考えなければなりません。

北田　わたしは成長を言わずに分配だけを主張することは、ともすると「増税して社会保障に充てればいい」とか「どっか余っているところからぶんどってくればいい」という緊縮的な発想に陥りがちで、すごく危なっかしいと思います。パイが限られているということを前提に、その分け合い方を争うわけだから、それこそ弱肉強食のイス取りゲームになってしまいます。

信頼研究をされている社会心理学者の山岸俊男さんは、日本人がアメリカ人に比して一般的信頼――デフォルトで他者を信用する――が低いことを指摘しています。社会的ジレンマ（個人の合理的な選択が、社会全体として不適切な選択に陥ってしまうジレンマのこと）の実験でも、一般的信頼が高い人ほど高い利得を得るとされている。一般にアメリカのほうが弱肉強食の競争社会のように思われているけれども、実は日本のほうが他者への信頼度は低く、懐疑的で、結果的に協調行動における不利益をもたらしている。この社会心理学的実験は示唆的で、「パイは限られている」という日本人的発想は、他者を一般的に信用するという、協調への期待の貧しさを示しています。一般的信頼が高いアメリカのほうが他者の協調への期待が活発で、要するに「イスが足りなきゃ増やせばいいじゃない」という発想と結びつきやすい。山岸さんは「安心社会」と「信頼社会」という対比を使っていますが、成熟社会派の議論というのは、一般的他者への信頼度を落として、安心できる小規模集団で生きていこうという思想とも言えます。でも、それは成熟というよりは、鎖国と隣組がもたらす奇妙なノスタルジーですよね。

松尾　そのとおりで、身内は助け合うけど他人は食うか食われるかというのは共同体的な発想です。しかし、いまや会社共同体も地域共同体も壊されてしまった。そんな中で、低成長社会で限られたパイを仲良く分け合う、と言うと一見いいみたいですけど、現実には熾烈なパイの奪い合いに帰結してしまうと思います。

北田　まさしく。実際、「成熟社会」を志向していたはずのかつての民主党（当時）も、二〇〇九年に政権をとったあとに景気回復などの経済政策をそっちのけにしておこなったのは、事業仕分けなどのただの財政緊縮策でした。一般的他者や未来の社会状態への投資という発想が決定的に欠落している。財政均衡というのは、「将来世代のため」などと言われてますが、冗談じゃない。社会全体に必要な信頼というメディアを、村社会の論理で冷やしこんでいるだけです。事業仕分けってひとことで言えば、小泉（純一郎）さんと同じことをやっただけじゃないですか。かつての自民党のようにお金をじゃぶじゃぶばらまくのはけしからんということで、「既得権をぶっつぶす」みたいな方向性をなぜか民主党も引き継いで、しばき主義に走ってしまった。結局、国民から一度は託された権力を手放して、最後になしたものが消費増税の約束でしたからね。

ブレイディ　二〇〇九年に政権をとったといえば、リーマン・ショックのあとで世界的経済危機に陥り、経済政策のかじ取りがクルーシャル（決定的）だった時ですよね。英国を含む欧州諸国では、税収が減るからとりあえず財政均衡しないと、みたいな感じで盲目的に緊縮財政に走ったから雇用が悪化して格差が拡がり、現在の政治的混乱やＥＵの危機を招いたと言われています。日本は、民主党がそれをやってしまったんですね。しかも、残したレガシーが消費増税の約束だったというのは……。格差を是正しなければいけない時に、一般庶民をより苦しくしてどうするんでしょう。

松尾　一般に消費税は逆進性が高いとされていて、お金持ちにとって負担は軽いけど、貧しい人にとっては重い負担になるとも言われています。所得全体に対する消費の割合（平均消費性向）が、所得が低い人ほど高いので、貧しい人ほど税率が高いのと同じような効果を持ってしまうんです。だから、消費税というのは決して「平等な負担」ではないんですよね。かつての民主党・民進党が主張していた「消費増税をして福祉や教育無償化に回そう」というようなやり方は、再分配政策としても決して筋のいい政策ではありません。安倍政権も同じようなことを言って、消費増税が進められようとしていますけどね。

経済政策は人を殺すか

北田　おっしゃるとおり、不況で苦しんでいる貧しい人たちが一番割を食うわけですから、消費増税というのはまったく「平等な負担」ではないんですよね。逆進性の強い税です。脱成長論、成熟社会論の人たちも「みんな平等に貧しく」って簡単に言うじゃないですか。でも、「平等」というのは本当はきわめて難しい概念です。消費増税がたとえば全部社会保障に充てられ（社会保障費が）「増加」したとして、それで社会保障の枠組みでギリギリの生活をしている人たちの「増税分」をカバーできるか。下手をすると、貧困層は微増、中間層の需要を冷やす、という本末転倒な結果ともなりかねない。アマルティア・セン（インドのノーベル賞経済学者）の言葉で言えば「何の平等か」が問われなくてはなりません。

ロスジェネなどの、デフレ不況によって苦しめられた世代は、職業キャリアの出発点において不平等な状態に置かれています。そもそも「機会」が世代的に平等ではない。だから、本当に「平等」を言いたいんだったら、まずはロスジェネへの世代間再分配――しかも、高度経済成長のもとで利益を受けた団塊世代など年長世代からの再分配が必要になるはずなんですよ。年長世代の左派が率先して若者に「縮め」などと言っている場合ではない。

でも、その団塊世代にしても、独居老人世帯や貧困世帯などの「これ以上むしりとられたら死ぬしかない」という人たちは山のようにいるのであって、いまの日本は総体としてぜんぜん「豊かな社会」ではないですよね。GDP比の貯蓄率はOECD諸国の中でもイタリアとともに低い水準にありますし、団塊世代の貯蓄残高はたしかに国内的に見れば相対的に高いと言えなくもないですけど、それは貯蓄・資産形成期が長いのだから当たり前なんですよ。しかし、それは正規分布のような形をとっておらず、所得と同様に単に「持っている人が持っている」というだけです。これらの人びとに「平等に貧しく」なるような経済的な余裕などありません。

おそらく、日本の左派には「そうは言っても、日本社会はまだそこそこ豊かだ」「経済などというのは、成長がなくても、そんなにひどくはならないだろう」という幻想があるんだと思います。でも、それはそう言っている当人がそこそこ豊かなだけなのではないか。「何

自殺死亡率と失業率（男性）

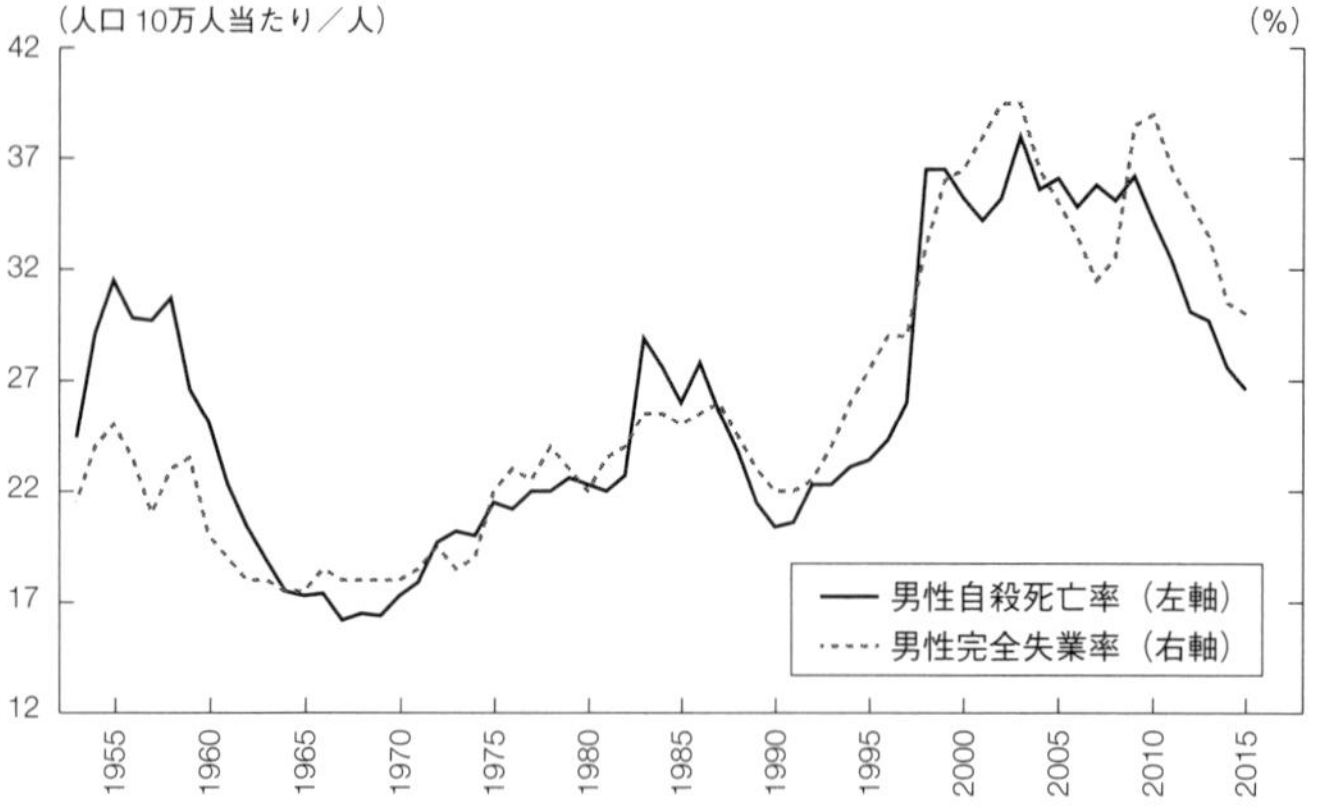

出典:e-Stat「人口動態調査」、総務省統計局「労働力調査」

の平等か」を本気で考えていないとしか言いようがない。

松尾　「飽食日本」などというのはもはや遠い過去の話で、僕はいまの社会に拡がってしまったのは本当の貧困の問題なのだと思っています。日本ではなぜか、経済の問題は戦争の問題と違って、人の命にかかわらないものだと思われているみたいなんですけど、本当は経済政策で人は死ぬんです。緊縮財政で医療費や社会保障が削られていけば、病気になってどんどん死んでいくし、栄養状態が悪ければ寿命も短くなる。また、失業による自殺という形でも死んでいきます。自殺率と失業率が相関関係にあるというのはよく言われる話ですが、実際に数字を比較してみればそれが本当だということは明らかです。

北田　そうした状況において、古市憲寿さんみたいにデフレの象徴的存在・牛丼屋が日本型福祉であるとか、上野千鶴子さんみたいに「外食せずに家で鍋をつついて、一〇〇円レンタルのDVDを見て、ユニクロを着ていれば、十分に生きていけるし、幸せでしょう?」とか言うのは、残酷にすぎるんですね。毎日牛丼なんか食べていたら健康が損なわれますし、多くの場合はカップラーメンとかパンでしのいでいる。映画はもっと安く見る手段はあると思いますが(笑)、健康は深刻で、命にかかわる問題です。喫煙率が高いのは低所得層ですし、ビールや発泡酒もそうです。そういうところから税金を信じがたい率でもっていくことに、インテリはわりと冷淡です。ミドルクラス以上の生活様式の中でそうしたものは、「二流の嗜好品」「不健康の象徴」となっていて、だからこそ、ワインはどんどん安く、発泡酒はどんどん高くなっていく。健康であり続けるということは、ある一定の生活様式を維持しうる所得と習慣があってはじめて成り立つものであり、それを低所得者の自己責任には帰しえない。

ブレイディ　緊縮が人を殺すというのはまったくそのとおりです。だからこそ、欧州では左派こそ「健全な成長(Healthy Growth)」を訴えるのが普通なんですよ。ヘルシーは健康も意味しますよね。英国では、保守党が緊縮財政をはじめた二〇一〇年から、実は平均寿命の伸びが横ばいになっています。一応、世界で一番リッチな国の一つだし、医療技術は進歩するわけですから、それまでは右肩上がりで伸びていたのに、二〇一〇年から恐ろしいことにパタッと止まっている。医療支出削減で国立病院も人員とインフラが不足して緊急救命室の待ち時間が史上最長になっているし、一日に一二〇人程度の患者を廊下で手当てしているという病院もある。緊縮がはじまってから、「ヴィクトリア朝時代に戻ったようだ」とみんな言ってます。

そんな状態にはなっていても、保守党だって支持率は下げたくないから経済成長の必要性というのは訴えるわけなんですけど、緊縮をやりながら経済が成長するわけないじゃないですか。二〇一七年の第1四半期にはG7中最低の経済成長率になっていました。その犠牲になっているのは、貧しい人びとです。

松尾　「保守派」と言っていいのかどうかはわかりませんが、世の中を上層と下層で分けた場合の「上」にいるお金持ちの側から見ると、そもそも不況で低成長の社会が続いていても、それで差し支えがないという側面もあるんですよね。ある程度失業者が社会にいてくれたほうが賃上げもしなくていいし、「お前の代わりはなんぼでもいるぞ」という脅しがききやすいので、大企業は労働者に対して優位に立てます。でも、ほかに勤め先がたくさんあれば、それは難しくなりますよね。だから、不況であればあるほど、ブラック企業というのは淘汰されずにはびこるんです。

北田　だから、ゼロ成長社会がいかに人びとを苦しめるものなのかという現実的な問題をすっとばして、豊かなインテリが「もう経済成長はいらない」なんて言っても、長期不況に苦しめられてきた人にとっては、単なるお金持ちの戯言にしか映らないんじゃないかと思うんですよ。もっと厳しく言えば、古市=上野の牛丼福祉レジームは単なる「勝ち組」の思想です。それでわたしは上野千鶴子さんや内田樹さんたちの脱成長論を批判して、「脱成長派こそ勝ち組のネオリベ思想じゃないか」という文章（「脱成長派は優し気な仮面を被ったトランピアンである」『シノドス』二〇一七年二月二一日）を書いたんですけど……。

ブレイディ　炎上してましたね（笑）。でも、北田さんのおっしゃることは、よくわかります。以前、わたしも経済成長を否定して収縮を唱える人たちに対して「縮むことができるのは、もう大きくなっている人びとであり、坂道を下ることができるのは、すでに坂を上がった人だ」（「下り坂をあえて上る」『一冊の本』朝日新聞出版、二〇一七年一一月号）と書いたことがあるんですけど、いまの若い人たちは先行世代がつくった国の借金を返すための緊縮で、可処分所得も減っているのに巨額の借金を抱え、未来への明るい展望が持ちづらいですよね。

　それなのに、これから上るべき坂を目の前にしている若い人たちに対して、すでに坂の上のほうにいる人たちが、縮めとか、下りろとかいうのはとても残酷なことだと思います。しかも、彼らが直面している坂道は上の世代のそれのように静止しているわけではありません。まるで下りのエスカレーターのように、それ自体がつるつると下方におり続けている。彼らやその下の子どもたちの世代のことを思えば、日本には優雅に坂道をそぞろ下りている余裕はないはずなんです。

「これからは物の豊かさじゃなくて、心の豊かさだ」なんて話もよく聞きますけど、成長を放棄してどんどん萎んでいく国で、「豊かな心」が育てられるなんてわたしには到底思えません。「縮小社会」とか「シュリンキング・ジャパン」とか、そういう言説を広げること自体有害だと思います。一国が店じまいすることはできません。これから生まれてくる赤ん坊だっているんですから。わたしは保育士なので、本当にここら辺は強くそう思います。

二つの「経済成長」

松尾　脱成長論を唱える人たちは、おそらく「経済成長はもういらない」というよりも「もう不可能だ」と思っているというのが正確なところだと思います。「失われた二〇年」であまりにも長い不況が続きすぎたせいで、そういう思い込みがなんとなく出来上がってしまったんでしょうけど、そう思われてしまうのは「経済成長」という言葉の意味が誤解されているからじゃないかという気がしています。もともと経済学の用語というのは特殊な言葉の使い方をしますし、そこは経済学側の問題もあるんでしょうけど。

たとえば、経済学で「経済成長（Economic Growth／Economic Development）」という言葉で指されているものには、二種類の概念があって、それぞれ経済現象の異なる側面を表現しています。「成長／脱成長」を議論するためには、まずはこの二つの「成長」の区別ができていないといけないと思います。ただ、この区別は、普通の経済学者は当たり前の話だと思ってあまり細々と言ってこなかったんですよね。

それで、最近あえてこれを説明するようにしているんですけど、たとえば、経済学では、普通何も修飾語をつけないで「成長」と言ったら、ものをつくって売る側――供給能力（サプライ・サイド）――の成長のことを指す場合が多いんです。この場合は、たとえば労働者人口がどれだけ増えていくかとか、機械とか工場とかがどれだけ増えていくかという話になるので、生産の天井が上がっていくことを指しています。

そこで、僕はこれを「天井の成長」という言葉で説明することにしました。どういうことかと言うと、仮に社会にあふれている人を全員雇ったとしても、これ以上はもう生産が増えようがないという「経済の天井」がありますよね。それを押し上げるためには、たとえば人口増とか、劇的に生産性を上げる技術革新みたいなものがなくてはならない。その経済の天井を上に、上にあげていくことを、経済学では「長期の成長」とも言ったりするんですが、修飾語をつけずに単に「成長（Growth）」とだけ言うこともあります。それは供給能力の側の成長のことを意味しているんですね。

北田　つまり、「経済成長」と言った時の一つ目の意味は、供給能力の限界を克服していくことであり、長期的な意味で社会の生産力（労働生産性）の天井が上がっていくことを指しているということですね。

松尾　そういうことです。その時のポイントは、天井の成長について論じる際には、基本的には「働きたい人が全員職につけている状態（失業者のいない「完全雇用」の状態）」が前提になっているということなんです。つまり、社会が「完全雇用」の状態にある時に、その天井の高さがどれくらいなのか、社会のマックスの生産力がどれくらいなのか、ということを見ているわけです。「潜在ＧＤＰ」って言葉がありますね。あれはちょっと統計的には怪しいものばかりですが、本来はこのことを指す概念です。

いわゆる「新自由主義政策」のバックボーンになっている「新古典派（ネオ・クラシカル）」の理論、特にその現代的なマクロ経済学版である「新しい古典派（ニュー・クラシカル）」の理論では、主にこの供給側の「成長」を重視するというのが特徴です。たとえば、彼らの言う「成長戦略（＝構造改革）」というものは、基本的にこの経済の天井を押し上げていくための経済政策のことを意味しています。この意味での「経済成長」というのは、僕が必要だと言っているものとは違います。

ブレイディ　なるほど。じゃあ、二つ目の意味での「経済成長」というのは？

松尾　それは、ものを買う側、需要側（デマンド・サイド）から見た時の経済成長のことなんですよ。僕が「経済成長が絶対に必要だ」という時には、主にこちらの意味での成長のことを指して言っているのですが、この需要の側から見た成長を重視するのがケインズ派の経済学の学説になります。

需要の側から見た「経済成長」

松尾　たとえば、経済における需要と供給のバランスについて考える際に、一般的には需要が足りなければ供給が少なくなり、供給よりも需要が多ければ次第に供給が増えていくことで、需要と供給がいずれはバランスすると考えられていますよね。ところが、ケインズ以前に主流だった経済学ではそうは考えられていませんでした。需要と供給のバランスというのは、世の中の財全体を合わせてみれば供給側にイニシアチブがあって、総供給の拡大に合わせて総需要も拡大する（「セイ法則」と言います）とみなされていました。

ジョン・メイナード・ケインズ

でもこれに対してそんなアホなと。たとえば、ものを生産する能力があっても、誰もものを買ってくれなかったら、その生産能力をフル稼働してものをつくるなんてことはできません。そうすると経済の天井（生産能力の天井）に達する以前に生産が止まってしまうことになります。わかりやすく言うと、一〇〇〇台の机を生産する能力のある工場があっても、五〇〇台しか売れなかったら、結局五〇〇台までしか生産能力がないのと同じになってしまうということです。

ブレイディ　つくっても売れないとわかっているものなんかつくりませんもんね。

松尾　はい。そうすると需要の側が生産レベルを規定しているということになります。ケインズはこれを「有効需要の原理」という言葉で説明しました。これは、経済全体のモノを買う力、サービスを買う力（需要）が弱いと、それによって実際の社会の生産の状態や、ひいては雇用の状態が決まってしまうということですね。

それまでは景気循環というのは、市場の自己調整機能（需要と供給が均衡する）が発揮されるまでの一時的なズレみたいなものだと考えられていました。ところが、ケインズは経済現象には、放っておくといつまでも解消されない、慢性的な需要不足の状態（「総需要不足」と言います）というものが起こりえる、ということを発見したのです。社会がこういう総需要不足の状態にあると、機械や工場も余るし、労働者も余ってきますから、当然失業者が出てくるようになります。

北田　先ほどの松尾さんの例で単純化して言えば、一〇〇〇台の机をつくるのに仮に一〇〇人の人手が必要だとして、企業は一〇〇人を雇用するだけの生産設備を持っているのに、実際には五〇〇台しかつくらないので、設備を休ませて五〇人までしか人を雇わないようになるというようなイメージですね。

松尾　そうそう。そうすると、雇用不安を抱える労働者はますますお金を使わなくなるので、また需要が不足してしまうんですよね。ケインズはこのメカニズムを一九三〇年代の世界恐慌の分析をする中で発見しました。ケインズによれば、不況下に起こっているのはまさにこの総需要不足による「不完全雇用均衡」の状態なんです。普通は失業者が出てもそれは一時的なもので、別の産業への労働移動が起こったり、賃金が調整されたりして、いずれ失業は解消されると思われていました。しかし、「不完全雇用均衡」の状態だと、失業者がいるままで市場が均衡してしまいます。すると、放っておくといつまでたっても失業は解消されません。

北田　それまでの主流の経済学の学説に反して、市場の「神の見えざる手」が働かなくなるような状況を、ケインズは一九三〇年代の世界恐慌の中で見た。

松尾　はい。そこでよく知られる「ケインズ主義政策」というものの出番になります。細かく言うと総需要というものは「C+I+G+(Ex−IM)」という数式で表されるのですが、「C」は「消費」(ものやサービスを買ったりすること)、「I」は「投資」(株式投資などのことではなく、企業の設備投資のこと)、「G」は「政府支出」(国や地方がものやサービスを買うこと)、「Ex」は「輸出」、「IM」が「輸入」を意味しています。外国の人が国内の製品を買ってくれればそれが需要になりますが、逆に輸入で外国の製品を買った分は、各需要項目が国内市場への需要以上に膨らんで計上されていますので、その分を差し引いておくわけです。

ブレイディ　つまり、総需要というのは、個人や企業の消費だけじゃなくて、国の財政支出や海外からの消費も合わせて、その社会全体の需要の総量を表したものだってことですね。

松尾　おっしゃるとおりです。ケインズの言うように、不況の原因が総需要が不足している状態だとすると、その解決策は政府・中央銀行が金融緩和（不況の際に中央銀行が国債を買い上げたり、金利を引き下げたりして、世の中に出回るお金を増やすこと）をして、企業が設備投資（I）や労働者の雇用のためのお金を借りやすくしたり、公共事業などで政府支出（G）を増やして社会全体の需要を喚起するべきだということになります。金融緩和で金利が下がれば、その分自国通貨の価値が減価されますから、輸出（Ex）も増加します。そうして次第に景気が回復して、失業が減っていけば人びとの消費（C）も大きくなる。このように市場に介入して、人びとのものを買う力、総需要を引き上げていく経済政策が、いわゆる「ケインズ主義政策」です。

　そうやって需要が増えて、その結果、企業の人手が足りなくなって雇用も増えていくと、経済の天井（生産能力の天井）にいきつくまでは生産が増えていきますよね。専門的に言うとGDPギャップが埋まっていくということなのですが、これが二つ目の意味での経済成長です。経済の天井そのものが押し上げられていくことも、需要を喚起することで経済が天井の水準まで押し上げられていくことも、経済学的にはともに「経済成長」という言葉で言い表していますが、わたしは後者を「長期の成長（＝天井の成長）」と区別する意味で、修飾語をつけて「短期の成長」と表現しています。

北田　つまり、経済というのは、もともとずっと天井に張りついているものではなくて、本来はもっと生産能力があるのに、需要が足らないため、実質的な生産レベルが落ちていて、不景気が続いてしまう状態というのが考えられるわけですね。

松尾　はい。だから社会の天井の生産能力と現実のＧＤＰとの間にはギャップ（ＧＤＰギャップ／需給ギャップ）があるわけです。

北田　そして、前者の天井を押し上げることも、後者の需要を喚起して景気を押し上げていくことも、経済学ではともに「経済成長」という言葉で指されていると。

「短期の成長」と「天井の成長」を混同してはいけない

松尾　ご説明してきたような天井の成長と短期の成長の関係をわかりやすくするために、図（三八頁）をつくってみました。これは景気の推移を極端に図示したものですが、縦軸がＧＤＰとか鉱工業生産指数とか何か景気の水準を表すもの、横軸が時間だと思ってください。現実の経済は「景気の良い／悪い（景気循環）」を繰り返しながら、長い目で見て成長をしていきます。しかし、好況時の経済は完全雇用の天井で頭が押さえられています。従って、二、三年の間は高い成長率を達成することができても、長い目で見て天井の成長率以上には成長することができません。

ブレイディ　それが「長期」と「短期」という言葉を使う意味なんですね。ちなみにこの「長期」「短期」というのは、具体的にはどれくらいの長さのことを指しているのでしょうか。

天井の成長と短期の成長の関係

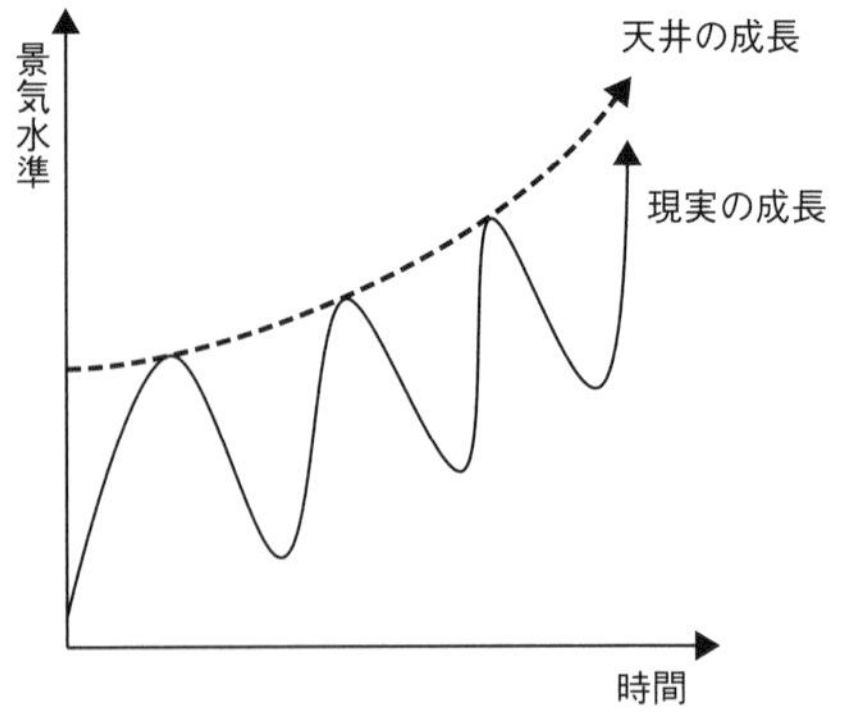

天井の成長（長期の成長）と異なり、現実の成長（短期の成長）は景気循環を繰り返す

「短期」というのは、たとえばいまおっしゃった二、三年の間の成長率のこと?

松尾　実は「短期」の現象というのが必ずしも時間的に短いとは限らない、というのがわかりにくいところなんです。景気循環というのは、基本的には短い期間に生じる出来事だとされていて、普通ならあくまで天井からの一時的なズレのはずなんですよね。しかし、ケインズが一九三〇年代に発見したように、社会が「不完全雇用均衡」という状態に陥ったまま、経済がずっと低迷し続けて、いつまでたっても天井にぶつからないということが起こりえます。つまり、「短期」の問題が、一〇年、二〇年にもわたって続いてしまうということもあるわけです。

北田　日本の「失われた二〇年」というのがまさにそれですよね。

松尾　ここでのポイントは、こうした状況においては、社会は「不完全雇用」の状態にあるということ、つまり失業者がいる状態だということなんです。僕が「経済成長が必要だ」という場合はこの文脈で、「経済が天井にまで達していないので、社会には慢性的な失業者がいる」ということを前提にしているわけです。そうすると、きちんとGDPギャップ（天井との落差）を埋める経済成長（＝短期の成長）をして、失業を解消して完全雇用の状態にまでもっていくというのは、どう考えても必要なことなんですよね。

ブレイディ　労働者側から見ても、それは切実に果たしてほしい成長ですよね。でも、なんで短期の成長も長期の成長も両方とも同じ「経済成長」という言葉が使われているんですか？

松尾　それは「同一の現象を需要の側から見るのか、供給の側から見るのか」という話だからなんです。たとえば、天井の成長と短期の成長の関係を表した先ほどの図を見ていただけるとよくわかるのですが、現実の経済は景気循環で上にあがったり、下にさがったりのくねくねとした曲線を示しています。それでは、本当の経済の「天井」はどこにあるのか、というのは、あくまでこの曲線の動きから仮想的に導かれるものにすぎません。

北田　だから天井の生産能力のことを「潜在GDP」と言っているわけですね。

松尾　本来の概念としてはそうです。そうすると、毎年の経済成長が「供給」の側の生産力の増大（潜在GDPの成長）によるものなのか、「需要」の側の力の増大（GDPギャップの縮減）によるものなのか、というのは、仮説の取り方や数値の読み方によっても変わってしまうんですよね。たとえば、新自由主義の経済学なんかでは、景気循環によるGDPギャップというものはそれほど重要視されず、基本的には天井自体の上がり下がりなんだと解釈されています。かつて高い生産性を誇っていた産業分野でも、時代が変わって古くなってくると生産性が悪くなる。イノベーションが起こって新しい産業が出てくると生産性が高くなる。そうやって天井自体が上がったり下がったりする、というわけです。

ブレイディ なるほど。それでネオリベはすぐ、「時代に即した産業に転換するために構造改革をしよう！」みたいなことを言うんだ。

松尾 そのとおりです。そういう風に、経済の状態が常に完全雇用の天井に近い水準にあると仮定すれば、GDPギャップは存在しない（か無視できるほどにわずか）なので、現に生じているGDPの増大、すなわち経済成長はすべて天井の成長だということになるのです。逆に、いまの経済の状態が天井から剥離した不完全雇用だとみなせば、経済成長というのはGDPギャップが埋まってきている証しだということになります。

北田 現象の見方が違うだけで、どちらも「GDPの増大（経済成長）」という現象そのものは同じということですね。でも、日本では「経済成長」と言うと、もっぱら天井の成長のほうばかりがイメージされてしまっているように思われます。たとえば、脱成長論などが否定する経済成長というのは、もっぱら天井の側の成長のことをイメージして言っているわけですよね。他方、失業問題というのは、どちらかというと経済成長とは別の、社会保障問題だと思われている。

松尾 そうなんですよねぇ。仮に、脱成長論が言うように現在の日本の低成長の原因が少子高齢化や人口減にあるというのなら、それは「日本社会が人手不足で生産力が足りない状況

経済成長を需要・供給どちらの側から見るかの違い

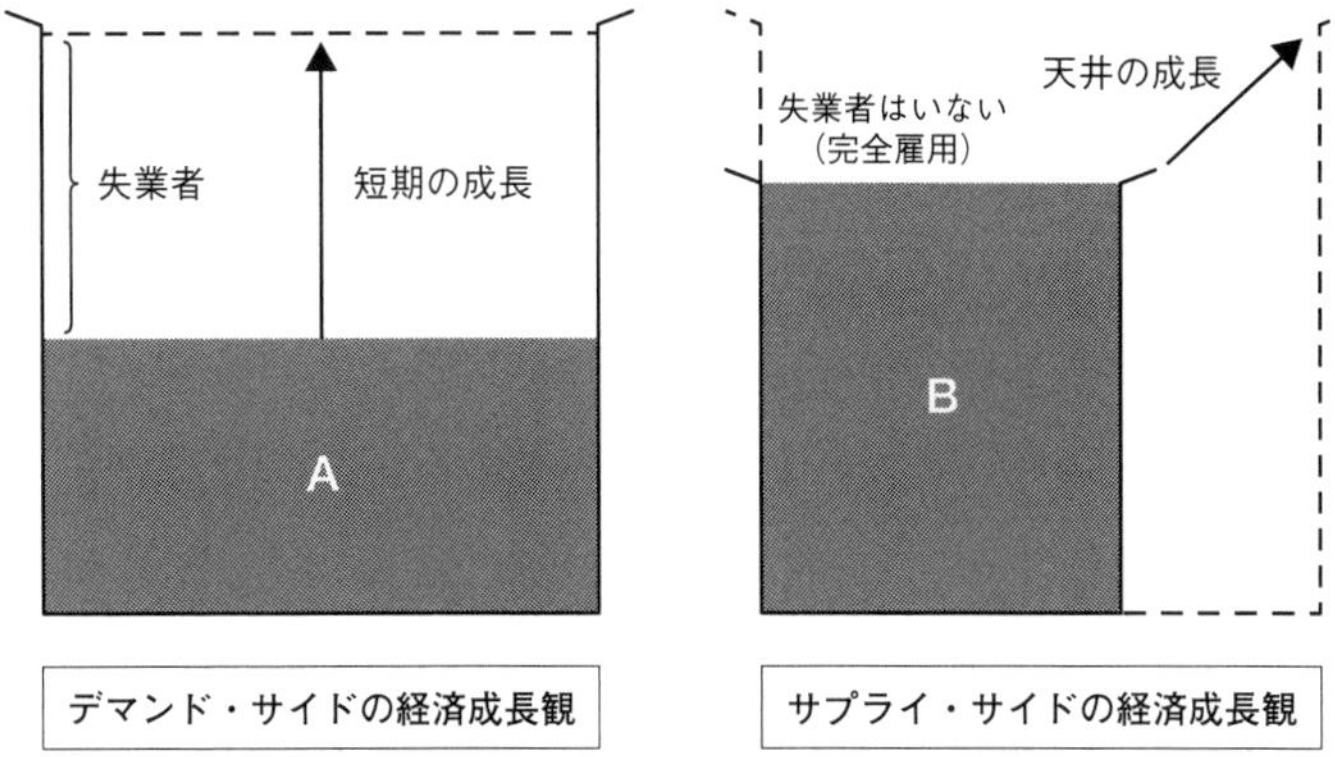

AとBの水量（GDP）は同じ。桶の大きさが潜在GDPを表す

にある」ということを意味していることになるじゃないですか。そうすると、その社会は低成長ではあるけれども、失業者もいない社会になっていなければならないはずなんです。完全雇用になっていても天井の生産力が低い、というのがこの場合の低成長の意味なのですから。でも、これまでの日本社会はぜんぜん完全雇用じゃなかったですよね。

ブレイディ　そう思います。だとすると、やっぱり「健全な成長（Healthy Growth）」が必要ですよね。失業問題を解消しようと言っているのとおんなじなんだから。

松尾　僕はこの二つの経済成長の関係を、桶の中に入った水に喩えたりもしています。桶の中に水（労働者）が入っているとして、その水がめいっぱい入っている（完全雇用）とみなして桶のサイズそのものを拡大しようとするのが天井の成長を重視する経済政策で、これに対して桶に水がぜんぜん入っていないから（不完全雇用）、景気対策をして桶の中に水をもっと注ごうとするのが短期の成長を重視する経済政策です。

ブレイディ　その喩えだと、デフレ不況下で「経済成長はもういらない」というのは、「桶に水が入っていないから水を注ごう」という時に、「これ以上大きな桶はいらない」と言っているような感じになりますよね。そうすると、なんだかトンチンカンな会話になっちゃう。でも、そんな状況で「経済成長はもういらない」なんて言ったら、それこそスーサイダル（自滅的）だと思います。

不況下の「成長戦略」は事態をより悪化させる

松尾　先ほどご説明したように、天井の成長ばかりを重視するいわゆる新自由主義は、基本的には社会が完全雇用の状態にあることを前提に理論を組み立てていますから、「失業者はいない」ということを言いたがるんですよね。仮にいたとしても、それは転職のために一時的に失業している人（摩擦的失業）だったり、そもそも働く気がない人（自発的失業）だとか言われます。

北田　新自由主義者は一般に「自然失業率」（摩擦的失業や自発的失業、あるいは構造的失業と呼ばれるものを含んだ、完全雇用下でもなくならない一定水準の失業率のこと）を多くカウントしますよね。失業率の統計の取り方もさまざまですから、自発的失業にカウントする人を多く取れば、当然統計上の失業率は低くなりますしね。

ブレイディ 「えり好みしなければ働き口なんていくらでもある」というような言い方をして、失業している人を就労意欲のない「怠け者」だって批判しています。

松尾 だから、新自由主義的な世界観においては、働きたい人がみんな仕事につけているとみなしたうえで、その人手をどれだけ効率的に使うのかというのが問題になるわけです。そうすると、非効率な赤字企業を淘汰して、もっと生産性の高い企業に労働力を移動させるために規制緩和するとか、イノベーションを加速化するために特区をつくろうということになります。あるいは、余った人手を効率的に使うために派遣労働を認めたり、効率の悪い公的団体を廃止したり、余分な公共事業を減らして非効率な建設業者をつぶそうという話になる。

しかし、これらの改革は、デフレ下では基本的に景気をもっと悪くするほうに作用します。社会が完全雇用の状態の好況下だったら、それ以上生産性が上がらない状態にあるわけだから、労働生産性を上げるための構造改革にも意味があるんですけどね。不況下でこれをやった場合は、むしろ生産部門が効率化した分人手が不用になって、失業が深刻化するだけです。デフレ不況の真っ最中にこれをおこなったのが小泉構造改革なんですよね。規制緩和をして労働生産性を上げて、という風に。

北田　いわゆる「痛みを伴う構造改革」というやつですね。あれはデフレ不況の克服よりも、長期的な生産性の上昇のための改革を優先させる、ということですからね。不況が長引くことによって、むしろ生産性の高い企業だけが淘汰されて生き残っていくというヴィジョンでした。

松尾　それこそ桶に水が足りない状況なのに、桶自体のサイズを大きくしようとしているようなものです。レーガノミクスとかサッチャリズムというのも、それと同じような発想です。でも、イノベーションを喚起する「成長戦略」などと言って、政府が新しい産業に下手にお金を出したりすると、民間企業は発明のための投資の失敗の尻ぬぐいをしなくてもよくなってしまいます。これは僕の『ケインズの逆襲、ハイエクの慧眼』（PHP新書）という本でも書いたことなんですが、ハイエクが「経済に政府の介入をさせるな」と言ったことの慧眼はむしろそっちのほうにあって、そういうことをすると民間企業が無責任にリスクの高い事業に手出しをするようになるので、経済学的にもかえって不効率だと思います。

ブレイディ　ハイエクはよく「新自由主義の元祖」みたいに言われてるけど、ハイエク的に見ても「成長戦略」なんてものは不合理だってことなんですね（笑）。

松尾　ハイエクは、それこそ市場に任せろと言っています。

北田　ただ、これはネオリベが供給側の「成長」しか重要視していないのと相補的なことだと思いますけど、実は脱成長論の左派というのも経済を供給側からしか見ていない、というのが皮肉なんですよね。「成長戦略が必要だ」というのと「経済成長はもういらない」というのは、言っていることは真逆なんですけど、需要サイドの問題を無視して天井ばかりを見ているという点に共通点があると思います。

需要の側の成長、すなわち景気対策という問題に真剣に取り組まないで「経済成長はもう望めないから、残った資源をみんなで平等に分配しよう」と言うのでは、はじめに言ったように、実質的には「余分な公共事業を減らしてその分を別のところに回そう」とか、「消費増税して社会保障の原資に充てよう」とかいう財政緊縮策にしかつながりません。

ブレイディ　でも、その財政緊縮こそネオリベのお家芸なんですよね……。

北田　そうなんです。いまやネオリベというのは、「気に入らないものを何でも批判できる魔法の言葉」みたいになってしまっていますが、強いてこれを定義するとすれば「財政均衡を目指して緊縮して、小さな政府でいこう」という思想ですよね。そして、それとセットに、「民営化みたいなやり方で、これまで政府が担ってきた公共事業や社会保障なども、全部社会のほうに押しつけてしまおう」という姿勢があるわけです。これは、「社会的なもの」を市場や私的セクターに外注してしまって、全部個人のほうに自己責任で押しつけてしまおうという意味でもあり、「社会国家」という欧州的な考えの対極にあるものだと思いますが。

ブレイディ　英国でもそういう自己責任論は起こっています。

北田　日本ではこの自己責任論はよく批判されるんですけど、本来それとセットのはずの緊縮財政はなぜか許容されてしまうんですよね。社会的自己責任論を批判する人が、なんの衒いもなしに経済的自己責任論を説く。聞こえはいいんですよ、「自己責任論なんて規律訓練権力（フランスの哲学者ミシェル・フーコーの概念で、社会規範を内面化した主体をつくり上げる諸制度のこと）の効果だ」という自律に関するラディカルな主張と、「基本的に自己責任だけれど貧困は良くない」という自立に関するグダグダの主張とが併存している。どうも状況の裏面を見ていないという気がします。結局、ネオリベを批判しながら、いつのまにか自らネオリベみたいになってしまう。なぜ経済成長をして社会全体を豊かにしよう、という発想にならないのか不思議で仕方がないんです。

経済の文化への回収

北田　こういう無自覚なネオリベとの相互補完というのは、あちこちで起こっていますよね。その時、自分たちはネオリベとは異なるという意識の根拠になっているのは、正直「タカ派かハト派か」とか、家族政策や女性観、国家観などの政治・文化的な価値観の違いなんじゃないかなと思います。どうも、みんな、経済についても別の文化的な要素とセットにして理解してしまいがちなんですよね。そういう日本の状況のことを考えると、わたしとしては社会学者の責任も大きいんじゃないかなという気がしているんです。

ブレイディ　社会学者の責任というのはどういうことでしょうか？

北田　これは、『現代ニッポン論壇事情』（イースト新書）でも栗原裕一郎さんたちに少しお話ししたことなんですけど、日本の社会学の歴史について見ると、見田宗介さんあたりからはじまり、上野千鶴子さんや宮台真司さんなどの社会学の「スター」が次々と出てくる中で、「社会学的な観点から経済を見る」という時の思考が、特定のスタイルに固まってしまっているんですよね。そのスタイルは何かというと、日本の場合、実は消費社会論なんじゃないか。

松尾　消費社会論って、ジャン・ボードリヤール（フランスのポスト・モダンの思想家。『消費社会の神話と構造』などの著作がある）とかですよね。僕らが学生の時にとても流行っていました。

北田　はい。消費社会論というのは、一九七〇〜八〇年代に、当時流行っていた記号論が社会分析に応用される中で出来上がっていった理論なんですが、たとえば服を着るというファッションなども、文化的な記号を使って、他者と自己を差別化したり、お互いに卓越化したりする運動であるとされました。「資本主義社会の中で生きる人たちは、みんな一見個性を追求しているようだけど、市場の生産する記号の自己差異化の運動に自分を同一化させ続けているだけである。モードの入れ替わりというものは、無限に新しさを追いかけ、消費を駆動させる資本主義の運動なのだ」というような理屈ですね。

これはいわゆる「選択の地獄」みたいな筋立てになっていて、自分のアイデンティティを追い求めているようでいて、実は消費社会に商品を選ばされてしまっているんだという風に展開されます。でも、「消費」という言葉を使っているんですけど、実際にはこの議論をするために、経済学的な意味での「需要」とか「供給」の問題を考える必要はいっさいないんですよ。結局のところ、経済システムはどうでもよくて、消費者のアイデンティティの問題に定位しているだけなんです。

ブレイディ　あー、なるほど！　経済を批判しているようでいて、実は個人の在りようの話しかしてないよねという。消費社会反対本って、なんか自己啓発本みたいですもんね。

北田　わはは。消費社会論が出てきたのは、ボードリヤールが登場した一九七〇年代初頭くらいからなんですけど、この時の問題意識というのは、六八年革命（一九六八年のパリ五月革命を象徴とする、全世界的な学生運動・政治運動の盛り上がりのこと）が終わって、政治・経済的な意味での体制変革（革命）が挫折したあとに、資本主義社会の中で、人びとはどのような形で自分たちの主体性を定位していくのかということだったんです。その時に、資本主義批判の最新理論として出てきたのが消費社会論なんですね。

こういう議論は、実際は経済のことはあんまり関係がないんだけど、なんとなく「消費」ということで経済っぽい物言いができるようになっているわけです。それが人文系でとりわけウケたっていうか、「なんとなく経済はそういう認識をしておけばＯＫ」みたいな悪しき風潮が出来上がってしまったんですよね。これは社会学に限らず、人文科学全般に共通する傾向だと思いますけど、資本主義批判といっても、経済学の理論を深く勉強する必要がなかった。問題は社会学という学問において、「デマンド・サイドの経済理論」というのが、実はいまだにこの消費社会論ぐらいしかないことなんですよ。

松尾 そこは一九世紀に資本主義批判を展開したマルクスが、当時の最新の経済理論だったアダム・スミスやデヴィッド・リカード（自由貿易を擁護する「比較優位」論を唱えたイギリスの経済学者）などの古典派の経済学を、ものすごく深く研究したのとは対照的ですね。

北田 まさしく。マルクスのような観点に立てば、消費社会論こそが社会学的経済論の病根なんじゃないかと思います。七〇年代にもともと資本主義批判の枠組みで提出されたこの理論は、日本では八〇年代に、消費社会を半ばアイロニカルに肯定する理論として流行しました。消費社会論が一種のモードとして流行ったわけですね。九〇年代以降になって、カルチュラル・スタディーズなどの文脈で、再び現代社会を批判する理論として再生したんですが、「消費社会を批判するか、アイロニカルに肯定するのか」という違いがあるようでいて、結局「経済現象を文化的、アイデンティティ的にとらえる」という枠組みは手つかずのまま温存されていると思います。

そしてこれはゼロ年代に消費社会論から労働論に転換しても同じだったんですよ。日本で本格的にデフレがまずいと認識されはじめたのは、「失われた二〇年」がはじまってから少しタイムラグがあって、二〇〇〇年代以降です。わたしは一九九五年に大学を卒業したんですが、その頃からちょうど就職氷河期がはじまっていました。それでも東大の男子学生の就職率はまだ良かったんですけど、女子学生の就職率は悲劇的でした。そのあとに、二〇〇〇年くらいに筑波大に赴任して、はじめて卒業生を送り出した際に、一番就活に向いてそうな学生でもファストフード企業でやっと内定がとれたというような状況になっていた。自分たちの頃とは比較にならないくらいにヤバくなっているなというのを、その時に強く感じました。

しかし、ゼロ年代にロスジェネ世代の社会学の若手たちが何を書きはじめたかというと、「やりがいの搾取」（阿部真大）とかそういう方向の議論だったんですよね。でも、「やりがいの搾取」という言い方は本当はおかしくて、労働というものはそもそもやりがいも含んでいるのだから……。

ブレイディ　単に「搾取」でいいですよね。

北田　そう、単に搾取と言うべきなんです。でも、そこに「やりがい」っていう言葉をどうしても入れてしまうんですよね。読者のほうでもそれで、「あ、自分はやりがいで搾取をされているんだ！」って思ってしまうわけです。「自分は搾取されている、奪われている」という感覚を、なぜかアイデンティティや価値の話に結びつけてしまう。そうすると、これもまたアイデンティティ・ゲームに陥ってしまう。八〇年代の消費社会論的な、軽やかな、記号論的なとらえ方から一転して、不況が深刻化したあとでも、こういう風に意外に労働問題を文化的にとらえてしまいがちな傾向があったと思います。

たとえば、ユニクロなどの巨大資本による文化の「フラット化（平準化）」を批判する言説なんかが、いまだにあったりしますけど、本当に問題なのはユニクロによるファッションのフラット化ではなくて、ユニクロの雇用・労働形態とデフレとの関係じゃないですか。でも、社会学的な枠組みの中でそれをとらえようとすると、どうしても「ユニクロの服を選ぶ人／ユニクロで働く人たち」のアイデンティティの話になってしまうんです。

松尾　デフレ下では、安手の商品を大量生産する巨大資本ばかりが、ブラックな雇用・労働形態をとりながら、ものすごく収益を上げてしまうという構造ができてしまうことが問題なんですよね。

北田　本来は、そこできちんと労働問題とか経済学の本を読むべきだと思うんですけど、人文系の論客で社会を語る人びとはみんな、なぜかそっちへはいかないんですよね。経済のメカニズムの自律性をどう考えるかってことを恐ろしいくらい無視しがちなんです。消費社会論を引きずったまま、労働問題も文化の問題としてとらえてしまった結果、マーケットもなければ、需要も供給もない、不思議な経済論になってしまっている。

わたしから見ると、いまの人文系の知識人は、実は自分が持っている経済理論は、かつての消費社会論か、あるいはそれ以前のレーニンやローザ・ルクセンブルクの帝国主義論、ないしはそれをベースにしたウォーラーステイン（アメリカの政治・社会学者で「世界システム論」の提唱者）の従属理論くらいしかないんだけど、あくまでもそれを基盤にして現代社会を批判しようとしているような気がします。

もともと消費社会論というのは、資本主義はモードや流行などのように、記号的な差異を無限に生み出していくことで、人びとを絶え間ない消費に駆り立てる（ほしくもないものを「ほしい」と思わせる）ものだ、というようなロジックになっていました。こういう論理は、経済が好調の時はそれなりに説得力があったと思うんですが、いまのようなデフレ不況の状況では説得力がないですよね。

松尾　やっぱり消費社会論が流行った時代って豊かな社会でしたし、九〇年代に入ってバブルが崩壊しても、まだまだ日本社会は豊かだったから、そのままみんな「豊かな社会への反省」というモードをずっと引きずったまま来てしまったんじゃないかなと思います。

でも、経済学的にはデフレ不況というのは需要不足の問題なので、ものを買う力が足りない、消費が足りない、ということなんですよね。消費社会論が言ってきたのとは逆に、むしろ人びとが安心して消費ができる社会にしなければいけないわけです。いまやみんな、将来が不安でお金が使えない。デフレ不況下で、本当にほしいもの、必要なものすら買えなくなってしまった。

北田　そう、ケインズ的に言えばいまは消費が足りないのが問題なんですよね。実は、社会学で「最初の消費社会批判」と言ってもいいロバート・リンド（アメリカの社会学者で『ミドルタウン』などの著作がある）の議論が出てきたのもケインズと同時代のことで、ケインズ理論に親和的とされる経済学者のグンナー・ミュルダール（福祉国家形成論などを展開したスウェーデンのノーベル賞経済学者）の価値負荷性の議論の提示と同時期でした。

リンドの論理は単純で、過熱する消費社会は人びとのコミュニティを崩すから消費者連盟でもって、物価高騰に対抗するというものです。それに対してミュルダールは、経済の蓄積的効果を価値判断でもって見誤ってはいけない、価値判断は必要だが、それは政策判断に際しては極力排除されるべきだという立場に立つ。

リンドの夢見ていた世界は宗教によって一体化が見込まれる「マジョリティのささやかな共同体」です。総需要喚起による天井の維持という発想がない。デフレ不況というのはヤバイからこそ、ケインズ主義政策で需要の喚起が求められるのであって、天井の成長を求めるようなアゲアゲの政策ではない。需要・消費そのものを邪悪化したら、それこそ、市場経済の神の思うつぼです。

ケインズ経済学＝低成長の時代の経済学

松尾　実は、需要側から経済というものを考えようとしたケインズの経済学自体、そもそも天井の成長がもうないという低成長の時代を想定してつくられた経済モデルなんですよね。たとえば『雇用、利子および貨幣の一般理論』の中で、ケインズは総需要喚起政策で完全雇用を維持していったら、だんだんと利子率はゼロに近づいていくはずなので、そのうち利子生活者は安楽死していくだろうと述べています。そうやって、資本主義の良くない面も次第に克服されていくというような書き方をしているんですよね。ケインズは「資本主義の安楽死」とまでは言ってはいないんですけど、それに近い将来イメージを持っていたことはたしかです。

北田　社会学や福祉国家論系の議論で、「ケインズ型福祉国家（大きな政府）は、人口増と高度成長を前提としていて、それがグローバリゼーションで崩壊して不可能になった」というような「社会民主主義の崩壊」のストーリーを聞きますが、それは大いなる誤解ですよね。

松尾　はい。そういう人は、おそらくケインズの理論と、その理論が流行った時代の社会的背景をごっちゃにしているんだと思うんですよ。たとえば、ケインズが『雇用、利子および貨幣の一般理論』を書いた時にどういう事態を想定していたかというと、一九三〇年代の大不況のど真ん中で、その大不況をどうしようかっていうことだったんですよね。彼は、戦後になって資本主義の大高度成長時代がやって来るなどとは夢にも思っていなくて、英国はもうこれで経済成長は終わりというか、長期の成長という意味での経済成長はもうないと考えていたんですよ。

でも、当時は先鋭的だったこのケインズの理論が、経済学の主流学説になったのは、皮肉なことに戦後の高度経済成長の時代だったんですよね。それで、ケインズ型福祉国家というものが、高度経済成長時代の西側諸国の状況に、妙に結びつけられてイメージされるようになったのではないかと思います。特に、日本では田中角栄の自民党がこうした「ケインズ型福祉国家」を実現したかのように見えるので、よけい誤解があるように思うんですけど、ケインズ自身は、これからはずっと定常状態が維持されるような停滞の時代になってくる、ということを書いているわけです（『雇用、利子および貨幣の一般理論』第一六章第四節）。

ブレイディ　インフレの時代にデフレの経済学が花開いてしまった。

松尾　だから、ケインズ政策というのは、天井の成長が前提じゃないんです。そもそも論として、「天井の成長がなかなか望めないからこそ、ほったらかしにしておくと民間の設備投資がそんなにいっぱい起こってこない。じゃあどうしましょう?」っていうのが、ケインズの問題意識なので、だからこそ総需要喚起政策をやらなければならない、という主張になるんですけどね。これは、むしろいまの日本のような状況にこそ当てはまるはずなんです

北田　ケインズはまさに「成長の限界」について考えていたということですね。いまのお話に関連して言うと、一般的に、一九七二年のローマクラブのレポート（「成長の限界」）なんかでも、人類が二〇世紀に経験した長期的な生産力の増大というのは、地球の資源が有限である限り限界があるというようなことが言われていますよね。このまま人口が増加し続ければ

食料危機が起きるし、石油資源などの化石燃料も有限だし、さまざまな地球環境の問題も起こってくるだろう。地球は有限なのだから、無限に豊かになれるわけはなくて、かつてのような高度経済成長というのはもう続かないだろうというように。このローマクラブのレポートは脱成長論の人たちにも非常に人気があります。

松尾　僕は必ずしもそういう意味での「成長の限界」を否定しているわけではないんですよ。たしかに、「天井の成長」に関しては、「かつてのような大幅な生産性の上昇というものは、今後はもう見込めないだろう」というのは、傾向としてはあると思います。先進国では人口減が進んでいるので、今後は労働力人口はあまり増えない、むしろ減っていきます。そうすれば必然的に経済の天井は下がっていくでしょうしね。

そうしたことは、天井の成長についてはある程度当てはまるだろうと思いますし、僕自身、天井の成長はそんなに必死に追求しなくてもいいという立場をとっています。もしかしたら、ＡＩの発明とかがあって、今後も大幅に生産性が上がることがあるかもしれませんが、それは誰にもわからないことですし、そういう技術革新というのはさっきも言ったように「成長戦略」で人為的に引き起こせる類のものではないからです。

でも、そういう「成長戦略」批判、新自由主義批判の文脈と、僕が「経済成長が必要だ」ということはまったく別の次元のことなんです。仮に人口の増加がほとんどなくて、大幅な生産性の上昇もないような定常社会みたいなものを考えたとしても、それと景気循環による失業の問題はぜんぜん違う問題なんですよ。このかんの日本社会は完全雇用ではなかったのだから、低成長の理由を人口減に求めることはできないのです。

北田 左派の間で妙に理想郷化されているスウェーデンですら、九〇年代の金融危機の時にはヨーロッパでも珍しいくらいの大胆な金融緩和政策をとっていますからね。

松尾 たしかに、スウェーデンは税金が高い代わりに高福祉な社会なんですけど、日本のようにデフレ不況の時に消費税率を引き上げたわけではないですからね。いまのスウェーデン社会は、人口減で本当に完全雇用に近い状態だから、高い消費税率は市場での消費財生産を抑えて、そこの労働を政府支出先である別の分野（福祉産業など）に振り向けるという効果が見込めるでしょう。しかし、不況下で人手が余っている時にそれをやったら、単に消費財をつくっていた人が失業するだけの話になってしまいます。それに、スウェーデンはいまの福祉国家体制をつくるのに、供給側のいわゆる「成長戦略」のほうもすごく力を入れていて、天井の成長もとっても追求してきた国なんですよね。

北田 湯元健治さんと佐藤吉宗さんの『スウェーデン・パラドックス』（日本経済新聞出版社）によれば、スウェーデンは二〇年くらいかけて、金融政策と人的投資を基本軸とした経済・社会政策をしたたかにとっていますよね。

金融政策による為替レートの減価で輸出の好調を図って、それが財政均衡と連接するような「構造」をかなり長い時間をかけて創り出してきました。設備投資やイノベーションの活性化を図る「成長戦略」もとっているし、法人税率は九〇年代以降引き下げられ続けて、現在では日本よりもはるかに低い税率になっています。

スウェーデン型の社会を目指すというのは、一つの理念としてはいいと思うんですけど、それはいまの日本社会の状態の中で、税金の配分をいじれば実現するというようなものではありません。

「リベラル」と「レフト」

北田　これまでの松尾さんのご説明で、経済成長ということの意味がかなり明確になってきたように思います。
松尾　こういうことをご説明しようとして、僕は経済成長という言葉を二つに分けてみたりもしたんですが、やっぱりそもそも経済成長って言葉が天井の成長を喚起させて誤解を招くのかなと思って、短期の成長のことを「景気の拡大」と言い換えてみたこともありました。でも、どっちもあんまりイメージが良くなかったみたいです。
ブレイディ　なんで「景気の拡大」という言葉のイメージが良くないんだろう？　地べたの人からしたら今日明日のご飯をどうするのかというのが一番気になる問題だから、景気の問題は大切だと思いますけど。

松尾　さっきもちょっと触れましたけど、もともと七〇年代に田中角栄とかの自民党の路線があったじゃないですか。政治家が地元に仕事を持ってきて、土建業界が潤って、選挙の時にはその土建業界が集票マシンとして働くというやつです。地元の人たちも公共事業で橋をつくってもらえたからとかそういう理由で票を入れて、自民党が鉄壁の支持を得ているという構図がかつて強固にあった。だから「景気の拡大」というと……。

ブレイディ　なんか自民党っぽい感じがするのかな。

松尾　そういう側面があるんじゃないかなと思います。その自民党に対して、ずっと野党が挑もうとしてうまくいかず、涙を呑んできたという経緯がありますからね。そんな歴史の中で、景気拡大政策や公共事業そのものに対する嫌悪の念が染みついてしまったんじゃないでしょうか。それで、いつのまにか「景気対策・公共事業＝悪」みたいなイメージが定着しちゃったのかもしれません。

北田　ケインズの総需要喚起政策の柱の一つは、言うまでもなく公共事業による政府支出の増大ですからね。でも、日本では公共事業とかいうとすぐバラマキとか言われてしまう。じゃあ民主党（当時）がバラマキではない再分配を実行しえたのか。そもそも、バラマキではないということは、その全体的な効果を見越して合理的な基準から語られねばならないはずです。そういう基準を本当に民主党は明確に立てていたのかということが問われます。

松尾　たとえば、かつての民主党・民進党って、ほんとにいろんな人の寄せ集めで、安全保障問題についても考え方が違う人が集まっていましたよね。だから結局分裂してしまいましたけど、振り返って、何が民主党・民進党を結集させていたポイントになっていたんだろう、と考えると、やっぱり「自分たちは自民党じゃない」というアイデンティティだったんじゃないかなと思います。みんな「自民党の悪いところを糾していく政党」ということで集まっていた。その時、「自民党の悪いところってなんだろう?」って言ったら、やっぱり田中角栄的な自民党に対する批判だったと思うんですよ。

ブレイディ　じゃあ、やっぱり「景気」って言ったら、いまだに自民党がお金をばらまいて「大企業がウハウハ儲かる」みたいなイメージなんですかね?

松尾　現実に、いま一部の大企業がウハウハ儲かっているのに、庶民はぜんぜん儲かっていないということも事実としてあるんですけど、別にすべての「景気の拡大」がそういう帰結になるわけではないですからね。

ブレイディ　なるほど。昨年(二〇一七年)にアメリカでナオミ・クラインが『No Is Not Enough』という本を出してベストセラーになったんですけど、その中で彼女はトランプ現象に衝撃を受けて「NOと言っているだけではリベラルや左派は勝てない」と悟ったと書いています。ナオミ・クラインといえば、遅れてきた環境活動家みたいなイメージが強くって、それこそ消費社会に「NO」、資本主義に「NO」と言ってきた知識人の典型みたいな人じゃないですか。でも、その彼女が、これからは「反〇〇」みたいなネガティヴなやり方ではダメだ、人びとを惹きつけるようなポジティヴなヴィジョンを打ち出さなければいけないと気づいたそうです。これは彼女に限ったことではなく、世界中で彼女のようなスタンスで言論活動をしてきた人びとに拡がっている認識だと思いますが、やっぱり日本でも、野党とその支持者たちは、「NO」と言っているだけでは民衆から本当の支持を得ることはできないと思うんですよ。

北田　そろそろ左派は「自民党にNOという自分たち」という他律的なアイデンティティを捨てて、庶民の物質的な——広義での——豊かさを追求するという原点に戻ったほうがいいと思います。かつての社会党なんかは、一応そういうことを目指していたはずなのですから。自民党と異なる方法でそうした方向性を模索していたとも言えるし、「江田ビジョン」（江田三郎が提唱した政策ビジョンで「アメリカの平均した生活水準の高さ」「ソ連の徹底した生活保障」「イギリスの議会制民主主義」「日本国憲法の平和主義」を総合しようとした）とかはその最良の成果だったと思う。

松尾　最初に北田さんがおっしゃったように、ここ何十年かの日本の歴史の中で、いつのまにか多くの左派の間で、経済的な下部構造が忘れ去られてしまいました。もともと、左派がそういう風になったのは、日本が高度経済成長を終えた一九七〇年代以降の豊かな社会の中で、古いマルクス主義の階級問題というのが、リアリティを持たなくなっていったからだと思うんですよね。僕の若い頃なんかは「窮乏化」とか「労働者階級」とかいう言葉を振りまわすのは、古くさい教条主義だと言って批判されていました。
　それで、公害の問題や都市生活の孤独などに焦点が当てられて「新しい窮乏化」という概念が生み出されたり、エコロジーの問題にも注意を向けるべきだとさかんに議論されていました。「むしろ人びとの過剰富裕化こそが問題なのだ」という議論さえあって、「豊かな社会」の矛盾を発見して、なんとか理論を現実に追いつかせようとしていた。ところが、そうしているうちに、また現実のほうが先をいってしまって、今度は食うに困っている人たちがあふれかえっている世の中になってしまいました。

北田　いまこそ左派は下部構造を思い出す時だと思います。

ブレイディ　経済が「汚いもの」だという妙な固定観念を捨てて、地べたの人たちの苦しみに正面から目を向けていかなければいけない時ですよね。そういえば、いまのお話を聞いていて思い出したんですけど、最近、わたしの一一歳の息子が連れ合いに「レフトとリベラルってどう違うの?」って訊いていたんですよ。そうしたら連れ合いが「リベラルは自由や平等や人権を訴える金持ち。レフトは自由と平等と人権を求める貧乏人」って説明していて(笑)、なんて極端な言葉なんだと思って聞いていたら、彼は「だからリベラルは規制緩和や民営化をするんだ」と言っていました。
　英国の場合は、かつて「保守党(Conservative Party) vs 自由党(Liberal Party)」の二大政党だったのが、労働者の声を代弁する政党が求められて「保守党 vs 労働党(Labour Party)」という構図に変わっていったという歴史もあって、こういう考え方が出てくるんだと思いますが、英国では「リベラル」と言うと、政治が介入しない自由な経済活動や市場を信じる人、という印象が強いんですね。だから、左派の人びとは「リベラル」という言葉に必ずしもいいイメージを持っていなくて、フランスのマクロン大統領や英国のブレア元首相、保守党のキャメロン前首相、緊縮を押しつけるようになったEUもみんな「リベラル」と呼ばれています。こういう風に、英国では「リベラル」と「レフト」というのは明確に違うんですよね。

北田　そもそも、ヨーロッパでは「リベラル」という言葉には、経済的な自由主義という意味合いが強いですからね。日本で言われる「リベラル」というのは、それとは違って基本的にはアメリカ的な意味合いなんじゃないかと思います。アメリカでは共和党と民主党の対立があって、一九三〇年代にニューディール政策を推し進めた民主党の路線が「リベラル」と呼ばれてきました。わたし自身は七〇年代以降のジョン・ロールズなどのアメリカの政治哲学の文脈で「リベラリスト」と名乗っていますが、「レフト」や「ソーシャル」から批判されるのは当然のことなんですよ。だってアメリカのリベラルは、アメリカという場でのソーシャルを体現したものなんですから。でも、日本では「リベラル左派」とか「リベサヨ」なんていう意味不明の言葉もあって、なんかバカみたいな状況なんですよね。普通に考えたら、「リベラル」なんて左翼の敵に決まっているんだから、共産党とかは「リベラル」とか言われるのをちょっとは怒ったほうがいいと思うんですけど（笑）。

ブレイディ　わたしも、日本では「リベラル左派」という風に二つの言葉が一緒に使われがちなので、日本の「リベラル」はむしろ米国語に近い意味合いで使われてきたのかなと思っていたんです。北田さんがおっしゃったように、アメリカではヨーロッパで言う「レフト（ソーシャル）」的な政策を求める人びとが「リベラル」と呼ばれているじゃないですか。でも、そうは言いながら、日本で「リベラル」を名乗る人びとと話をしてみると、経済政策に関する部分はほぼ英国英語の「リベラル」と言ってもいいような感じなんですよね。

　たとえば、二〇一七年の衆議院選挙の際にちょうど日本に滞在していたんですけど、その時に会ったリベラル系の人たちが「一般の人たちは改憲や原発はどうでもよくて、増税が、増税がって言っているから絶望的だ」とおっしゃっていたのがすごく印象に残っています。それで、わたしが「増税の問題は大事です」とお返事したらすごく意外そうな顔をされたんですよね。

北田　いや、税金の問題は大事ですよ。もちろん改憲や原発の問題も大事ですけど、増税の問題がどうでもいいというのも絶望的だと思います（笑）。それじゃあ「自由や平等や人権を訴える金持ち」と言われても仕方ない。

ブレイディ　日本では「左派はお花畑」という揶揄表現がよく使われますよね。でも、下部構造のない花は、根から水を吸えないのですぐに枯れてしまいます。わたしは、経済こそ自由の下部構造なんだと認識する、もっと泥臭い――根を持った花は当然ながら泥で汚れます

――左派が出てこないと、日本の状況は変わらないと思います。リベラルがそういうレフトな部分を取り入れて、欧州の意味でのリベラルではなく、米国におけるリベラルに近づくのか、またはレフトが別の新たな勢力をつくるか、それはわからないですけど。いずれにしても、最重要なのは経済政策に対する考え方だと思います。

第2章
「古くて新しい」お金と階級の話

「古くて新しい問題」としての経済問題

北田　日本では「リベサヨ」という言葉に象徴されるような妙な形で運用される言葉があるけれど、それも一理ある気がします。どうも日本の「リベラル左派」というのはアメリカ的な意味での「リベラル（ソーシャル）」ですらなくて、経済的な志向性はむしろヨーロッパ的な意味での「リベラル（自由主義）」、アメリカで言えば共和党保守に近いのではないか、という話になりました。たしかに、日本の「レフト」というのは、いまやソーシャルな要素が限りなく希薄化された「リベラル」に呑み込まれつつあるような気がします。経済的な下部構造を軽視して、意図せざる形で構造改革路線を踏襲し続けた結果として、ブレア流の「第三の道」に帰着してしまったのではないでしょうか。

ブレイディ　ブレア政権の「第三の道」というのは、最初は新自由主義でも社会民主主義でもない、両者のいいところ取りをする「新しいレフトの道」だと言って出てきたんですよね。ブレアは、「ニュー・レイバー（新しい労働党）」を名乗りながら、福祉や保育などの人びとの生活に根ざした分野に財政支出をしつつ、その陰で公共サービスの官民連携運営を進めて、ロンドン地下鉄や郵便事業などに積極的に民間資本を入れました。労働党が築いた「ゆりかごから墓場まで」の福祉国家の象徴であるＮＨＳ（National Health Service：国民保健サービス）の民営化を進めたのもブレアだし、労働党が無償化していた大学授業料を再び導入したのもブレアで、公営住宅にしても、サッチャーが民間に払い下げたことがいつも槍玉に挙げられますが、実はブレアとその後のブラウン首相の時代はサッチャー政権の時代よりはるかに公営住宅地が建設されなかった時代で、一三年間で約七九〇〇戸しか建てられていません。

こういう数字を見てわたしたちはいま驚くのですが、それほど巧妙に「忘れられた人びとなどいない」とリップサービスしながら、ニュー・レイバーはどんどん「小さな政府」にしていきました。ブレアはそれで保守党のサッチャーに「わたしの一番できのいい息子」とまで言われたんです。ブレアは労働組合とも距離をとり、親市場の立場をとりました。

松尾　結局、ブレア政権がやったことはほとんど新自由主義と一緒なんですよね。

ブレイディ　そうなんです。ブレアが政権を握った時に宣言したのは「メリトクラシー（能力主義）の社会をつくる」ということでした。固定された伝統的な階級社会ではなく、能力によって移動できるダイナミックな流動性のある社会。でも、これは能力で決まる新たな階級社会のことです。それは階級の存在を容認することであり、階級の格差を縮めてより平等な社会にしましょう、ということではなかった。社会流動性の強調は、貧困から脱出する道は示すかもしれませんが、貧困をなくすことではない。根本的な問題の解決にはならないんです。

それに、メリトクラシーと社会流動性の強調は、労働者階級、つまり清掃員や工場職員、スーパーで働く人びとなどへの侮蔑感情や、そうした差別的な感情の正当化にもつながったと思います。彼らを社会流動性があるにもかかわらず出世できなかった怠け者とみなすようになったのです。階級移動できた人はほんの一部だったにもかかわらず、ブレアはそのうち「もはや英国に労働者階級は存在しない」とまで言い出しました。リアルな地べたに生きる労働者たちにしてみれば、「はあ?」と言うしかありません。

こうして英国でも労働党がもともとの支持基盤だった労働者たちの支持を失っていきました。それでブレアはわたしの連れ合い——彼はロンドンのイーストエンドのレイトンストーンという労働者階級の街の出身者なんですけど——から「自由や平等や人権を訴える金持ち」であるところの「リベラル」認定されているわけですね(笑)。

北田　社会学の領域で言うと、そのブレア政権のブレーンだったのがアンソニー・ギデンズです。ギデンズはブレア政権の標語と同じ『第三の道』(日本経済新聞社)というタイトルの本に加えて、『社会学』(而立書房)っていう鈍器みたいに分厚い入門書も書いているんですけど、それらの本に書いてあることは、文化的・政治的な次元では全部(アメリカ式の)「リベラル」なんですよね。でも、本の中に経済学的な観点がほとんど見られない。一応「グローバリゼーション」とか「経済」「労働」という言葉は出てくるんですけど、『第三の道』の中には「ケインズ理論が経済の(需要面にばかり注目して)供給サイドを軽視しがちだった」という点は、(旧式の)社会民主主義者の通念とうまく符合している」とかいう八〇年代のネオリベのケイインジアンへの批判を丸呑みしたようなことも書いてある。でも、そこには経済がどうやって発展するとか、社会が安定的に成長していくには具体的にはどうしたらいいのかって発想がなくて、全部制度的な公正性の原理だけで物事を考えているわけですよ。このギデンズ的なフラットな「リベラル」は、リュック・ボルタンスキーらのフランスの同時代の社会学とは違っていて、ある意味でとても現代社会学っぽい。

松尾 現代社会学っぽいというのはどういうことですか？

北田 これは自戒をこめて言うのですが、いまの社会学って、方法はさまざまありますが、やっぱり制度を比較に基づいて分析する学問だから。「その制度は不公正ですよ」「この制度では機能していませんよ」ということは言えるんですけど、どうやったら社会が全体的に「豊か」になるのか、そもそも社会を「豊か」にするとはどういうことなのかって発想が欠落しているんですよね。もともと発展ではなく秩序を探究する学問、あるいは豊かさと秩序の連動を描き出す学問として制度化されてきたということもあるかもしれません。イスの数は決まっていて、その分配については不公平がある、その不公平はこのような形で生み出される、という分析は大切ですが、イスの数を増やすという発想は薄い。じゃあ、誰かのイスを取り上げるしかない、ということになりがちです。

ブレア政権はたしかに、文化的には「リベラル」で当然エコにも優しかったし、フェミニズムにも親和的で、差別には反対という多文化主義的な態度をとっていました。でも、ブレアの「第三の道」という政策は、結果的にはネオリベとほとんど変わることのないひどいもので、多くの人びとを痛めつけました。ギデンズに社会学者を代表させたら怒る人はたくさんいると思いますが、マルクス主義、史的唯物論の批判的継承からはじまり「第三の道」にいきついてしまった理論社会学者として、とても象徴的な人です。

ブレイディ　そういうことがあって、英国でも労働党とその支持基盤である労働者階級との間の溝がどんどん深まっていったんですよね。それがいま欧州で「社会民主主義の崩壊」と言われる状況の背景になっています。

もともと欧州の左派の運動というのは、労働者たちが盛り上げたムーブメントを、レフト寄りの考えを持ったミドルクラスの人たちが政治的な力に変えていった、という歴史的な背景があったんですよ。そこでは、労働者階級とミドルクラスとの間にポジティヴなつながりがあったわけです。でも、やっぱり欧州でも、新自由主義的な改革が進められる中で、この「進歩的」なミドルクラスの人たちと、労働者階級の人たちのリアリティのギャップがどんどん大きくなっていってしまったんです。そもそも、ブレアなんかは「貧困とか平等とか左翼っぽいことは僕は興味ない。ゴードン（・ブラウン。当時の財務相でブレアのあとの首相だった）がそういうのは好きだから任せる」と言っていたという側近の発言もありますしね。意識的に労働者たちから距離をとっていった。

だから、最近話題になっている欧州の新左派と呼ばれる人たちは、この分断を乗り越えることを大きなテーマにしていますよね。左派が労働者階級からの支持を捨ててどうするのかと。そういうことをしてきたから労働者の票を極右に奪われているわけだし。こうした背景のもとで出てくるべくして出てきたのが「反緊縮運動」と言われる運動だと思います。そして、ここでのポイントもやっぱり経済問題なんです。

松尾　おっしゃるように、欧州の新しい左派の運動は、みんな経済問題重視だというのが特徴ですよね。最近では、一昔前の古い「社会主義」を思い出させる政策を口にする人びとが欧州の反緊縮運動の中から現れてきて、若い人びとに新鮮に受け止められ、大きな支持を得るようになってきました。

ブレイディ　英国でジェレミー・コービンが出てきたのにも、そういう経緯があります。コービンはいまの労働党の党首ですけど、彼が二〇一五年九月の英国労働党の党首選挙に出てきた時は、みんな絶対に選ばれるわけないと思ってました。コービンは労働党の最左派グループの古参議員の、まあこの最左派グループはこの当時まではお年を召した方ばかりだったわけですが、「マルクス主義者のおじいちゃん」みたいなイメージ

ジェレミー・コービン
Photo by Chatham House／flickr (CC BY 2.0)

で、ブレアみたいなスタイリッシュな要素は何一つない、はっきり言って貧乏くさいというか、自転車かバスで移動していたベテラン国会議員でした。一年間の議員経費に計上したのが一五ポンドのトナー・カートリッジだけで、ぶっちぎりで「もっとも経費を使わない国会議員」認定されたという伝説も残してますし（笑）。それはロックスターたちを官邸に招いてシャンパンを飲んでいたブレアとは真逆です。

そういう人が「公共投資の拡大」「鉄道の再国有化」「富裕層課税」とか、まるで終戦直後の労働党のような公約を語りながら、党首選に立候補して、若者やベテラン労働者の支持を受けて当選したんですよね。この時のコービンの政策はコービノミクスと言われて、英国のメディアでとても話題になりました。コービンは「えー！　いまどきマルクス主義？」みたいな衝撃を人びとに与え、笑われながらも（笑）、若い人たちの間で熱狂的に支持されていきました。

たとえば、わたしが日本語版の字幕を監修したケン・ローチのドキュメンタリー映画に『1945年の精神（THE SPIRIT OF '45）』（カウンターポイント）という作品があります。これは、戦争の英雄だったチャーチル率いる保守党が、一九四五年の選挙でクレメント・アトリーの労働党に大敗を喫して、労働党政権が誕生し、NHSの導入をはじめとする「ゆりかごから墓場まで」の高福祉政策がはじまった時のことを描いた映画なんです。このDVDの英国版には、ボーナストラックとして、いまの欧州で反緊縮運動をやっている若い人たちへのインタビュー映像がついています。それを見てみると、「一九四五年の労働党のマニフェストを読んでどう思いますか？」という質問に対して、若い人たちがみんな「パーフェクト！」「こういう政治がほしいんだよ！」ってしみじみ語っているんですよね。

松尾　「古くて新しい」ものとして「オールド・レイバー（古い労働党）」の政策が再発見されているわけですね。かつてのニューレフトは、既成左翼のことを「経済決定論的だ」と言って批判して、正統派マルクス主義では重視されていなかった文化やアイデンティティの問題を取り上げましたけど、いまでは再び経済の問題がせり上がってきています。

北田　ヘイトスピーチ問題にも見られるように、またフェミニズムが英米圏で否応なく前景化されてきているように、アイデンティティ・ポリティクス（ジェンダーや性的指向、人種や民族、障がいなどの特定のアイデンティティに基づいて社会的に不公正な立場に置かれている人びとの利益を代弁しておこなう政治的活動のこと）はとても重要なアクチュアルな問題であり、その意味で経済決定論批判、文化左翼の運動は不可欠であり続けています。しかし、前章でも述べたように、いまではなぜか「経済決定論はダメだ」から「経済は重要な問題ではない」へと認識がずれてきてしまっているように思います。日本ではなぜかそうなっていませんが、欧米での「古い」社会主義への若者の回帰は、経済もまた重要な変数であることを訴えかける、ごく当然の動向だと思うんですよ。

ブレイディ　そうなんです。そもそも、一九四五年の労働党のマニフェストって、要するに終戦の年で、英国にはスラムが拡がって、戦争で戦って帰ってきた兵士たちにも生活の基盤がない状況だったから、労働党がバーンと未来のために投資して、完全雇用を目指し、公営住宅をばんばん建て、医療や教育を無償化し、みなさんがきちんとご飯を食べて、健康で文化的な生活を送れるようにします、って約束したものだったわけですよね。プログレッシブ（進歩的）とかいうより、ただ、人びとの衣食住を保障します、という。

ところが、ニュー・レイバーの「第三の道」や、リーマン・ショック後の不況と「第三の道」をさらに過激化した保守党の大緊縮時代を経て、現代の若者たちの最大の関心事も、終戦直後みたいに衣食住になっていたんだと思います。そんなベーシックなことを争点にする政治勢力がないものだから、若者たちにはクラシックな労働党の政策に立ち戻ろうとしているコービンが逆に先鋭的な政治家に見えて……。それで、最初にコービンが出てきた時に、英国でなんとマルクスTシャツが流行ったんですよ（笑）。

北田　マルクスTシャツ。見たことないですね（笑）。

ブレイディ　びっくりしました。チェ・ゲバラのTシャツなんかはよく見かけますけど、マルクスTシャツはさすがに見たことがなかったから。その頃わたしが事務所を借りていたところが、古着屋さんとか洋服屋さんとかが並んでいる、ちょっとヒップな通りだったんですけど、そこのショーウィンドウにマルクスTシャツが飾られていた時には笑いました。「I Told You So」という「（資本主義が最後にどうなるか）俺が言っただろう」っていう意味の言葉が髭もじゃのマルクスのイラストと一緒にプリントされているTシャツを着たお洒落な若者が、当時よく街を歩いていました。コービンはその後、二〇一七年の総選挙で躍進を遂げて、いまでは「次期首相候補」とまで言われています。

松尾　「俺が言っただろう」っていうのはかっこいいじゃないですか。アメリカのサンダース現象も、英国のコービン現象と似たようなところがありましたよね。コービンと同じように「社会主義者のおじいちゃん」のバーニー・サンダースも、当初は時代遅れの泡沫候補だと見られていましたけど、若い人たちの支持を受けて、二〇一六年の大統領候補者の指名争いでヒラリー・クリントンにあと一歩のところまで迫りました。結局サンダースはクリントンに敗れて、その後トランプ政権が誕生してしまいましたけど。

北田　トランプ政権が誕生したのは、やっぱりクリントンが想定以上に嫌われていたからでしょうね。クリントンがサンダース旋風を受けて少し左方向に舵をとったけれども、遅すぎた（個人的にはサンダースの撤退が遅すぎたと考えていますが）。ブレアや民主党左派のような旧来の「中道左派」的なものの支持が急速に落ち込む一方で、一見「古い」社会主義を思わせるような泥臭い左派に支持が集まりつつある状況があるわけですね。

松尾　はい。より正確に言えば、トランプとサンダースという右と左の両側から、クリントン的な旧来の中道左派の政治基盤が脅かされているという構図があるのだと思います。これは、一見右と左が台頭して真ん中がなくなっているヤバイ状況にも見えるんですけど、僕はこの背後には緊縮策に苦しめられてきた人びとの経済的な飢餓感があると思っています。

ブレイディ　それは間違いないですね。たしかに、欧州でも英国でコービンが躍進する一方で、フランスではルペンなどへの支持が増加していますすけどね。昨年リュック・メランションというバリバリの左翼の人気も急上昇していますけどね。昨年（二〇一七年）の大統領選挙ではかろうじてマクロンが勝ったものの、次はどうなるかわかりません。

両極化する世界とか中道の没落とか言われてますけど、それはあくまで地上に見えている枝や葉っぱの部分で、地中の根っこはやっぱり経済だと思います。中道がいつまでも「第三の道」的なものや緊縮にとらわれて前進できずにいるから、人びとがもっと経済的に明るいヴィジョンを感じさせる両端にいっている。

階級問題としてのブレグジット

北田　二〇一七年の英国の総選挙の時は、当初労働党は保守党に二四ポイントも差をつけられていて劣勢だと言われていましたよね。けれど、選挙が終わってみたら、政権交代こそできなかったものの、保守党を過半数割れに追い込む大躍進という結果になりました。

ブレイディ　はい。二〇一七年はわたしは英国に住んで二一年目だったんですが、あの年の総選挙は本当にすごかったですよ。あんな選挙前の光景はいままで見たことがありませんでした。なんというか、ごく普通の一般庶民が、それも、これまではけっこうノンポリに見えた人びとまで、自分の職場や病院や子どもの学校を守るために立ち上がっていたんです。

たとえば、わたしは総選挙の三日前に、息子の学校の前でPTAが労働党のチラシを配っているところに遭遇したんですけど、そのチラシには「わたしたちの学校を守るために労働党に投票しましょう」「保守党はわたしたちの市の公立校の予算を一三〇〇万ポンド削減しようとしています」って書かれていました。今度はその翌日、国立病院にいくと、外の舗道で知り合いの看護師たちが労働党のチラシを配っていて、「わたしたちの病院を守るために労働党に投票しましょう」「これ以上の予算削減にNHSは耐えられません。緊急病棟の待ち時間は史上最長に達しています」とも書かれていました。

北田　まさに「地べた」の人たちが支えた選挙戦だったということですね。昨年の選挙での労働党の躍進の理由はなんなのでしょうか？

ブレイディ　そもそもメイ首相が解散総選挙を発表した時、今回の選挙はブレグジット（「Britain」と「exit」を合わせた造語で、英国のEU離脱のこと）選挙になると言われていました。だから保守党は「ブレグジットの交渉をおこなえるのは強いリーダー。それができるのはテリーザ・メイ。ジェレミー・コービンのようなしょぼい指導者には無理」という「強い英国を再び」「サッチャーの再来」みたいな強気の路線でアピールしていました。

でも、労働党のほうではブレグジットを選挙戦の争点にはしなかったんですね。むしろ「ブレッド&バター・イシュー（どうやって飯を食うか問題）」と呼ばれる国内問題を争点にしました。そして、その戦略が見事に当たっていたんだと思います。

その時の労働党のマニフェスト（「反緊縮マニフェスト」）は、英国の人気ジャーナリストのオーウェン・ジョーンズに「二一世紀のレフトのマニフェスト。世界中で苦戦している左派はこれをテンプレートにするべき」とまで絶賛されたんですけど、その内容はNHSへの大規模支出、大学授業料の再無償化、学校・警察・福祉など削減されてきた公共サービスの復興、鉄道・郵便などの再国営化を謳ったものです。それこそ、一九四五年の労働党マニフェストの刷新版とも言われましたね。コービン自身、「一九四五年の労働党がおこなった未来への投資を、我々の労働党が再びおこなう」と演説で言っていました。

北田　結局、経済問題が国民の一番の関心だったということですね。

ブレイディ　そうです。わたしの見たところ、そもそも、ブレグジット自体が国民の「このままでは飯が食えない」というワーキングクラスの不満からきているんですよね。ブレグジットは「移民排斥」とか「右傾化」という言葉で片づけられるような単純な問題ではなくて、背景にあるのは実は階級問題であり、保守党の緊縮政治だと思っています。ブレグジットが階級問題だというのは、EU離脱投票の時の「離脱票」（グレー）と「残留票」（白）の全国マップを見てみるとよくわかるんですよ。たとえば、イングランド中部と北部は「離脱」

ブレグジット投票の地域区分別の投票結果

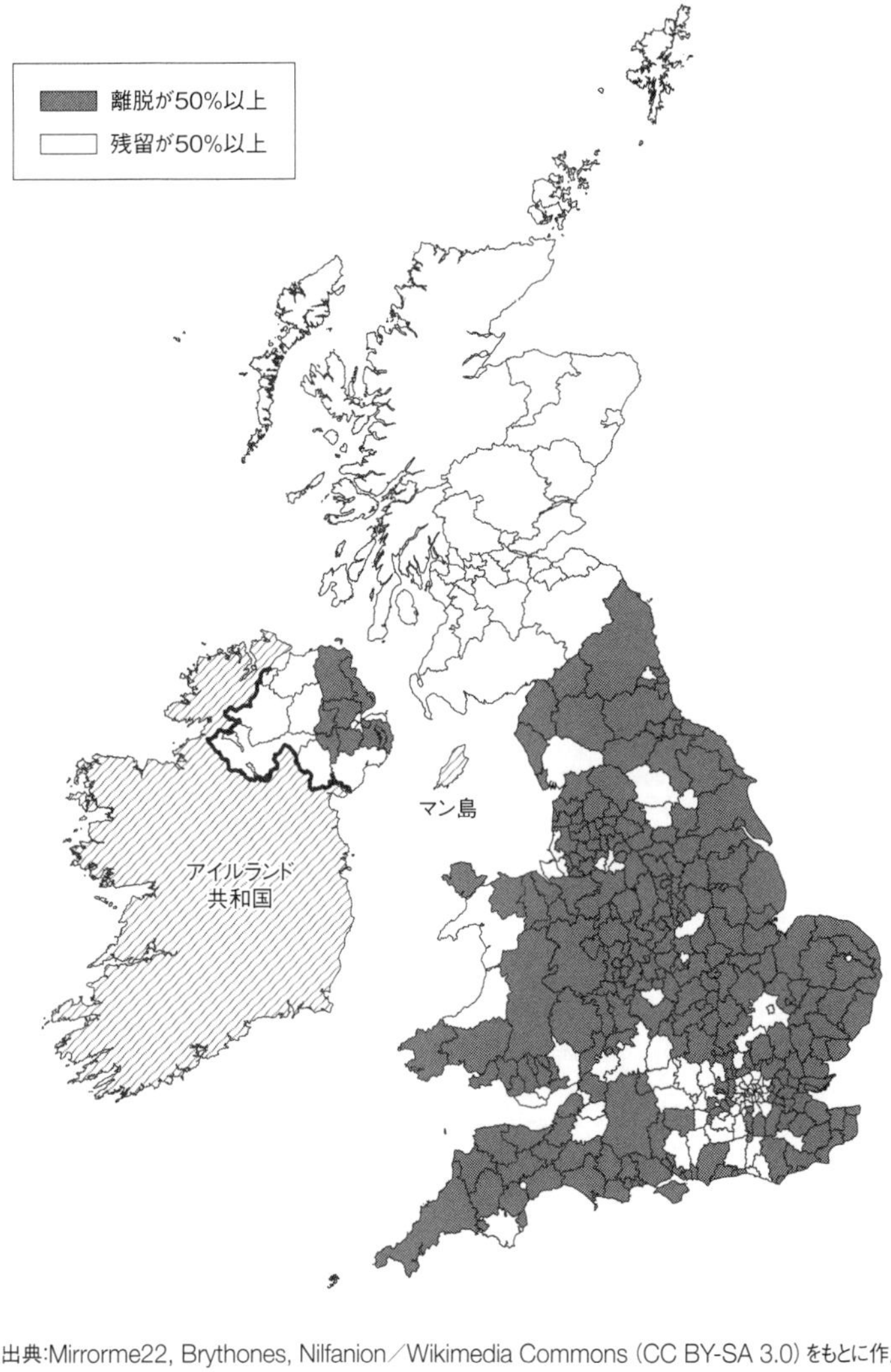

出典:Mirrorme22, Brythones, Nilfanion／Wikimedia Commons (CC BY-SA 3.0) をもとに作成

の票でグレーに染まっています。「残留」の白はロンドン近郊やブライトンなど南部のほんの一部、そしてスコットランド、北アイルランドだけです。これを見ると英国は明確に二つに分裂しているのがわかります。つまり、「イングランド中部・北部」vs「ロンドンとその近郊を含む裕福な南部＋辺境地域（ウェールズを除く）」ときれいに分かれているんですよね。

松尾　つまり、貧しい地域ほど、離脱に投票した。

ブレイディ　はい。結局、緊縮財政で打撃を受けて、不満を抱えているのは貧しい地域の人びとですから。そしてブレグジット投票の一年後の総選挙の時には、今度はその地域の多くがコービンの労働党に投票している。ブレグジット投票の時は、当初残留派が優勢だと報道されていたし、離脱派の人びとでさえ、まあ勝つことはないだろうと思っていました。だから、わたしの連れ合いなんかは「俺はそれでも離脱に入れる。どうせ残留になるっていうのはわかっているけど、せめて数で追い上げて、俺たちワーキングクラスは怒っているんだという意思表示をしておかなきゃいけない」と言っていましたし、「とにかく現状維持ではダメだ」という、そのことだけを言うために離脱に入れたという人もいましたね。あとは、「そういうことはまずないだろうけど、もし離脱派が勝ったらキャメロン首相がやめるかも」というピュアな反キャメロン票。日本でも「アベ政治を許さない」みたいなのがありますが、キャメロンも本当に嫌われてましたからね。で、本当にキャメロンはやめる結果になった。

北田　ワーキングクラスの緊縮政治に対する批判的な意思表示のつもりが、本当に離脱派が勝ってしまったわけですね。

ブレイディ　それで、わたし自身はやはり移民の立場だから残留派だったんですけれども、自分の配偶者も含めて、周囲があまりに離脱に入れると言うものだから、どうしてそういうことになっているのかを知りたくて、いろんな人と話したし、記事もそっち側で見聞きしたことを書いていました。離脱派をぎゃんぎゃん批判するより、彼らの主張を深く知ることが大事だと思った。

で、話を聞いていると、彼らは彼らなりに考えているし、いわゆるブレア的な能力主義社会を信じている人びとというか、残留派のいわゆるリベラルよりも、よっぽど経済的不平等の問題について本気で考え、現状に憤ってると感じたんです。でも、そこに移民問題が絡んでいたものだから、左派はその憤りを汚れた愚かなものとして頭から否定していた。毎日のようにテレビやラジオでも離脱に関するディベートがおこなわれていて、英国人労働者が多様性の重要さを訴え、アフリカ系移民がＥＵからの移民制限を訴えて激しく口論している場面もあったり、これまで一般的に思われてきた「右」と「左」の概念が揺らいで混沌とした状態になっていると実感しました。

一般に、ＥＵ離脱派陣営は、保守党右派のボリス・ジョンソンや右翼政党ＵＫＩＰ（UK

Independence Party：英国独立党）のナイジェル・ファラージが率いた「下層の右翼」なんだという風に理解されていますよね。でも、地元の様子を見る限り、わたしはこうした理解は一面的だと思います。ボリスやファラージが大嫌いな離脱派もいましたからね。それに、普段は左派でとおっている人びとの中にも、最後まで迷っている人も多かった。

松尾　知り合いに英国のミッドランドで市の社会事業をやっていた人がいるんですけど、退職していいおばあちゃんになって、京都に遊びに来たんです。その時に、連れてきた孫娘にキツネのキーホルダーを買ってあげたらすごく喜んで、「このキツネになんて名前をつけようか？」なんて話をしてたんですよ。その人は労働党支持者だから「ジェレミー・コービンってつけたらどうですか？」って言ったら、すごいウケてて。で、「デイヴィッド・キャメロンっていう名前にしたらゴミ箱に捨てる！」って言ってました（笑）。でも、その人もやっぱりブレグジットの投票では離脱に入れていたんですよね。

ブレイディ　そもそも、わたしが知っている「離脱に入れる」と言っていた下層の街の人びとって、わたしや息子に一番親切で優しくて、何かにつけて助けてくれるタイプの労働党支持者たちだったんですよ。

英国でわたしが住んでいるのは、ブライトンの公営住宅地で、まあ一般的にガラが悪いって言われているところです（笑）。家賃とかも安くて、坂の上のほうに上がっていくと中国人の移民の方々が一軒に一〇人ぐらいとかで住んでいた住宅があったんですが、「不法入国なんじゃないか？」という噂が広まって、一〇代の子とかがレンガを投げたり、落書きをしたりとかの嫌がらせをはじめました。

そしたら、わたしの連れ合いや隣家の息子、いつもうちに飲みに来ている近所の労働者のおっちゃんたちが「そんなことさせちゃいけない！」とすごく怒って、毎晩ローテを組んでパトロールしていたんです。でも、その人たちも離脱投票の時には、みんな離脱に入れているんですよね。だから、彼らは別に排外したいから離脱に入れたわけじゃないと思います。そういう状況を見て、ついにはド左翼のコービンさえ、「移民の増加について心配するからといって、その人はレイシストではない」と言いはじめていました。

北田　ＥＵ離脱はたしかに社会の保守化、右傾化という文脈でよく語られていますが、でもそういうナショナリスティックな現象として理解してしまっていいのか、潜在する媒介変数があるのではないかと思います。ブレア的サッチャリズムがもたらした「社会」の分断です。ブレイディさんは『労働者階級の反乱』（光文社新書）の中でも「労働者たちにとっての離脱は、文化的な動機（移民への不満）よりも、経済的な動機（生活への不安）が大きかった」と書かれていますよね。それで、次の選挙戦では、フタを開けてみたら対外強硬路線を打ち出した保守党が惨敗して、コービンの労働党が大躍進する選挙になった。

ブレイディ　はい。保守党は労働者階級のことをナメていたんだと思います。ブレグジットで国民は右傾化しているから、右っぽい「強い英国」像を打ち出せばウケるとタカをくくっていたけれど、実際はそうじゃなかった。そもそもEU離脱問題を従来の「右か左か」というものさしで見るから、EU離脱投票では国民が右傾化し、二〇一七年の総選挙で急に左傾化したようにも見えるんですけど、そんなに毎年のように国民が右翼になったり左翼になったりするわけがないじゃないですか（笑）。

だから、ここでは、「右か左か」の問題じゃなくて「上か下か」の問題が出てきているんだって考えるとすっきりするんですよね。これまで、労働者階級は財政緊縮策でものすごく苦しんできたので、このまま緊縮の政治がずっと続いていくよりも、ここで一回断ち切りたいというか、キャメロン政権転覆狙いも含めたちゃぶ台返しみたいな気持ちがあったと思うんです。EUとキャメロンは、親市場で緊縮派という点で完全にグルというか、同じ「憎むべきネオリベ」に見えちゃってましたしね。そういうブレグジット投票での国民感情を分析し、うまくすくい取ったのが、総選挙でのコービンの労働党だったということですね。

「未来への投資」で経済成長をする

ブレイディ　英国だけじゃなくて、こういう反緊縮運動の流れがいま欧州の左派のメインストリームになっているんですよね。たとえば、スペインでもパブロ・イグレシアスが率いる新興左翼政党のポデモスが躍進しています。パブロ・イグレシアスはもともとマドリード・

コンプルテンセ大学という超エリート校で政治学の先生をやってた人なんですけど、非常にわかりやすいスローガンをとばすことで有名です。ポデモスは二〇一一年のウォールストリート占拠運動の先駆けと言われるスペインのM15運動から生まれた政党ですが、これも不況と緊縮が背景にあり、若年層に熱狂的に支持されている点でコービンと同じです。

　フランスでもフレデリック・ロルドンっていう経済学者が一昨年（二〇一六年）「夜、立ち上がれ（Nuit debout）」っていう、ウォールストリート占拠運動の再来とも言われた運動を立ち上げました。これがすごかったのは、単にプラカードを振って叫ぶデモの領域を完全に超えていて、ものすごい人数の「夜間集会」みたいになって、数ヶ月間、毎日、夜になると広場で市民たちがさまざまな問題を討議したということです。一般人と知識人が一緒に政策論議のシンポジウムとかやって、その模様をネットやラジオで毎日中継した。これも、左派政党だったはずの政権が新自由主義的な緊縮政策を進め、ついに労働法典に手をつけると言い出したことに左派の人びとの怒りが爆発してはじまった運動です。

パブロ・イグレシアス
Photo by Barcelona En Comú／flickr
(CC BY-SA 2.0)

「夜、立ち上がれ」の集会の様子
Photo by Olivier Ortelpa／flickr (CC BY 2.0)

彼らは現在でもさまざまな運動を展開していて、マクロンが当選した時も、もし彼が緊縮的な考え方をあらためないのなら自分たちで反対勢力をつくると言っていました。

ギリシャでは、反緊縮の新興左翼政党のシリザが政権についています。結局、シリザのチプラス首相はドイツ政府などの圧力で緊縮財政策を呑んでしまって、当初シリザ政権で財務大臣を務めていた反緊縮派の経済学者ヤニス・バルファキスも辞任に追い込まれてしまいましたけどね。でも、バルファキスはいま「DiEM25（Democracy in Europe Movement 2025：「欧州に民主主義を」運動2025）」という組織を率いていて、欧州の反緊縮運動の中心にいます。

松尾　さっき「一昔前の「社会主義」を思い出させる政策」って言いましたけど、

コービンに限らず、これらの反緊縮運動はみんな新自由主義と既存の中道左派を批判して、「大きな政府」による手厚い社会政策、賃上げと労働運動の復興などを提唱しているというのが特徴なんですよね。

ブレイディ　そう、一見するとみんな主張していることは古いゴリゴリの左翼みたい（笑）。そこがかえって新しい感じがするというか。

北田　でも、「大きな政府」による再分配政策を提唱すると必ず「それで、財源はどうするんだ？」っていう話になっちゃいますよね。それこそ旧態然とした「古い社会主義」「古い社会民主主義」の復興は、いまではもう不可能じゃないかって。日本ではそういう風に左派が言うから話が奇妙になる。

ブレイディ　欧州では、むしろ保守派の人びとがよく「赤字財政をどうするんだ？」っていう批判をします。財政危機をあおっているのはだいたい保守派で、それに対して左派が「けち臭いことを言っていないで、政府はドーンと財政出動して俺たちのためにお金を使え」と批判するという構図が一般的です。

松尾　財政緊縮派というのは、まさにそういう風にして「大きな政府はもうダメだから、財政均衡して、できるだけ小さな政府にシフトしていこう」という主張をずっとしてきたわけですよね。でも、現在の問題は、蔓延する不況と失業の問題があるのに、それを無視して政府が財政緊縮策をとり続けていることが、より事態を悪化させているということなんです。

ブレイディ　それで大失敗しているのが南欧の国々です。リーマン・ショックのあとに「不況だからとりあえず財政均衡」と緊縮をはじめ、ずるずる続けているものだから、若年層の失業率が上がって人口減少が深刻になっている。若者がEU圏の他国に移住したり、国に残っている若者も結婚したり子どもを産んだりしなくなったから、出生率が下がっているんですね。スペインなんかも、「人口減少は緊縮のせい」って指摘されているほど、不況時の経済のかじ取りのせいで社会が変貌してしまったんですよね。でも、例外はポルトガルです。あそこは一番人口減少が心配されていた国なんですが、大胆な反緊縮政策に切り替えてから劇的な経済回復を果たし、同時に財政赤字もすごいスピードで減らしています。

松尾　実は、この問題は一九三〇年代にケインズが指摘したのと同じ構図を反復しているようなところがあるんですよね。よく知られているように、ケインズは「大きな政府」による公共投資と財政出動というもの（いわゆる「ケインズ主義政策」）を提唱しましたが、彼は別にこれを、好況で財政に余裕がある時に提唱したわけじゃなくて、「大不況で税収が激減しているので財政均衡をするべきだ」という論調が経済学のメインストリームだった時代に、そういう定説に逆らって提唱しているんです。

ケインズの理論の詳細については、ちょっと込み入った話になるので、このあとにご説明しますけど、財政問題を解決するうえでも、庶民の生活の苦しみを和らげるうえでも、まず必要なことは不況を脱して景気を良くすること、つまり適切な経済成長をするということなんです。そのためには、デフレ不況を脱却する手段としての財政出動を渋るべきではありません。というよりも、不況下で赤字財政を恐れて緊縮策をとると、かえって不況を長引かせて税収が萎むので、結果的に財政状態も悪化してしまいます。

ブレイディ　コービンも財政赤字は歳出カット（緊縮策）で減らせるものではなくて、万人のために役立つバランスのとれた経済成長によってこそ削減できると言っていますが、そのための経済政策も含めた政策パッケージなんですよね。たとえば、コービノミクスというのは、この景気刺激策を、教育や福祉などの分野に「投資」する（「人への投資」「未来への投資」）という形でおこなおうとするものです。さっきも言いましたが、選挙戦でもコービンは「国の未来のために投資をおこなって経済成長するのだ」ということをさかんに強調していていました。

北田　不況下における政府の財政支出というのは、国民の福祉を高め、将来の税収を増やすための「未来への投資」みたいなものだと考えればいいということですね。景気回復のための刺激策を、福祉や教育などの分野への「投資」としておこなうことで、再分配も経済成長も両方矛盾なく追求できる。まさに、ケインズ主義的な、一九三〇年代のニューディールにも通じる王道の経済政策だと思います。

ブレイディ　反緊縮マニフェストには「緊縮財政で暗い国をつくらなくとも、投資と成長で収入を増やせば財政は健全になる」とも書かれていて、実際に「ニューディール」という言葉も使われていました。
それと、これはまあ英国に住むわたしからすればホラーな話なんですが、餓死者を出し、平均寿命の伸びを止めてまで緊縮財政を進めてきた保守党政権は、実はぜんぜん借金を返せてないいんですよね。当初は二〇一五年までに財政赤字をなくすって言ってたんですけど、いつのまにか二〇三一年まで期限が延びてるし、実は緊縮財政をはじめた二〇一〇年以来、国の借金が七〇〇〇億ポンドも増えている。緊縮財政は国を暗くしただけでなく、財政健全化するどころか、逆に借金増えてるじゃないかって。日本の人びとも、この愚かな例に学んでほしい。

松尾 そもそも、日本でも財政赤字がここまで膨らんでしまった原因は、「失われた二〇年」の低迷によってずっと景気が悪かったからなんですよ。経済が低迷しているから税収も伸びなくなってしまった。少子化の問題だって、不景気で先行きが不透明だから若い人がますます子どもをつくりにくくなっているという側面もある。だから、財政赤字の問題を解決するためにも消費増税が必要だという議論はむしろ逆で、消費税を上げてますます景気が悪くなると、財政赤字はもっと膨らんでしまいます。その反対に、財政出動というと一時的に借金が増えるように思えるかもしれませんが、経済成長することは将来の税収の増加にもつながるので、やはり一番効率がいいのです。

ブレイディ それに加えて、コービンは財政赤字を考えるのなら、消費税のように庶民を苦しめる税制政策じゃなくて、「持てる者の応分の負担」、要するに法人税や富裕層課税を強化することが重要だ、とも言っています。

北田　大企業や富裕層への課税は、日本の左派の間でもよく主張されていますよね。

松尾　はい。僕も富裕層課税は重要な政策の一つだと思います。たとえば、大企業は橋本龍太郎政権時代の一九九八年からいまに至るまで、ずっと法人減税が続いていて優遇されてきました。いま「社会保障や教育投資のための財源が足りないから消費増税でまかなう」などと言っていますが、このかんずっと引き下げられてきた法人税の税率を、ひとまず民主党政権時代の二〇一二年の引き下げ以前の水準に戻すだけで、二〇一四年の消費増税分をほぼチャラにする規模の税収になります。

北田　でも、法人税を増やすと経済成長ができないんじゃないか、という反論が来そうですけど。

松尾　そんなことはありません。たとえば、ノーベル賞経済学者のポール・クルーグマンは『そして日本経済が世界の希望になる』（PHP新書）という本の中で、法人減税について、経済成長とは関係ないと批判しています。また、法人税を上げると企業が海外に出ていくという心配をする人もいますが、経済産業省が企業にアンケートした調査結果によると、企業が生産拠点を選ぶ時に重視する度合いで、労働力確保の容易性や物流コスト等々多くの項目と比べて税制は下位にあります。企業を海外に逃したくなければ、円高にしないことが一番です。リーマン・ショック後の円高時代にどんだけ企業が海外に移転したか。

たしかに法人税を大幅に増税すると設備投資が減って不況になる、という風に言う人はいるでしょうね。そういう懸念に対しては、不景気を十分に脱却しないうちは、法人税を増やした分は、設備投資や雇用促進のための補助金などの形で総額で同じ額を企業セクターに戻す、あるいは累進課税を強化した分は人びとに一律の給付金の形で還元する、というやり方がいいのではないかと僕は思っています。そして還元したお金は、デフレ不況を脱してインフレの心配が出てきたら、今度は徐々に削減していって、実質的には大企業や富裕層への増税になるように段階的に調整していけばいいわけです。

北田　なるほど。所得の再分配のために大企業や富裕層への課税政策というものは必要だけれど、不況下で増税すると雇用を悪化させてしまう可能性があるので、徐々にそうした課税が促進されるような方法を考える、ということですね。

松尾　はい。重要なのは、欧州の反緊縮運動では、こうした再分配政策と経済成長というものが、特に矛盾するという風には考えられていないということなんですよね。再分配政策と経済成長というのは、普通に両立する概念なのです。たとえば、ブレイディさんが「人への投資」「未来への投資」とおっしゃったように、コービノミクスは単に社会保障政策というだけではなくて、それ自体が不況を脱却し、働く人たちを豊かにするための経済政策でもあるわけです。福祉産業に投資をすれば、そこでの雇用が増えて消費も拡大し、経済成長が促される、といったように。

ブレイディ　よく誤解されがちなのは、労働者階級の人びとは、要するに生活さえ保障されればいいんだろう、と思われることなんです。新自由主義者、つまり、ブレアやサッチャーにそれは顕著でした。一番低いところには福祉を与えておけばいい、という考え方です。でも、実際には労働者階級の人びとは誇り高い人びとですから、誰かの施しで食べさせてもらうのではなく、自分の力で働いて豊かになりたいと思っています。だからコービノミクスは単なる社会保障充実政策ではないのです。取り残されている人びとがいないように、みんなで一緒に健康的に成長しましょう、っていう経済政策なのです。でも景気が悪化して雇用が減ると再分配はやはり社会保障的なものになってしまう。労働者たちはそれは望んでないと思います。

北田　いまお話に出たように「再分配政策と経済政策を切り離して考えてはいけない」というのが、この本の大きな主張の一つだと思うのですが、日本ではこの二つが切り離されて考えられがちなのが問題だと思います。「借金が多くて国家財政が危機なので、未来にツケを残さないように節約しよう」というと耳に心地がいいけれど、何度も言うように、それは現実には財政赤字削減のために国民の生活を犠牲にすることにしかならないじゃないですか。「大企業に課税したお金を社会保障費に回す」と言っても、やっぱり同時に景気を回復することを目指さないと、それだけでなんとかなるとはとても思えません。与党が改憲と引き換えに大胆な再分配重視を打ち出したら旧民主系は何も手がなくなる。

「無からお金をつくり出す」？

北田　ただ、よくある批判として、財政出動で「人に投資して経済成長をするんだ」と言った場合に、やっぱり「投資するにも先立つものがないと」というものがありますよね。「財政出動の財源を借金でまかなったら財政破綻する」という声をよく聞きます。実際、わたしも「リベラル懇話会」（現在の与党に対して危機感や不安を覚える市民にとっての有効な「受け皿」となりうるリベラル政党のために、人文社会科学の研究者有志によって実現可能な政策パッケージを検討する研究会）の活動で民主党（当時）の人たちに長々と「再分配政策と経済政策を切り離して考えてはいけない」という政策提言をしたあとに、「でも財源がない」と返されてしまってがっくりしたことがあります。

松尾　さっきも言ったとおり、ケインズの時代にも同じように「不況で税収が萎んでいるから財政均衡しろ」と言われていました。あとでお話ししますけど、実際にそれをやってとんでもないことになったのが、ワイマール時代のドイツです。他方、アメリカではニューディール政策がとられましたけど、別に財政破綻も悪性インフレも起きませんでした。

本当は、政府がその気になりさえすれば、財政破綻を引き起こさずに財源を確保することは簡単にできるんです。本来、ケインズ主義政策というものは、単に不況下で人びとの職をつくるために政府が公共投資するというだけではないんですよね。そもそも、なぜ政府がそんなことができるのかというお話の前提にこれがあるんですけど、ひとことで言うと、財政出動のお金というのは中央銀行（日本の場合は日銀）が金融緩和で「無からつくり出して」いるんですよ。要するに、中央銀行がお金をどんどん刷りまくってばらまいているわけです。バラマキとか言うとまた印象悪いかもしれないけど（笑）。

ブレイディ　「無からお金をつくってばらまく」とかひとことで言うと、「錬金術じゃないか？」とか言って怒られそうですよ（笑）。

松尾　少し専門的な話になりますが、詳しくお話しします。そもそも、ケインズ主義政策の大前提には、金本位制をやめるということがあるんです。金本位制というのは、一円の価値が「金貨何グラム」という風に決まっている、という制度ですね。一定量のお金をもっていくと中央銀行が金貨と交換してくれる。このシステムの下では、たとえ紙幣を使っていたとしても、お金の正体は金貨です。でも、中央銀行にある金貨の量にはどうしても限界がありますよね。だから世の中に出回るお金の量は、中央銀行の金貨の量にどうしても制限されてしまいます。そうすると「不況下でみんな困っているから、政府支出をして景気を良くするために、お金をどんどん刷りましょう」と言っても、日本銀行の中の金貨があまりないと刷れないんですよね。つまり、ケインズ主義政策というのは、金本位制をやめて自由にお金をつくれるようになったからこそできた。これがまず一つです。

北田　はい。それで、世界恐慌に見舞われた一九三〇年代に、各国がみな金本位制を一時的に停止しましたね。その時はあくまで緊急措置でしたが、戦後の一九七三年に本格的に変動相場制に移行して以降、金本位制は完全になくなっています。だから、いまや各国の中央銀行は持っている金貨の量に左右されずに、「無から」お金を刷ることができる。しかし、結局政府の国債を買い取ったりして中央銀行がお金を刷っているわけだから、「それも借金じゃないか！」とか言う人もいますよね。

松尾　ただ、国の借金というのは普通の借金とは性質が違うんですよ。たしかに、金本位制をやめてお金を「無からつくり出す」といっても、結局、日銀が政府の国債などの資産を買い取って、その分のお金をつくっているわけです。じゃあ、「この国債は借金じゃないか」ってなると思うんですけど、よく考えてみてください。そもそも、そのお金はどこに対する借金なのかっていうと、民間の企業ではなくて日銀に対する借金なんですよね。

日本の場合、大半の借金は別に外国から借りているわけではありません。一応、いまの日本では、財政法第五条で、国会で特別に認められた時以外は、日銀が政府から直接国債を買い取ることは禁じられているので、通常だと政府が直接お金を借りるのは、民間の国内銀行からです。でも、最近では銀行が持っている国債を日銀が大量に買い取ってお金を出しています。結局債券市場を一度通してから、日銀がそこから国債を買い取っているだけなので、間にクッションは挟んでますけど、政府が日銀からお金を借りているのと同じことになります。それでいま、国債の四割くらいは日銀の金庫の中に入っています。やろうと思えば、民間流通している国債をもっと日銀が買い取ることもできます。

ここでのポイントは、実は政府の日銀に対する借金というのは、期限が来たら借り換えをして、また期限が来たら借り換えをして……という風に、永久に先送りすることが可能だということです。つまり、事実上、好きな時まで返さなくてすむという仕組みになっているんですよね。当たり前ですが、これは合法ですよ（笑）。日本でもこの借り換えということは以前からおこなっています。

もちろん、こういう風に返済期限を無限に先送りしても、国債の利子分は日銀に払わなければいけないんですけど、日銀というのは収益から職員の人件費などの経費を差し引いた額を「国庫納付金」として政府に戻していますから、事実上利子がないのと同じです。職員の人件費を普通の公務員と同じように税金でまかなっているみたいなものですからね。

ブレイディ　「負債」の問題をどう考えるのかってことは、欧州の反緊縮運動の間でもさかんに議論されています。緊縮派はすぐ「借金、借金」って言うけど、松尾さんのおっしゃるように、中央銀行への借金は普通の意味での負債とはぜんぜん意味が違うんですよね。

北田　要するに、適切な経済成長が促されて税収が増加するタイミングまで、政府は返済期限を延ばし続けることができる、ということですね。

松尾　はい。実際、アメリカや英国など戦後の先進国で債務を完済した国は一つもありません。じゃあなぜ誰もそのことを問題にしなかったかというと、経済成長によって政府債務のGDP比の割合が徐々に減っていったからなのです。次頁のグラフは、イギリスの政府純債務のGDPに対する比率の推移ですが、ピークの一九四七年にはなんと二三七・九パーセントもありました。それが戦後の経済成長の中でどんどん低下していって、底は一九九一年の二五・二パーセントにまで至りました。近年また上がっているのは、リーマンショックと緊縮政策による経済低迷のせいですね。

もっとも、政府債務のGDP比のレベル自体、高いからといって一概に問題にするようなものではありません。そもそも、いままでの話の中でちょくちょく話題にあがった『1945年の精神』で出てくる、アトリー内閣ができた一九四五年の政府純債務のGDP比はいくらだったかと言うと二一五・六パーセントですね。いまの日本は、騒いでますけど一二〇パーセントくらいですよ。この時点で、戦後の高度経済成長時代がくると思っていた人はおそらくほとんどいなかったと思います。それにもかかわらず、充実した福祉国家を建設しようと決断したわけです。

ブレイディ　松尾さんはよく「財源はある、必要なのは政治的意志だ」とおっしゃってますもんね。

松尾　はい。「日銀の金庫の中の国債を期限がきても借り換えする」などと言うと、何かそ

英国の純公債の推移

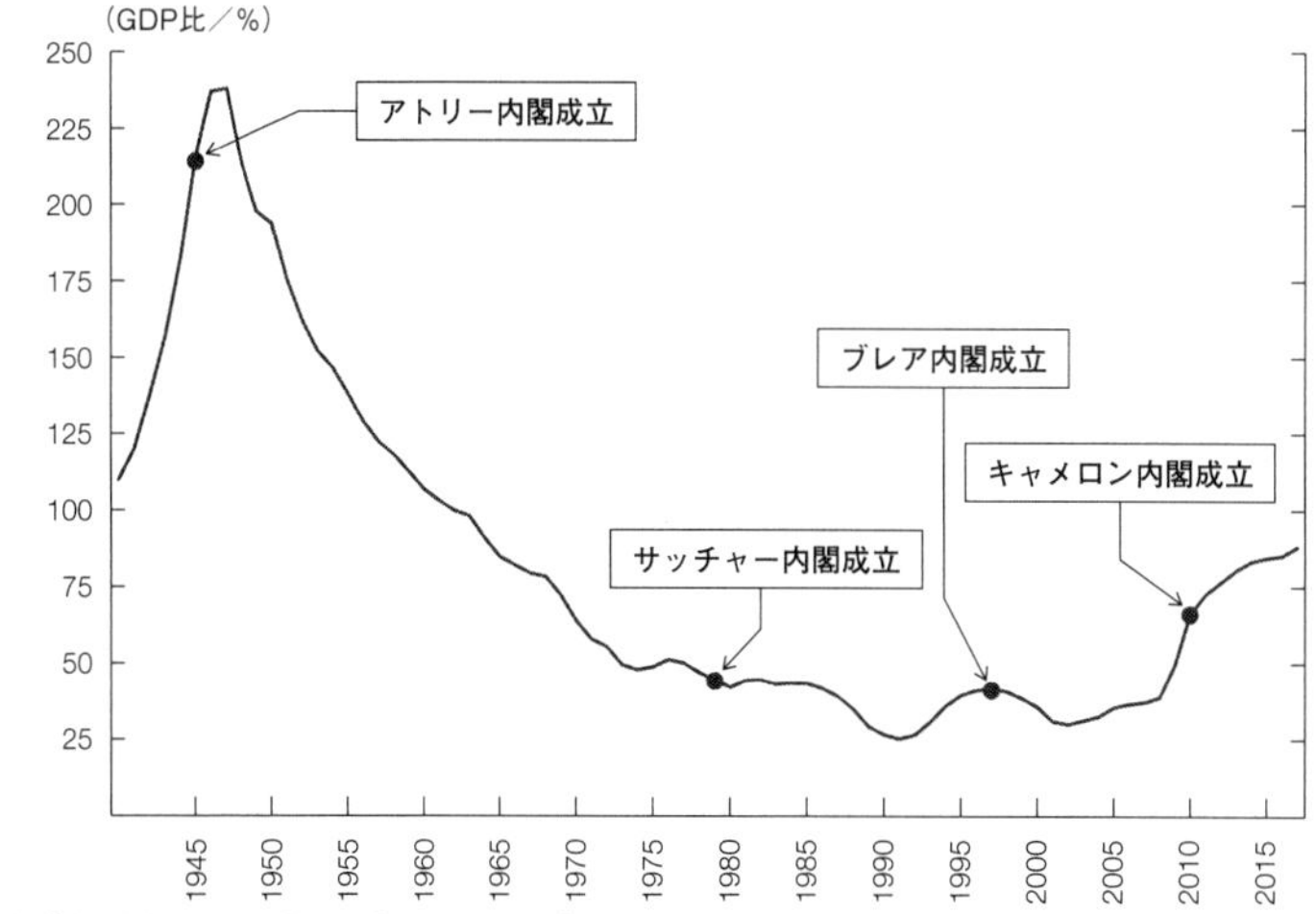

出典:UK National Debt Since 1900 (UKpublicspending.co.uk) をもとに作成

の場しのぎの怪しげなことをやっていると思われるかもしれませんが（笑）、実はこれは経済においてはごく普通の手段なんです。たとえば、正常な経済の状態の時にも、世の中を回しているお金というものがありますよね。その世の中に流通しているお金というのが、一体どこからきているかというと、これもやっぱり日銀がなんらかの資産を買って発行しているものなんです。その資産の中心が国債です。そうすると、世の中にお金が出回っているということは、その裏で日銀の金庫の中にその分の国債があり続けているということです。つまり、国の借金を全部日銀に返すということは、そもそも世の中からお金が全部消えてしまうことを意味しているんですね。だから、正常に世の中を回すために出しているお金と同じ分の国債は、政府が返さずに永久に借り換えして日銀が持ち続けるのが当たり前なのです。将来景気が加熱してインフレが進んだとき、日銀が貨幣を吸収するために民間に売ったり、借り換えを停止したりする一部の国債だけが、返済が必要な借金になります。

日銀はデフレの時は国債などを買い取って貨幣を発行し（買いオペ）、インフレの時は国債などの手持ちの資産を売って貨幣を回収します（売りオペ）。こうして日銀は、世の中に供給される貨幣の量（マネー・サプライ）をコントロールしているのですが、こういう政策を「金融政策」と言います。

ブレイディ　「通貨にかかわる政策」という意味で、英語圏では「Monetary Policy」と言われています。

松尾　この「金融政策（Monetary Policy）」の中でも、世の中に出回る貨幣供給量を増やして金利を引き下げ、民間の需要を喚起するための政策を「金融緩和（Monetary Easing）政策」というのですが、「量的緩和（Quantitative Easing）政策」と言うのは、この金融緩和政策の「すごいやつ」のことぐらいに思ってもらっていいです。政府が発行した国債を、日銀が間接的な形で買い取ってお金をばんばん刷れば、これが財政出動の原資にもなります。それが僕が「無からお金をつくってばらまく」と言っている意味なんですね。一九三〇年代の恐慌の際のニューディール政策でも、政府は金本位制を停止させて大規模な金融緩和政策をとっています。

ブレイディ　コービンも「人民の量的緩和（ＰＱＥ：People's Quantitative Easing）」というので同じ政策を唱えていました。中央銀行（イングランド銀行）がどんどんお金を刷って、国民のためにドーンと使う（財政出動する）べきだって。量的緩和でつくったお金を人びとのために投資する政策だから「人民の量的緩和」と言われているんです。

ギリシャはなぜ財政破綻したのか

ブレイディ　いまの松尾さんの話に関連して言うと、そもそもギリシャが財政破綻したのは、ギリシャがユーロに加盟していて、自分たちの国の中央銀行を持っていないからなんですよね。ギリシャには自国通貨というものがなくて、統一通貨のユーロだけがある。そうするとヨーロッパ中央銀行（ドイツのフランクフルトに本部がある）の方針に縛られるから、ＥＵ各国の意見を調整しないと松尾さんの言っているような政策ができないんです。それで結局、財政破綻の危機を迎えてしまった。

松尾　そうそう。逆に言えば、日本はギリシャと違ってそういうことにはならないはずなんですよ。日本にも一応「中央銀行の政府からの独立」という建前があるから、日銀が直接政府から国債を買うことはできないですけど、ご説明したように、結局債券市場を通して日銀が買い取っているわけですよね。でも、ＥＵの中央銀行は各国から（建前ではなく）本当に

「独立」しているから、それができない。つまり、ギリシャにとっては返さなければいけない借金になってしまっているわけですね。債務を先送りする政策を積極的におこなうことに対して、日本でそれを邪魔している要因があるとすれば、単にプライマリーバランス（財政収支において、借入金を除く税収などの歳入と過去の借入に対する元利払いを除いた歳出の差のこと）をやたらと気にする財務省の圧力と、「日銀の政府からの独立」という建前だけなんですよね。

ブレイディ　ギリシャが財政破綻した時に、「ＥＵが変わらなければ、借金を踏み倒すことも辞さない」という態度をとって財務大臣に就任したのがヤニス・バルファキスでした。彼はヨーロッパ中央銀行の意向を変えられれば、ギリシャは財政破綻を起こさずにすむことを、経済学者としてよく知っていたからなんですよ。

英国はブレグジット以前から、そもそもユーロに未加入ですから、コービンも「ＰＱＥ」というようなことが言えるんですけど、やっぱりＥＵに加盟している以上は「安定・成長協定（the Stability and Growth Pact）」（単年度の財政赤字額がＧＤＰの三パーセントを上回ってはいけない、国債残高はＧＤＰの六〇パーセントを下回らなければならないという協定）などの制約があります。ただ、英国の場合はユーロを使ってないので、制約を守れなかったからといって、ユーロ圏の国のように罰則を受けることはないようです。だから一般的には傍観者のように言われますが、それでも毎年「英国経済収れんプログラム（UK Convergence Program）」の報告書をＥＵに提出しています。ちなみに、政権をとってすぐにイングランド銀行に金融政策の決定権を与えて、政府からの「独立性」を高めたのはブレアなんですけど。

ブレグジットにはそのあたりの事情も関係しているんですよね。保守党は自分たちがもともと緊縮政党だから、こうしたプログラムには前向きでしょう。で、「安定・成長協定」を激しく叩いてギリシャに同情的なスタンスをとっていたのが右翼政党UKIPだったりして……。コービンも本当はEUの緊縮方針を叩きたいし、党首になる前はずっと叩いてきたのに、EU離脱投票の時は残留派だから口をつぐむしかなかった。

それほどEUの緊縮策に欧州の民衆は苦しめられてきたんです。だからこそ、コービンの反緊縮的な政策が人びとに歓迎されたわけです。当時「PQE」というのは英国でちょっとした流行語になっていたんですよ。お父さんが子どもにお小遣いをあげたりするのを「家庭内のPQEだ」とか言って(笑)。

ヤニス・バルファキス
Photo by Jörg Rüger/Wikimedia Commons (CC BY-SA 3.0)

松尾　一応、ユーロ危機を受けて、ヨーロッパ中央銀行も量的緩和はやっているし、英国でもイングランド中央銀行がしてはいるんですけどね。アメリカでもリーマン・ショックやユーロ危機のあとに、ＦＲＢ（Federal Reserve Board：連邦準備制度理事会。アメリカ合衆国の中央銀行の理事会のこと）は量的緩和をやりました。でも、ヨーロッパ中央銀行は、なんていうか「嫌々やっている」のですごく中途半端な状態なんです。本当はヨーロッパ中央銀行がもっと諸国の債務とかを買い取って、各国の財政を支えるべきなんだけど、そういうことはしない。

ブレイディ　それに対して、欧州の左派は「ヨーロッパ中央銀行は民主的なコントロールがきかなくなっている」と批判しているんですね。やっぱり、いまのＥＵの中心的な経済政策って、多くの国で保守派が政権をとっているということもあって、基本的には緊縮なんですよね。それが特に目立っているのがメルケルのドイツです。ドイツはずっと緊縮政策を続けていて、それをヨーロッパ全体に押しつけているという状況があります。

北田　ギリシャ問題の時の「国の借金を増やして怠けた生活をしているギリシャ人」という批判キャンペーンは、「財源が足りないのに、生活保護を受給して働かずに怠けている人」というネオリベ的なしばき主義の論理そのものでした。わたしはギリシャの国民投票時にドイツにいたのですが、「コイツらは借金まみれで何言ってんだ？」みたいな論調がメディアで少なからずあって、「お前らのせいだよ」と思っていたものです。「社会国家」たるドイツ、デフレがもたらす政治的な災厄を知悉しているはずのドイツが率先して財政緊縮を推し進めているというのは、非常に皮肉なことですよね。

松尾　だから、いまの状況は、ケインズが一九一九年に書いた『平和の経済的帰結』で批判している事態にそっくりなんですよね。第一次世界大戦後に、戦勝国が敗戦国のドイツに巨額の賠償金を払うことを命じました。戦勝国はドイツから資源や生産設備を没収しておきながら、そのうえ借金を「自力で返せ」と迫ったんです。その結果何が起こったかというと、ドイツは一時的にハイパーインフレに陥ったり、財政破綻の危機に陥ったりしました。その後、経済は落ち着きましたが、ドイツ国民の間にベルサイユ条約体制への深い恨みが残ることになったわけです。

　ドイツはその後、一九二九年のアメリカで起こった株価大暴落をきっかけとした世界恐慌に見舞われましたが、その時点でもワイマール政府は財政均衡にこだわって、失業対策を怠り、緊縮財政をとり続けていたら、ついに国民の不満が爆発してファシズムがやってきました。でも、ケインズはベルサイユ条約が締結された一九一九年に「ドイツに払えっこない巨額の賠償金なんか課して締め上げたら、大変なことになるよ」とすでに書いているんですよね。

ブレイディ　そして今度は、ドイツが同じことをギリシャにやっているというね。

いまこそニューディール政策を

ブレイディ　欧州の反緊縮運動が主張しているのは、要するに「国の借金を返すために、民衆がこんなに苦しまなければならないなら、借金なんか返さなければいい！」っていうことなんですよ。つまり、「緊縮／反緊縮」の対立というのは、基本的には借金問題をどう考えるのか――国の借金は国民の生活を犠牲にしてでも返さなくてはいけないのか？　財政均衡をするために人を殺していくのか？――ということなんです。だから、バルファキスをはじめとして、欧州の反緊縮運動を引っ張っている人は経済学者が多いんですよね。

北田　コービンの経済顧問には、日本でも『21世紀の資本』（みすず書房）がベストセラーになったトマ・ピケティや、ノーベル賞経済学者で『世界の99％を貧困にする経済』（徳間書店）などの著作でも知られるジョセフ・E・スティグリッツなども招かれていますよね。

ブレイディ　はい。これは『ヨーロッパ・コーリング』（岩波書店）の中でも書いたんですけど、スティグリッツは「ガーディアン」紙に寄稿した記事（二〇一五年六月二九日）の中で、反緊縮ではなく、緊縮こそが欧州の災いの種なのだと述べています。ギリシャ危機の際にトロイカ（EUと国際通貨基金、ヨーロッパ中央銀行の緊縮体制の総称）が押しつけた経済プログラムによって、ギリシャではGDPが二五パーセントも減少し、若年層の失業率は六〇パーセントを超える壊滅的な不況に見舞われました。それにもかかわらず、トロイカはこの帰結に対しての責任をとろうとせず、相変わらずギリシャに借金の返済を迫り続けていたんですよね。それに対してスティグリッツは、「世界中の経済学者がこの目標は懲罰的だと非難している」「これはマネーの問題ではない。ギリシャを屈服させ、受け入れられない条件を受け入れさせるために「期限」を使っているのだ。緊縮だけでなく、他の後退的、懲罰的政策をギリシャ政府におこなわせるためにそれを利用しているのだ」と強く批判しています。

また、ピケティもEUに対して同じ批判をしています。「Bloomberg.com」というネットメディアのインタビュー（二〇一五年三月一〇日）で「明確になったのは、経済成長していない国に借金を減らすことはできないということだ。それは機能しない。忘れてはならないのは、ドイツとフランスは一九四五年に巨額の債務を抱えていたが、どちらも完済していないということだ。そしていま、この二国がヨーロッパ南部の国々に借金を返せと言っている。これは歴史の健忘症だ！　それは悲惨な結果を伴う」と語っています。

北田　さっき松尾さんもおっしゃっていたけど、ドイツもフランスも第二次世界大戦の戦費で抱えた債務は返済したわけじゃなくて、その後の経済成長によって埋め合わせたわけですからね。

ブレイディ　英国にも、スチュアート・ホランドという、ヤニス・バルファキスと一緒に「A Modest Proposal for Resolving the Eurozone Crisis（ユーロ圏危機を解決するための穏健な提案）」をつくった経済学者がいるんですけど、彼も最終的には「借金なんて帳消しにしろ！」と言っています。ホランドはコービンの師匠のトニー・ベンとともに八〇年代の英国労働党の伝説の左派議員だった人なんですが、「ギリシャにしろなんにしろ、債務を帳消しにして、もう一回やり直させろ」と主張しているんです。

松尾　ケインズが『平和の経済的帰結』で批判していたことそのままです。

ブレイディ　そうなんですよ。ホランドは『Beyond Austerity: Democratic Alternatives for Europe（緊縮を超えて：ヨーロッパのための民主的な代替案）』という本の中で「ナチスを生んだのは一九二三〜二四年のハイパーインフレーションだというイメージを持っている人もいるが、実際にナチスを生んだのはデフレだった」と書いています。ワイマール共和国が紙幣を発行しすぎてもたらしたインフレは、一九二〇年代の半ばにはもう落ち着いていた。むしろ一九二九年にはじまった世界恐慌の最中に、当時「経済通」とか言われていたハインリヒ・ブリューニング（一九三〇〜三二年まで首相を務めた）がそれに緊縮財政で対応しようとしたため、大量の失業者が生まれたことが原因なんですよね。

北田　そう、ハイパーインフレは一九二三年末にレンテンマルクの発行によるデノミネーション（単位通貨の切り下げ）をおこなったことによって、もう収まっているんですよね。ヒトラーがミュンヘン一揆に失敗して収監されている間に、鎮静化に向かいつつあった。ナチスが大衆的な支持を伸ばしたのは、その後のひどいデフレ不況とワイマール政府の緊縮財政です。ところがなぜかハイパーインフレがナチスをもたらしたと言ってはばからない人たちがいる。

ブレイディ　それでホランドは「ドイツは二回戦争で欧州を破滅させたけど、今度は緊縮で破滅させようとしている」と警告しています。そして、そういう状況になることを防ぐためにも、いまこそ「ヨーロピアン・ニューディール」というものが必要なのだと訴えているんです。ヨーロッパの反緊縮派のキーワードはいまやニューディールで、EUの緊縮の中心にいるドイツをどうするのかということが、いま欧州中の左派の間で問われています。

北田　いいですね、ヨーロピアン・ニューディール。わたしもベルリンによくいくのでドイツびいきなところがありますが、ドイツの豊かさを味わいながら、その罪深さも感じてしまいます。

松尾　でも、なぜか日本の左派の間ではメルケルを評価する声もけっこうあるんですよね。「人道主義は欧州の普遍的価値観だ」と言ってシリア難民の受け入れを表明した時の毅然とした態度とか、ドイツは脱原発の先進国だからというのも理由だと思うんですけど。

ブレイディ　それは正直、ずれているなと思いますよね。だって、英国の左派はメルケルのことを経済政策の観点から痛烈に批判していますよ。難民受け入れをした時も、「ギリシャにはとことんやったくせに人道派ぶりやがって。俺らは忘れてないぞ」って言っていましたからね。それに、ドイツも二〇一五年にアメリカの新聞やBBCから出生率の激減と労働人口減少の懸念を大々的に報じられ、ドイツ政府が若い移民の受け入れを積極的におこなっていくと宣言してましたから、難民問題は渡りに船だったんじゃないかとも言われてました。

北田　メルケルに政治的な胆力と眼力があるのはたしかだと思いますが、EUの恩恵をほぼ一国で占有しているという事実性を見ずに、ドイツの「人道的」な態度をどうこうするのは、ちょっと待ったほうがいいと思う。脱原発にしても、補給源の確保に政治的目途があるからであって、他の国にはすぐにはできない。脱原発は正しい選択だと思いますが、それができる体力と政治力がドイツになぜあるのかを考えないと、事の半面しか見ないことになります。わたしは、ＥＵというシステムができてから、一番「帝国主義」的にＥＵの周縁国を「搾取」したのはドイツだと思います。あくまでカッコつきで使いますが「搾取」です。まず、ＥＵの成立自体相対的に経済の強いドイツが下駄をはかせてもらったようなものですが、ユーロ危機後の、ＥＵの緊縮志向を積極的に推し進めていったのは、というか、それで一番得をしたのはドイツなんですよね。

豊かな財源をもとに一国内での財政均衡を達成し、九〇年代以降は豊かさを求める移民に向けて統合教育をしっかりと進めてきた。実際、言語教育政策ではドイツは外国の就学者の増加に成功していて、それは旧東欧のみならずアジアや南米にまで至ります。いま日本の大学ではドイツ語学習者が少なくなってしまいましたが、中国やインドではむしろドイツ語学習熱は高まっている。学術先進国でありながら、学費がないというか安く、首都ベルリンも、物価・不動産賃貸料ともにロンドンやパリよりもぜんぜん安い。英語と中国語ばかりが取りざたされますが、実はヨーロッパではドイツ語の相対的価値は高まってきている。こういう文化帝国主義だって、ドイツの経済的・政治的安定性が可能にしたものです。

ブレイディ　実際、ギリシャはドイツやフランスに「搾取」されている、と言えなくもないような状況もありますからね。たとえば、スティグリッツもさっきの「ガーディアン」の記事の中で「明確にしなくてはいけないのは、ギリシャに融資された巨額の資金のほとんどはギリシャには入っていないということだ。それは民間の債権者への支払いに使われており、その中にはドイツやフランスの銀行も含まれている。ギリシャはすずめの涙ほどのお金を得て、これらの国の銀行システムを維持するために大きな代償を払っている。IMFその他「公式」の債権者は、要求されている返済など必要ない。いつもどおりのシナリオなら、返済されたお金はまたギリシャに貸し出されるだろう」と言っていますけど、そもそもギリシャは借金の利息しか払えていないような状況なんですよ。そしてその利息はドイツやフランスなどのEUの中心国の民間の債権者にも多く支払われています。

北田　しかし、日本のリベラルには、ドイツは人気があります。社会保障は充実しているということになっているし、脱原発したし、難民をいっぱい受け入れた、と。あと、ドイツには昔の領邦性の名残が強いので、日本で言うところの大規模都市はベルリンぐらいしかなく、三〇万〜五〇万人規模の町がたくさんあって、「コンパクトシティ」とか言われて持ち上げられていますね。もともとエコにも優しい国ですし、ライフ&ワーク・バランスもいい。社会的には保守的な家族観が強い国ですが、政治経済領域での女性の存在感が大きいおかげでジェンダー指数も悪くない。たぶん、こういうのが「脱成長派リベラル」な人たちが夢見ているドイツ像なんじゃないでしょうか。

でも、それってEUの中でドイツだけ突出して経済・財政基盤に余裕があるからじゃないですか。ドイツには、きれいごとを言えるだけの下部構造・帝国主義的構造があるんですよね。EUの中で事実上の「オンリー・ドイツ」が成立しているからこそ、メルケルはあそこまで余裕をかませるんであって。ドイツは決して理想郷じゃないですよ。いや、ドイツは国内だけを見ればいい国なんです。しかしそれを単独の国家単位で考えるのはいかがなものかと思うんですよ。立派な基本法があるからいまの状態があるというわけではない。日本が部分的に見習ったところでうまくいくはずもありません。

EUを経済の単位から見ていくのか、それとも「国民国家に替わる政治共同体」という側面から見ていくのか、この二つの視点によってずいぶんと見える風景が違うんですよね。日本では「第二次世界大戦の反省に基づいた、国民国家を超える共同体」という後者のイメージばかりが拡がってしまっていて、EU内部の経済上の力学があまり見えていないように思えます。

左と右の二つのニューディール

ブレイディ　やっぱり反緊縮運動というものを考える時に、ヨーロッパはかつてナチスというものが出てきたというのが切実だと思うんですよね。いまヨーロッパでニューディールという言葉がしきりに唱えられているのは、ナチスを生み出してしまった大戦の反省がとてもあるからなんですよね。

北田 「立憲主義の危機」が最近よく議論されていますけど、なぜ戦前のドイツでファシズムがやってきたかというと、やっぱりナチスが経済的な支持を左派よりも集めてしまったからだというのが大きな理由なわけですね。わたしはナチスが合法的にワイマール憲法を停止したという話は正確でないと思っていて、国会議事堂放火事件（「共産主義者がおこなった」とされるドイツの国会議事堂の放火をきっかけとして、緊急大統領令を発動させ言論の自由の大弾圧をおこなった事件。放火自体をナチスの自作自演だとする説もある）とかもそうですけど、非合法な手段をたくさん使っています。だから、政権をとる時も決して合法的な手段だけで通したわけじゃないし、あれはクーデターです。そういう意味でも、ナチスが立憲主義を踏みにじったことはたしかです。ただ、そういうナチスがなぜ結果として国民の支持を得られたのかというと、やっぱり経済問題が非常に重要なファクターになっているんですよね。ナチスとニューディールを比較検討する研究も少なからずあります。立憲主義の蹂躙と経済は切り離して考えるわけにはいかないはずです。

松尾 一九二九年にはじまった世界恐慌の影響で、当時の先進国中で失業者がたくさん出ました。アメリカでは失業率が二五パーセントにものぼったと言われていますが、ドイツはそれ以上に深刻で、一説には四〇パーセント近くの失業率になっていました。でも、先ほどからお話に出ているように、その時にワイマール政府がとったのが財政緊縮策だった、というのが大きな問題なんです。

その頃はまだケインズ経済学というものが存在しないから、従来型の経済学の処方箋に従っていたら、不況で税収が減っていくので均衡財政にしなくてはならず、支出を減らそうということになったわけです。それで、政府が支出をますます減らしていったのですが、そうすると逆に不況が止まらなくなって、ますます失業者が増えてしまった。その時にナチスが掲げたのが、ある意味で反グローバリゼーション的、反自由主義的な政策と民族主義の強調であり、大規模な政府支出による国民の雇用創出策でした。

北田 そこがナチスのポイントで、ミュンヘン一揆の失敗をかみしめているわけですね。だからまず、全面的に経済の問題を押し出していった。国民に「職とパンを与える」というのがナチスの公約でした。何しろナチスの党名は「国家社会主義ドイツ労働者党（Nationalsozialistische Deutsche Arbeiterpartei）」ですからね。これ、国家とか社会主義とか労働者とかぜんぜん比喩ではないわけですよ。一国主義の保護政策的な、労働者のための「社会」主義——社会が国家を超える——なわけですから。

松尾 それで、ナチスの経済政策というのは本当に効果を発揮して、実際に失業率が劇的に下がりました。これが国民の大きな支持を得たわけです。それに対して、アメリカ合衆国ではニューディール政策がおこなわれました。でも、ナチスの経済政策も、ニューディール政

ヒトラー政権前後の失業数の推移

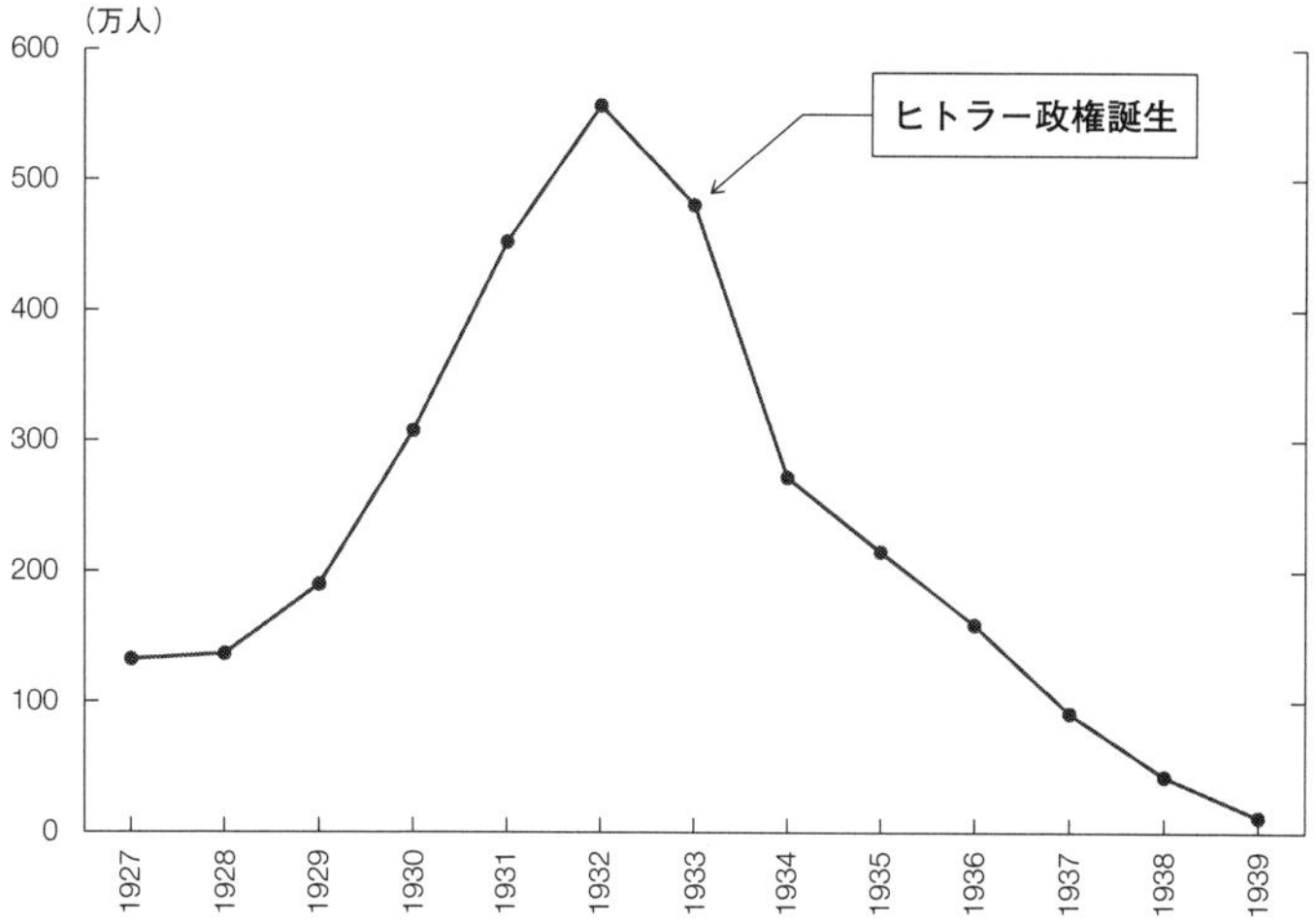

出典：武田知弘『ヒトラーの経済政策』（祥伝社新書）をもとに作成

策も、政府による大規模公共投資による国民の雇用創出という意味では共通しているんですよね。つまり、両方ともある意味で反緊縮的な経済政策なんですよ。

実は、英国でケインズ経済学が誕生（一九三六年の『雇用、利子および貨幣の一般理論』の発表）するよりも前に、すでにアメリカではニューディール政策（一九三三年〜）がおこなわれていて、ケインズはそれをあとから理論化したというのが歴史的な前後関係なんですけど、要するに大不況を踏まえて、世界中でそれなりにものを考えられる人だったら、同じ処方箋を思いついたってことだと思います。

北田　そう。よくケインズ主義とニューディールが結びつけられますが、両者の関係はそれほど明確ではありません。とはいえ、ルーズベルトがおこなった施策は実質的にケインズ主義的であり、需要を喚起するためにマイノリティの生活水準を高めよう、消費性向（所得のうちどれだけを消費に充てるかを示す割合のこと）を涵養しようというものとなっています。ここには州の自律より、連邦政府による介入こそが、デマンド・サイドの状況変化に関与できるという確信がある。

松尾　それで、たくさん政府支出をして総需要を高めて、雇用を拡大していこうという政策が、世界各国でとられていきました。ニューディール政策ではテネシー川流域開発公社をつくって公共事業を展開しましたが、ナチスの場合はアウトバーンとか、軍拡による雇用の創出ですね。もちろん、ナチスの公共事業も、ケインズの理論に先だっておこなわれたものです。アウトバーンの着工もニューディール政策と同じく一九三三年です。

ブレイディ　だから、欧州の反緊縮派の人たちも、「ナチスみたいな政党が出てきて反緊縮的な雇用創出政策をおこなうと大変なことになる。再びそういうことを起こしてはいけないから、左派的な考え方を持って、自分たちがニューディールをおこなうのだ」と主張しているんですよ。右傾化していく欧州の中で、それを食い止めるのはニューディールなんだって。

北田　そういう危機意識が、日本には徹底的に欠落している感じがします。「経済はデフレでいいじゃないか」って言いながら、パンをちゃんと食べたいという民衆の切実な願いを軽視した時に、歴史上何が起こったのかというのは、恐ろしい反面教師がいるわけですから、絶対に忘れてはならない。

ブレイディ　本当にそう思います。ヤニス・バルファキスたちがつくったDiEM25というのは、欧州の左派が足並みを揃えて、欧州に真の意味でのデモクラシーを実現し、一九三〇年代の再来を防ごうという運動なんです。DiEM25のアドバイザリー・ボードやメンバーには、ウィキリークスのジュリアン・アサンジ、哲学者のスラヴォイ・ジジェクや言語学者のノーム・チョムスキー、映画監督のケン・ローチやミュージシャンのブライアン・イーノなんかが名を連ねているんですけど、そこにはコービン労働党の「影の財務大臣」であるジョン・マクドネルなども加わっています。それと、「もうNOと言ってるだけじゃダメ」と思ったというナオミ・クラインも参加していますよね。

彼女は欧州の反緊縮勢に「目を開かされた」とのことで、ジェレミー・コービンのことも絶賛していて、労働党の党大会でもスピーチしています。トランプ的なものに勝てるのは、コービン的なものだと確信しているそうです。コービンやバルファキスは、脱成長的な考えを持っていたエコ・ウォリアーズの取り込みに成功しているのも特筆すべきだと思います。それは、彼らが環境のためのプログレッシブな投資を訴えていることが大きい。グリーン政策も含めた「ニューディール」、つまり、新規まき直しなんですよね。

さっき二〇一七年の総選挙の時のコービンの「反緊縮マニフェスト」の中にも、この「ニューディール」という言葉が入っているって言いましたけど、あれはDiEM25の国境を超えた反緊縮運動と明確な連帯意識を持った政策です。

アメリカン・リベラリズムとニューディール

北田　わたしは自分の立場を一応「リベラリスト」という風に言っていますが、第一章でも少しお話ししたように、アメリカで「リベラル」というのがソーシャルな意味合いを持つようになったのは、ニューディール政策以降の共和党と民主党の関係性に起因するものなんですよね。だから、これもニューディールに起源を持った立場表明なんです。

わたしの言う「リベラリスト」というのは、主にアメリカで一九七一年にロールズが書いた『正義論』の流れをくむ政治思想のことを指しています。「リバタリアン（自由至上主義）」や「コミュニタリアン（共同体主義）」との対比で言えば、自分の立場は「リベラリズム（自由主義）」になる、という理由もあるんですが、アメリカ特有のこの「リベラリズム」という立場が生じたのはニューディールから第二次大戦の時期と考えています。いまわたしたちが思っている「共和党＝保守」「民主党＝リベラル」という構図そのものが、この時期に生まれているのではないか。

ブレイディ　アメリカ的な意味での「リベラル」というのがニューディールとともに生じたというのはおもしろいですね。

北田　たとえば、いまはアメリカ民主党が東部や西海岸の都市部を基盤にしていて、共和党が南部を基盤にしているという構図になっていますが、よく知られるように、かつての民主党の基盤って南部だったんですよね。そして共和党・連邦維持派の支持基盤が北西部でした。奴隷解放をあとだしじゃんけん的に掲げて南北戦争を北部の勝利に導いたのが、当時できたばかりの新政党だったリンカーンの共和党で、その前に与党だった民主党は、共和党が政権をとったあとは、いったん南部の農村や都市の移民街などを基盤とする小さな政党になっていました。この二大政党の配置図、それまでは北部のエリーティズム、南部の反エリーティズムの構図っていうのが、本格的に入れ替わってきたのが世界恐慌の時なんです。

民主党は一九世紀末まではめちゃくちゃ泥臭い政党だったので、一八九三年や一九〇七年の恐慌の時なんかには、大都市部にいっては、その時期ごとの新移民を集めて移民たちの世話をして、非合法に仕事を与えたりとか、生活補助をしたりとかして、集票マシンをつくりあげていました。この反連邦的泥臭さが、連邦的社会保障として結実したのが三〇年代です。

南北戦争の時にアメリカを統一して、最初に連邦政府の力を強くしたのは共和党だったんですが、一九三〇年代の恐慌をターニングポイントとして、その立場が入れ替わります。民主党は、もともとはヨーロッパ的な意味での「リベラリズム」というか、自由放任的な考え方が強かったんですけど、泥臭さの延長線上で、社会改良運動と合流し、ニューディール政策を掲げて連邦政府の経済介入を推し進めたのがフランクリン・ルーズベルトの民主党だった。共和党がつくりあげた連邦政府による社会統合を、実体的にまとめあげたというか、合衆国全体を巻き込んだ経済政策をとって、公的扶助、児童福祉や雇用（社会保険）のシステムを連邦単位でつくりあげ「社会」としての連邦を実質化したのが、ニューディール政策と第二次大戦だった。

当時、たまたま――いや都市政治という点では偶然ではなかったかもしれません――それをおこなったのが民主党だった。しかも、当時は強い意志を持ってそうしようとしたというよりも、けっこうゆるゆるとやっていて、ケインズも何も知らないうちに経済の治療をおこなっていたら、結果的にそういう風にまとまっていったという感じだったと思います。ここで「共和党＝保守」「民主党＝リベラル」という構図が出来上がったんですよね。

松尾　そこから、ヨーロッパ的な意味での「リベラル」と、アメリカ的な意味での「リベラル」のズレが生まれていったということですね。

北田　そうです。アメリカでは、民主党の「リベラリズム」というのが、ニューディール政策を通り抜けて、ヨーロッパ的な意味での「ソーシャル」を代理するようになったわけです。だから、単にアメリカ人がバカだからヨーロッパのリベラリズムの概念を間違えているということではないんですね。この時期を境にして、民主党がドブ板的な泥臭い集票政治をやめていき、連邦全体を統括するような立場に立つことで、急速にジェントルなイメージの政党になっていった。以降のアメリカの歴史では、多少の揺り戻しはあっても、基本的に「共和党＝保守」「民主党＝リベラル」というこの構図が続くことになりました。

わたし自身はその伝統に棹差して「リベラリスト」と名乗っています。アメリカっていまでも、「タウンシップ」みたいな自治の精神がすごく強い発想として肯定されているし、「共同体主義」って日本だと冗談みたいですが、他の国にはない自治の記憶というのがたしかにある国なんですね。そういう中で、時折出てくる反連邦的な志向に対抗して、連邦全般にひとしく善を尊重し、かつ最低限度の福祉を保障するために、「社会（Society）」というものを総体的にとらえるような思想的立場。それがアメリカだと「リベラル」と言われるわけです。だからこれは、もともと実験的国家で独立志向の強い各州が、連邦にまとまっていく過程でできた概念だと思います。ニューディールはいわばアメリカにおける「アメリカ社会」の発見の起点であり、戦後の共和党と民主党の対立の基本構図を創り出すものであった、と。

借金なんて踏み倒せ！

ブレイディ　いまのお話は、欧州の状況と重ねてみるととてもおもしろいですね。欧州でも、緊縮をやめてヨーロピアン・ニューディールをおこなわないと、EUという「連邦」を維持するのはもう不可能だと言われています。このままでは、EUはバラバラになってしまいます。

欧州の反緊縮運動の中に、さっきもちょっと名前を出したジャン＝リュック・メランションというフランスの政治家がいます。かつて欧州左翼党の共同党首も務めていて、大統領選でマクロンとルペンに対抗しようとして立候補し、「緊縮をやめないとEUからの離脱も辞さないぞ！」という立場を鮮明にした左派として評判になった人です。結局、惜しくも四位で決選投票に残れなかったんですけど、彼はフランスの若い人にものすごく人気があります。二〇一六年の英国のEU離脱投票の時には、左派は離脱の離の字を言ってもいけない、みたいな感じがあったので、彼が「離脱も辞さない」と言っているのに「強硬左派」とメディアで表現されているのを見た時には、一年足らずで世間の受け止め方もずいぶんと変わったなあと感心したものでした。

コービンも実はEUにものすごく批判的で、党首選の時にはその立場を明確に出していた人だから、本当はメランションみたいな強気なことを言いたかったんだろうと思うんですけど、労働党の党首にまでなっちゃったから、言い方は昔より穏健になっていて、ブレグジットの時も残留派のリーダーの一人でした。でも正直な人だから、嫌々EUを称揚しているのが伝わってきて（笑）、残留派が負けたのは彼のせいだとずいぶん責められました。

松尾　メランションの場合は、左派として「国際連帯でEUを変えていこう」というインターナショナルな志向性を持っているから、「離脱」と言ってもナショナリスティックに「独立」を唱えているのではなくて、「EUがこのまま変わらなければ」という前提つきなんでしょうけどね。この前、大統領選挙中の「フィガロ」のメランションに関する記事（二〇一七年四月一〇日）をグーグル英訳で読んだんですけど、彼は「ヨーロッパ中央銀行が各国の公的債務を買い取って、永久債（満期を持たない債権。永久に利子を支払う代わりに買い戻す必要がない）に変えるべきだ」って言っていましたね。僕も『この経済政策が民主主義を救う』（大月書店）という本の中で、さっき言ったような国債を満期が来たら延々と借り換えするというやり方もあるけれど、いっそのこと永久債にしてしまったほうがいいと提言したことがあります。

ブレイディ　そう、松尾さんの言っていることと同じなんですよね。松尾さんって日本だとなんか「異端」みたいに言われているのを時折ネットで目にしますが、欧州だと超「普通のレフト」です（笑）。緊縮は本当にヤバイという松尾さんが抱いている感覚が、欧州には地べたに転がってますからね。

わたしはアナキスト系のお知り合いもけっこういるのですが、「債務を帳消しにしろ！」「借金なんて踏み倒せ！」っていうのは一種のアナキズムでもあります。実際、欧州の反緊縮運動はアナキストが引っ張ってきたという側面もあります。アナキストっていうのは別に貯金とかなくてもぜんぜん

ジャン=リュック・メランション
◎ MathieuMD / Wikimedia Commons (CC BY-SA 4.0)

いい人たちだから、みんな「財政黒字とか、国が人から集めたお金で貯金してどうすんだよ」とか言ってるし（笑）。

北田　「借金？　なにそれ？」っていうのは、すごいパンクな感じでいいですね（笑）。

松尾　日本にもそういう風潮がもっと拡がってほしいです（笑）。実は、民進党が分裂する前の二〇一七年五月二日の「日本経済新聞」の蓮舫さん（当時は代表）のインタビュー記事の中で、なぜか「財政均衡を憲法に入れたい」って言っていたのを読んでびっくりしたことがあるんですよ。

ブレイディ　え？　財政均衡を、憲法にですか？

松尾　はい。憲法九条はこのまま守るけれど、変える必要のあるところは変えていくという主旨の話をしていて、「時代の変化とともに足りない部分を加えていく提案には耳を傾けてもらえる時代になってきた」という発言のあとに、「国に環境保全の義務を課す環境権や子どもの人権」というのと並んで「財政健全化を義務付ける財政規律条項（……）も議論すべきだ」とおっしゃっていました。環境問題とかと並べて財政規律を取り上げているんですよね。たぶん「未来の子どもたちのために借金を残さないようにしよう」みたいな考え方なんだと思いますが、憲法に財政規律を書き込むというのはいくらなんでも危なすぎます。どうも自民党側からも、似たようなアイディアが出ているらしいんですよね。それで宮崎哲弥さんが、「そういう憲法改正案が出たら、自分は九条の会に入る」とか言ってました。宮崎さんは一応保守派の論客だったはずなんですけど（笑）。

ブレイディ　それ、欧州の「安定・成長協定」よりよっぽどヤバイじゃないですか。健全化を義務付けるって……。メルケルでもそこまで言わないかも。

っていうか、「未来の子どもたちのために借金を残さない」とか言って、八年前から餓死者を出すほどの緊縮財政で財政均衡を果たそうとしてきた英国で、実は借金が減るどころか増えているという現実を直視していただきたいですね。財政均衡主義は機能しないんです。わたしなんか緊縮財政のせいで職場の託児所が潰れてますから、誰よりもこれは言う資格があると思ってます（笑）。いま子どもたちに投資せず、未来の子どもたちのための借金も増やしているのが緊縮です。ほんとに報われない。

緊縮憲法とか提案してる人たちもわかってるだろうから、別のアジェンダがあるんだろうなと思います。クルーグマンも書いてましたが、「借金を返す」というお題目が、「小さな政府」にして新自由主義を進めることのもっともらしいエクスキューズになるんです。だからアナキストは「借金なんか返すな！」とアジってるんです。そもそも借金を返すのが目的の国って何なんですか。それを「財政規律」だとか……アナキストは「規律」とかも大嫌いですからね（笑）。本当に、日本では左派がものすごくまじめで、「財政を健全化しないと」って言われると、そうか、それが正しい人の道だよな、と素直に思うから反緊縮運動が盛り上がらないのかなと。アナキストは、「道徳なんかぶっこわせ！」っていう人たちだけど、日本だと「道徳的に生きることが左派の道なんだ」って思われている。

北田　本当は、それほど不道徳なことはないんですけどね。「未来の子どもたちのため」どころか、財政均衡を目指している間に、人がどんどん死んでいくわけですから。

ブレイディ　本当にそのとおりですよ。というか、そういう変な思い込みに過ぎない道徳意識とストイシズムの押しつけこそが緊縮マインドなんですよ。でも不自由が好きなんていう人はいないはずです。できるなら誰だって、自由に、好きなように生きたいはずなのに、いまの日本には、それを言ってもいけないような空気があると思う。人心まで緊縮している。でも、わたしたちは「人を自由にするための経済」を求めていいんです。だから欧州でも、反緊縮運動の核にいるのは若い人。先進国はどこでも「親の借金払わされてる状態」ですから。他人がつくった借金を返すために一生を棒に振れだなんて、それこそノー・フューチャーですよ。もっとも人の道に外れているのは「そういう時代なんだよ」と若い世代に言い聞かせていることじゃないでしょうか。

補論1 来るべきレフト3・0に向けて

レフトは新しくバージョンアップせよ

ブレイディ　わたしはよく「地べた（グラスルーツ）」って言葉を使いますが、上から何かが下りてくるというのがとても苦手なので、いつも、下から、根っこからいかないとダメだと思っています。どんな社会も、ボトムアップの秩序でうまくやっていければベストだと思っているので、本当はアナキズムに興味ある人間がケインズ主義的な「大きな政府」を目指してどうするんだって思わなくもないんですけど（笑）。

北田　アナキストは、なんなら政府なんかいらないというのが本当ですからね。

ブレイディ　でも、現実にいま国家というものがあって、わたしたちはそこに税金を払っている以上、その監視をしていく必要もあると思います。だから「わたしたちの税金を集めて、勝手に国が貯金とかしてんじゃねぇよ！」っていうのは、アナキズムとつながっていると思っているんですけどね。

これは『１９４５年の精神』の中でも出てくることなんですが、結局「ゆりかごから墓場まで」の福祉政策を実行した労働党も、「上からの管理」に帰結してしまったようなところがあったと思うんですよね。そこはやっぱり古い左翼の問題点というか。ケン・ローチも映画の中で「欠落はあった。だが、その欠落から学び、一九四五年のモデルを礎に未来を築こう」と言っています。一九四五年の労働党のマニフェストが、若者の間で「新しい」ものとして再発見されているという話を前にしましたけど、やっぱり単に「昔の労働党は良かった」というのじゃ嘘になってしまうので、そこから、本当の新しいレフトが生まれなくちゃならないんだって思っています。

松尾　かつての社会主義は、いわゆる社会民主主義も含めて、やっぱり国家行政主導のトップダウンのやり方だったから、そこにはすごく大きな問題があったんですよね。よく誤解されていますけど、マルクスの言う「アソシエーショニズム」という社会主義像は、いわゆる産業国有化路線ではないんですよね。国有化を唱えていたのはどちらかというとブランキ派とかサンシモン派と言われる社会主義者たちで、マルクスは彼らの中央集権的な路線を批判しています。それと同時に、マルクスは個人の自由を重視しながらも小共同体志向に陥ってしまっているアナキストのことも批判しています。その両方を総合するのが自分の考える社会主義だと言っているのですが、それが具体的にどういう形になるのかということまでは、はっきりと提示できませんでした。だから、ブレイディさんがおっしゃるように単に古い社会主義に回帰すればいいというわけではないと僕も思います。

北田　ソ連よりも昔に、ですね。

ブレイディ　わたしはコービンみたいな「マルクス主義者のおじいちゃん」からパブロ・イグレシアスみたいな若くてカリスマ的な政治学者まで、それからDiEM25みたいに哲学者から経済学者まで、いろんな年齢層と立ち位置の人びとが一緒になって取り組んでいる反緊縮運動には、その可能性があるんじゃないかなって思っているんですよ。

松尾　僕もそうなってほしいと思っています。コービンも党首選挙の時に鉄道の国有化とかってよく言っていましたよね。でも、かつては国有化モデルがうまくいかなかったからこそ「民営化しよう」という流れになったという歴史もやっぱりあると思うんですよ。コービンにもそのあたりの反省があるみたいで、二〇一五年の党首になったばかりの時に、協同党（Co-operative Party）という労働党と提携関係にある政党に挨拶にいって、「わたしは国有企業の遠隔操作モデルを望んだことは一度もない」というスピーチをしています。

した。かつてのソ連みたいに計画経済で国有企業を遠隔操作したいわけじゃないと。「鉄道は国有化したほうがいいと思うけど、お客も労働者も政府も協同して鉄道を運営して、私的利潤のためではなくて、みんなの利益になるように運営する」「古いトップダウンの労働党とも違うし、保守党が望んでいる民営化みたいなものとも違って、その双方に取って代わるものを目指している」という風に言っているんですね。協同党へのリップサービスみたいなところもあるのかもしれないけど。

ブレイディ　それが本当にできれば素晴らしいですよね。ブレアは昔「第三の道」を提唱して「ニュー・レイバー」って言いましたけど、コービンがそれを乗り越えて、単なる「オールド・レイバー」に回帰するんじゃなくて、本当の意味で「新しいレイバー」になっていってくれることを期待してます。

松尾　だから、左派は古い社会主義に還るのではなくて、新しい左派にバージョンアップするべきだと思います。それで僕は最近レフト3・0という概念を提唱しているんですけど。

ブレイディ　それ、大事。わたしは松尾さんのレフト3・0のコンセプトはほんとにいま大事だと思っています。『1945年の精神』の日本語版のボーナストラックでも、松尾さんはそのお話をしてくださっていましたよね。

レフト1・0とは何か

松尾　ちょっとご説明すると、僕はこれまでの歴史の中で、左派は何度か大きなバージョンアップをしてきていると思っているんですが、僕の言葉で言うと『1945年の精神』で描かれたような「オールド・レイバー」がレフト1・0。その後に出てきたブレアの「ニュー・レイバー」というのがレフト2・0。そしてそれを乗り越えようとしているコービンなど欧州の反緊縮運動がレフト

3・0ということになるんですよね。

ブレイディ　そう整理されるとほんとにすっきりするんですよね。

松尾　レフト1・0というのは大きく分けると急進的なものと穏健なものの二つの方向があって、一つは旧来のいわゆるマルクス＝レーニン主義。それともう一つは、このマルクス＝レーニン主義を批判的に受け止めた、かつての「社会民主主義」のことを指しています。マルクス＝レーニン主義というのは、産業を全面的に国営化して中央計画経済でやっていきましょうという急進的な路線で、社会民主主義は資本主義の枠内かもしれないけど、福祉国家を充実させていきましょうという穏健な路線です。一九四五年当時の英国労働党はいろんな産業の国有化を強く主張していて、いまから見るとけっこう急進的にも見えるんですけど。

ブレイディ　とはいえ、あくまで社会民主主義の枠内ですよね。

松尾　このレフト1・0の急進派（マルクス＝レーニン主義）と穏健派（社会民主主義）の違いというのは両者にとってとても大きいので、一緒にするなって怒られると思うんですけど、実はこの両者には共通の特徴があると思うんです。

北田　この両者は対立しながらも、同じパラダイムを共有しているということでしょうか？

松尾　そうそう、まさにそんな感じ。このレフト1・0は戦前からだいたい七〇年代頃までが全盛期だったと思います。その特徴というのは大きく分けると四つあって、それぞれ①国家行政主導で大きな政府を志向するということ②生産力の拡大を目指すこと③労働者階級主義④社会主義を名乗る大国をひいきする傾向、というものが挙げられると思います。

北田　なるほど。それが急進派の国家社会主義にも、穏健派の社会民主主義にも共通する、レフト1・0のパラダイムということですね。

松尾　はい。順を追ってご説明すると、まず①の大きな政府志向と②の生産力主義については、マルクス＝レーニン主義においては、「資本主義の仕組みは生産力拡大にとって、もはや障害物になってしまっているから、それを取り除いて国有化して国全体で管理する仕組みに変えることが、さらなる生産力発展にとって必要だ」ということが革命の理由付けになっていましたから、当然この特徴を持っています。

でも、穏健派の社会民主主義も、大枠ではこの枠組みを共有しているんですよね。もちろん社会民主主義は国家社会主義的な計画経済ではありませんが、高度な福祉国家を実現するためには、生産力の発展は当然必要なこととみなされていましたから、「大きな政府」で生産力の発展を目指すという基本的な枠組みは共通しています。

北田　松尾さんのおっしゃる「生産力主義」というのは、基本的に経済成長志向が強いということですよね。資本主義を脱してナショナルな社会主義に移行するにせよ、資本主義の枠内で福祉国家をつくるにせよ、生産力の発展＝経済成長をおこなうことで大衆を豊かにすることが目指されていた。統制経済そのものよりも、生産性の合理的な向上こそが目指されていた。

松尾　そのとおりです。それが三番目の特徴につながります。③の労働者階級主義がマルクス＝レーニン主義の大前提なのは言うまでもないと思いますけど、社会民主主義にとっても、それを掲げる政党の支持基盤は基本的に大きな労働組合がメインでしたから、やはり組合に集まった雇用労働者に恩恵をもたらすこと（賃上げなど）が政治の第一の目的とされていました。

ブレイディ　英国労働党も労働組合にとても固い地盤を持っている政党です。労働党はもともとH・G・ウェルズやバートランド・ラッセルなども加盟していたフェビアン協会という団体の影響力が強かったので、ソ連型の急進的な国家社会主義路線をとらないで、穏健な社会民主主義路線をとることになったんですけど、もともとはこのフェビアン協会と労働組合をメインの支持基盤とする政党でした。でも、一九八〇年代のサッチャリズム旋風を受けて、その後のブレアの「第三の道」路線の中で脱労組依存が唱えられたので、いまでは昔に比べると組合の力はかなり弱まってしまいました。でも、いまだに労働党を根っこのほうで支えているのは労働組合のおっちゃんたちだと思うし、コービンがまたいま、そこの足固めをおこなっていますよね。

北田　その図式で言うと、日本の場合は一九七〇年代頃までの日本共産党がレフト1・0の急進派で、同じ頃の日本社会党がレフト1・0の穏健派ということになりそうですね。やはりともに労働者のための政党を志向していました。共産党は言うまでもないですが、たとえば、社会党の支持基盤は、日本労働組合総評議会（総評）。社会党右派から分裂した民社党の基盤は、全日本労働総同盟（同盟）でした。これが八〇年代後半に合同して日本労働組合総連合会（連合）になる。

社会党のほうでも英国労働党と同じように、九〇年代頃から脱労組依存が唱えられはじめ、組合の力は弱くなっていきましたが、社民党、そしてかつての民主党・民進党の有力な支持基盤の一つが、いまでもこの連合です。最近では、このままだと労組が自民党に流れてしまいそうなくらい怪しくなってしまっていますけど。

松尾　社会党には共産党よりも強固なマルクス＝レーニン主義の勢力もありましたが、マルクス＝レーニン主義においても、社会民主主義においても、レフト1・0のベースになっているのはある種の労働者階級主義だったと思います。そして最後の特徴の④社会主義を名乗る大国をひいきする傾向というのは、簡単に言えば世界中でソ連や中国などの共産党とつながっていたマルクス＝レーニン主義勢力が、それぞれの親分の言いなりになっていたケースが多かったということなんですね。

レフト1・0の穏健派の社会民主主義政党は、

英国労働党などもそうですが、急進的なマルクス主義からは距離を置いていました。しかし、いま振り返ってみると、ソ連や中国などの社会主義大国に対して、どちらかというと甘い傾向が見られたことはやはり否めないと思います。

北田　一九六〇〜七〇年代に新左翼が出てきた時に、彼らが既成のレフト1・0を批判したのは、そういう親分（＝共産党）の言いなりにはなりたくない、ということでしたからね。それで、六〇年代から七〇年代にかけて、共産党の方針と距離を置く新左翼の運動というのが現れはじめた。

松尾　かつての教条主義的なマルクス主義では、共産党の決定が、すなわち「科学的」な真理だとされていましたから、それに対する反発があったのは当然ですよね。これらのレフト1・0の特徴がそれぞれ、八〇年代くらいから行き詰まっていって批判にさらされていくことになります。

ニュー・レフトとレフト1・5

松尾　僕がレフト2・0と言うものは、これらのレフト1・0の行き詰まりに対する批判を引き受ける形で生まれた、レフトの新バージョンのことです。七〇年代頃から、新左翼運動の一部から現れはじめ、ソ連崩壊後の九〇年代に全盛になりました。

北田　新左翼による旧左翼批判を経たあとに現れてきた、新しいレフトの潮流ということですね。そうすると、六〇〜七〇年代にかけて隆盛した新左翼運動というのは、レフト1・0から2・0への移行期みたいなものだと考えればいいのでしょうか？

松尾　はい。そんなところです。

ブレイディ　じゃあ、当時のニュー・レフトというのは、レフト1・5くらいの感じですかね。そういえば、「新左翼」って言葉のもとになったのも英国なんですよね。もともと一九六〇年に英国で発刊された『ニュー・レフト・レビュー』という雑誌の名前に由来していると言われています。

北田　『ニュー・レフト・レビュー』はカルチュラル・スタディーズの拠点ともなった雑誌ですね。スターリン批判やハンガリー動乱をきっかけにして、ソ連のような社会主義大国に批判的な距離を置いた新しいレフトの道を模索しようというのが、新左翼運動の最初の問題意識ですよね。それで新左翼の人たちはスターリン体制以前の、レーニンの後継者だったはずのトロツキーとか、ソ連型の中央集権を志向しないアナキズムとか、あるいはアジアや「第三世界」に向かって毛沢東の思想とかに注目しましたけど、彼らも結局虐殺や民衆に対する圧制を多数おこなっていたことがだんだん明らかになってきてしまった。

日本では六〇年安保や七〇年安保闘争を盛り上げて、学生運動を牽引したのがこの新左翼の運動です。英国や日本だけじゃなくて、当時同じような動きは世界中で起こっていました。こういう新左翼運動の象徴になっているのが、一九六八年のパリで起こった「自由と平等と自治」を掲げる大規模なゼネラルストライキ、いわゆる「パリ五月革命」です。ベトナム反戦運動なども連動して、世界的なムーブメントになった。

新左翼の運動は、だいたい六〇年代のはじめ頃に出てきて、六八年をピークにして、七〇〜八〇年代にかけて沈静化していきました。日本だと一九七〇年のよど号ハイジャック事件や七二年のあさま山荘事件などが起こり、急進的な新左翼運動はだんだんと袋小路に入っていきます。フランスでも、五月革命をド・ゴールが軍隊を使って鎮圧して、その後の総選挙で圧勝することで、次第に沈静化していきました。

松尾　しかし、その沈静化の過程で、かつての新左翼が提起した問題や、彼らの中にも抱え込まれていた矛盾みたいなものが再検討されていくということがあったと思います。

ブレイディ　そうして、レフト1・5の延長線上に、レフト2・0が現れてくる。

松尾　たとえば、レフト1・5の新左翼の運動ではさっき北田さんもおっしゃった④のソ連や共産党などの親分の官僚主義的な体制への批判に加えて、「労働者階級」という言葉よりも「学生」という言葉に注目が集まるようにもなりました。

北田　全学連の初代委員長の武井昭夫さんの「層としての学生運動」というのが有名ですね。この論文自体は一九四八年に発表されていて、新左翼運動よりもずっと前ですが、のちの新左翼運動を準備する先駆的な文章だと言われています。

当時は、共産党から学生というのは「プチブル」だと言われていて、革命運動の主体じゃないとされていたのに対して、学生は階級的な利害関心の当事者じゃないからこそ、そこから離れた普遍的な立場で運動にコミットできるのだというような論旨でした。カール・マンハイム（ハンガリーの社会学者で、社会的立場などの存在の「被拘束性」から自立した知識人になることの重要性を説いた）みたいな話です。これが六〇年代の学生運動の中で再注目されたわけです。

松尾　昔、学生が「プチブルだ」と言われていたのは、要するに「学生は共産党の指示に従え」ということだったんですよね。武井さんの考え方は四八年にはかなり先駆的だったけれど、六〇～七〇年代を通して、そういう上意下達の指導体制に対する反感が拡がっていったわけですね。そうした流れの中で、徐々に③の「労働者階級主義」も批判にさらされるようになっていきました。それで七〇年代初頭には「階級」みたいな概念には収まりきらないような、たとえばジェンダーやマイノリティなんかのアイデンティティの問題にも徐々に目が向けられるようになってきたわけです。

もちろん、これらの運動も幅広いものなので、ひとくくりにはできないんですけどね。いわゆる新左翼諸党派みたいなものだけではなくて、ノンセクトラディカルのような人たち、あるいはフェミニズム、環境運動などの各種の市民活動まで、それこそ過激なものから穏健なものまでさまざまにあります。

北田　それぞれの運動を通して、段階的にレフト1・0の問題機制からの離陸が図られていったと思います。たとえば、「反帝国主義、反スターリニズム」などと言って、アメリカ的な帝国主義とソ連の中央集権的な政治体制を批判していた新左翼の諸党派の運動の中にも、内ゲバや女性への抑圧・暴力の問題がたくさんあって、それがジェンダーやマイノリティの観点からさらに批判にさらされていく、というようなプロセスをたどりました。ウーマンリブなんかも最初はそういう観点から出てきています。

ブレイディ　英国でも、六〇年代から七〇年代にかけて女性たちがレイプやDV、中絶などの問題で闘いましたけど、わたしは個人的にあの時代の女性解放運動にはちょっと泥臭いものもあって好きなんです。縫製工場員とか清掃員とかの女性たちがストライキとかやってますし、裾野が広がっていったんだなあと。あと、都会の高学歴の女性たちの中には、地方の公営住宅地の主婦たちの家賃不払い運動に賛同し、公営住宅地で互いの子どもを預け合う託児所や家具のレンタル、衣服のリサイクリング、家を退去させられた人たちのシェルターなどをおこなう協同組合の立ち上げに関わる人たちも出てきました。それもまた広い意味ではフェミニズム運動だったんですよね。

こういうところって本気で相互扶助を実践しているから、アナキストも多く関与することになっていくわけですが。わたしが保育士の資格を取った託児所がまさにこの流れを汲む施設の中にあったのですが、英国のあのあたりの女性たちの運動は、上部構造と下部構造が微妙に共存している感じでおもしろい。なんかやっぱり、1・0と2・0の間に登場したのかなという感じがする。

北田　人文科学の領域で言うと、マルクス＝レーニン主義的な下部構造決定論から、アルチュセールやグラムシの理論に焦点が当たって、「上部構造の下部構造からの相対的自立性」とか言われるようになったのも、だいたい六〇年代頃からです。総じて、レフト1・0的な経済的下部構造の問題よりも、意識とか主体性というものを規定する（再生産する）制度の問題、すなわち上部構造の問題に注目が集まるようになった。

わたしが前に言った消費社会論の枠組み（下部構造の軽視とアイデンティティの重視）というのも、もともとはそういうレフト1・0への自己批判的な機運の中から醸成されていったものだと思います。六八年革命のあとで、終わりのない資本主義社会の中で、どのような形で自分たちの主体性を定位していくのかというのが当初の問題意識だったわけですから。八〇年代頃にはそういうラディカリズムも薄まっていって、アイデンティティ・ゲームに陥ってしまったわけですけど。

松尾　そうやって下部構造よりも上部構造の問題が前景化していく過程で、レフト1・0にあった①の大きな政府志向とか②の生産力主義のような枠組みも、徐々に後景に退いていくようになりました。

もちろん、いま北田さんがおっしゃったような流れは、一部の新左翼運動や人文科学の中での流れなんですけど、もっと穏健な市民運動の中でも、高度経済成長が達成されていく過程で、レフト1・0の四つの特徴が、それぞれ「時代遅れなもの」と認識されるようになっていったと思います。

北田　そうですね。総じて貧しさの中での労働者階級の困窮という問題から、豊かな社会の中でのアイデンティティの問題に焦点が移っていったんじゃないでしょうか。

新左翼から距離を置いた市民運動ということで言うと、鶴見俊輔さんや小田実さんたちのべ平連（「ベトナムに平和を！市民連合」）などの活動も重要なものだったと思います。「来る者は拒まず・去る者は追わず」の方針で、既成の党派や組合の動員とは違った、自由な市民運動の先駆となったということで、いまでもしばしば言及されますが、ここでは「労働者」というよりも「市民」という言葉のほうが前面に出ていて、当時はそれが「新しい」インパクトを持っていたわけです。

あるいは、フランスの社会学者アラン・トゥレーヌが言った、一九七〇年代頃に現れてきた「新しい社会運動」というのも、脱階級的な社会運動をモデル化したものでした。従来の階級闘争型の労働運動に対して、女性解放運動やエコロジー運動、地域運動などの多様性を特徴とするものです。

レフト2・0への転換

松尾 さて、こうしたレフト1・5的な問題提起のあとに現れたレフト2・0は、ソ連崩壊後の九〇年代に全盛期を迎えるのですが、このレフト2・0は、それまでのレフト1・0の悪いところを見直して、バージョンアップを図ろうとしたわけです。これらの人びとの考え方もさまざまです。レフト2・0の定義は個人主義的で多様な運動だということですから当然なんですけど。

たとえば、このレフト2・0にも急進派と穏健派があって、急進派のほうは、イスラムゲリラに連帯したり、ラテンアメリカの原住民の武装蜂起に連帯したり、ディープエコロジーを掲げて有機栽培のコミュニティをつくろうとしたりしました。

北田 従来型のマルクス＝レーニン主義というよりは、「第三世界」との連帯とか、「辺境」の地域コミューンみたいなものを社会変革の根拠にしようとした人たちの流れですね。レフト1・5の新左翼の一部にも、ヤマギシズム（農業・牧畜業を基盤とするユートピアを目指す「ヤマギシ会」の思想のこと）みたいなものに流れていった人たちがいました。

松尾 はい。それに対してレフト2・0の穏健派は、もう「レフト」とも言えないただの「リベラル」かもしれませんが、ブレア「第三の道」路線とか、クリントン政権とか日本の民主党政権とかに帰結していきました。

ブレイディ それは、レフト1・0的な国家社会主義路線とも、古い社会民主主義的な「大きな政府」路線とも別の道を模索して、米国語で言うところの「リベラル」な路線をとった人たちの流れですね。

松尾 そう、僕の言うレフト1・0と2・0というのは、労働研究の濱口桂一郎さんが、「オールド左翼」と「リベサヨ」と呼んでいらっしゃるものと近いところがあります。でも、この言い方だとレフト2・0の中にもラディカルな武闘強硬派がいたりすることがうまくイメージできなくなってしまうと思うんですよね。

北田 かつての新左翼の流れにあるような急進派の人たちは「リベサヨ」をよく批判しますからね。

松尾 でも、この急進派と穏健派は、お互い一緒にされたくないでしょうけど、やはり共通のパラダイムの上に立っているということは言えると思うんですよね。

北田 どういうパラダイムを共有しているんですか？

松尾 たとえば、旧式のレフト1・0の①の「大きな政府」志向に対しては、官僚的な非効率性とか、当事者の選択の余地のない画一性が批判されるようになりました。特に、ソ連・東欧の国有計画経済体制の崩壊で、そのことが強く認識されることになったと思います。

北田 なるほど。さっきも言ったように、新左翼運動の大きなモチベーションは、旧左翼の官僚的な体質批判でしたから、「大きな政府」志向というよりも、どちらかというと国家からの自由を唱えるアナキズムみたいなものと親和性が高かったとは言えると思います。

松尾 はい、レフト2・0の急進派のほうではそうやって「第三世界」や地域コミューンの中での自律が志向されたりしたわけです。また、穏健派のほうでも国家行政主導の「大きな政府」は効率が悪く抑圧的だ、という反省があったと思います。

ブレイディ　英国労働党の流れがまさにそう。レフト1・0的な「大きな政府」は古臭くて効率が悪いという話になって、ソーシャルな政党だった労働党が徐々に「リベラル」化していった果てにブレア政権が現れた。

松尾　それでレフト2・0の人びとは国家行政主導の計画経済に対して、市場原理の有効性を見直したうえで、大なり小なりそれを活用しようという方向性に向かうことになりました。そのうえで、市場原理を補完するものとしてNPOやNGOなどのいわゆる「第三セクター」的なものや地域コミュニティへと注目が集まるようになりました。ブレア路線のほうがグローバル市場を仰いで国際競争力強化にやっきになったのは言うまでもないですが、急進派のほうも、官営やケインズ的な国家介入政策を嫌って、コミュニティ市場を志向したわけです。

ブレイディ　グローバルに拡大するか、小さなコミュニティに散らばるかで、左派がどんどん国家的なものから離れていった。いま思えば、ブレアが労働党の最大の宝と言われるNHSに積極的に民間資本を入れたりすることができたのも、国家的なものはダメという風潮が左派にあったからだと思います。当時は、いまのような「NHSを守れ」運動の盛り上がりはなかったですもん。

松尾　さらに②の「生産力主義」については、生産力の拡大ならば保守側のほうがよっぽど実現してしまったじゃないかと批判されました。特に日本の自民党政権下の経済成長はそうですね。それに引き換え、ソ連・東欧の社会システムの生産力の発展というのは足元にも及ばなかったんですよね。それで、むしろ生産力の発展の結果もたらされた環境破壊のほうがよっぽど問題ではないか、というようなことが言われるようになりました。

ブレイディ　それが、もう経済成長いらない、のダイ・ハードなエコ・ウォリアーズにつながっていくわけですね。

松尾　はい。さらにレフト2・0では③の「労働者階級主義」に対しては、左翼運動や労働組合の中のマッチョな男性中心文化が批判にさらされたり、障がい者や少数民族の問題に無頓着だったりした傾向が批判にさらされました。それで脱労組依存を掲げて、いろいろなマイノリティのアイデンティティの解放を求める市民運動（アイデンティティ・ポリティクス）に軸足を移していく動きが起こります。

北田　そういう流れの中で、九〇年代に既成の社会民主主義政党や中道左派政党の多くが、脱労組依存を掲げるようになりました。

松尾　はい。そして④については社会主義を名乗る大国の侵略と支配の現実が批判されました。その反省のうえに、発展途上国や「第三世界」の小国の自立性が尊重されるようになりました。

レフト2・0の行き詰まり　その1

松尾　しかし、レフト1・0の行き詰まりを反省して生まれたはずのレフト2・0の論点が、その後、資本主義の猛威で中間層が没落し、長期の不況が続く中で、二一世紀を迎える頃にはそのひとつひとつが裏目に出てしまうことになったと思います。

たとえば、①の「大きな政府」への批判的なオルタナティヴ――市場原理の有効性を活用しながらNPOやNGOなどの「第三セクター」で補完するという志向は、財政的保障が乏しい中で、行政がNPOや地域コミュニティを安上がりに利用することにもつながっていってしまったと思います。

ブレイディ　まさにそれは「ニュー・レイバー」とか言って出てきたブレア政権のたどった末路です。そもそも、ブレアなんかも政府をできるだけ小さくして、ボランティアの相互扶助に注目して、地方自治と民間のチャリティ団体を活用するという考え方をとっていたわけですからね。

北田 日本の民主党政権やドイツのシュレーダーの社民党政権も似たような帰結になったと思います。

松尾 みんな帰結はただの新自由主義だったけれど、自意識としては「レフト」、ないしは「リベラル」だったわけです。民主党政権も自意識は「リベラル」だったかもしれないけど、結局そうなりました。さらに、かつての新左翼の急進的なアナキストなんかは、ディープエコロジーを掲げて田舎にみんな帰農して、有機農法の小共同体をつくることを目指したりしましたが、このようなアナキストの「自律」志向がブレア流の「第三の道」ではうまいこと市場原理を補完するものにされてしまった。

ブレイディ そう、それでブレア政権時代にアナキストが妙に栄えたという逆説があるんですよね。ブレア時代のダイバーシティ計画で、地域のNPOというか、NPOという言葉自体はそもそも英国では一般的ではないから、民間の非営利団体、まあだいたい「チャリティ」と一絡げに呼ばれるんですが、そういうところにけっこう補助金が下りていたんです。わたしが保育士になったのもそういう慈善団体経営の無料託児所でしたが、ちょっと見方を変えれば、アナキズムの「相互扶助」を利用されていたという言い方もできないことはないですよね。アナキストはもともと「国なんかいらない、仲間同士でやっていける」っていう主義の人びとだから……。

松尾 「小さな政府」とも意外と相性が悪くないんですよね。

ブレイディ そうなんです。わたしは、そこにはちょっとアンビヴァレントな気持ちを持っていて、「政府に頼らずに仲間をつくってやっていける人たちはいいけど、できない人も現実の世界にはいるよね」って思います。それに、勤めていた託児所が緊縮財政で潰れましたから、仲間同士で

レフト1.0から2.0への変遷

レフト 1.0 急進派：マルクス=レーニン主義 穏健派：社会民主主義		レフト 2.0 急進派：ディープ・エコロジー等 穏健派：ブレア路線、（旧民主党政権）
70年代全盛期までの特徴		90年代全盛期までの特徴
→80年代の行き詰まり		→現代の行き詰まり
国家行政主導、「大きな政府」	①政府と市場	市場原理利用、NPO・コミュニティ 「小さな政府」
→非効率・画一的		→行政による安上がりな利用 搾取・貧困の持続
生産力主義	②生産力拡大	反生産力主義・エコロジー
→資本主義で生産力発展 地球環境問題		→不況持続 失業問題解決できず
労働者階級主義	③依拠する大衆	脱労組依存 多様性の共生
→民族・性・障がい等のマイノリティに無頓着		→多数派労働者の没落・貧困、マイノリティによる人権抑圧事例に直面
「社会主義」大国びいき	④国際観	発展途上国の自立性尊重
→ソ連・中国の侵略に直面		→一層の人権蹂躙国に直面

やっていくことの限界も体験しました。

　たとえば、日本でも最近クロポトキンの『相互扶助論』とか流行っているじゃないですか。でも、ああいうアナキズム的な助け合いの精神を間違った形で展開すると、「政府に迷惑をかけるな、自分たちだけでやれ」っていう新自由主義的な自己責任論になる。その点では、やっぱりわたしはアナキストというよりもレフト1・0っぽいところがありますね。その一方で1・0のトップダウン的なところが死ぬほど嫌いという矛盾があるんですけど（笑）。

松尾　いや、トップダウン志向というのは2・0の人が正しく批判しているように1・0の悪癖なんだから、それが死ぬほど嫌いなのはまったく正しいと思いますよ（笑）。もちろん、NPOやNGO、協同組合の実践というのもそれ自体としては非常に大切なものです。しかし、問題は2・0のボトムアップ志向がネオリベと妙に補完しあってしまったことにあるんですよね。

ブレイディ　ブレアの時代も悲惨でしたけど、保守党が政権運営しているいまよりは、それでもまだマシでした。いまと比べれば、ブレア政権は教育とか福祉とかには財政支出をしていたし、末端の生活保護も手厚かったから、あの時代は、生活保護や失業保険をもらいながらボランティアしたり政治活動していたアナキストがいた。政府にお金をもらいながら反政府運動やってる、みたいな（笑）。英国の奥深さだなーと思ってました。でもいまはアナキストじゃ生きられないから、みんな就職したりしてますけど。

でもアナキストって自分で何でもやってきたから、仕事とかもできる人が多いんですよ。失業保険とか生活保護をもらって底辺託児所で働いていたアナキスト系の人たちは、実は高学歴の人たちも多かったので、いったん就職したらけっこうキャリア街道をばく進していたりして（笑）。

北田　もともと政府なんてなくていいと思ってるから、「小さな政府」になった時に対応力が違うわけですね（笑）。いわゆる「リベラリズム」というのも、結局「第三の道」を経由してネオリベラリズムに回収されてしまったわけですが、アナキズムにもそうした側面があったと思います。しかしアナキズムにはかろうじてその自覚があった。だから相互扶助を何よりも尊ぶし、国家外の「社会」の構築を目指した。日本型リベラルに欠けているのは、そうした社会の実装化に対する問題意識であり、「再分配と言いながら小さな政府を目指している」ことの困難の認識です。

レフト2・0の行き詰まり　その2

ブレイディ　あと、これはディープエコロジーや有機農法系のアナキストなんですけど、彼らはやっぱり反成長主義になりがちだから、キャリア街道をばく進しているタイプでもいまだにそこはそうだったり……。

左派の学者でもセリーナ・トッドっていう人が

『ザ・ピープル：イギリス労働者階級の盛衰』（みすず書房）という労働者階級の歴史に関するめちゃくちゃいい本を書いているんですけど、最後の章だけいきなり「もう成長はいらない」とか書いてあって、「おお、なぜこの軸で本を書きながらこの結末に」と思って、ツイッターを見たらエコ・ウォリアーっぽい投稿があったんで妙に納得したことがありました。でも彼女もコービンの熱烈な支持者で、最近は、ナオミ・クラインと一緒で、彼女もちょっと変わってきている気がしますけどね。

松尾　それはやっぱり、②の論点でレフト2・0がソ連よりもよっぽど「豊かな社会」をつくりあげるのに成功してしまった西側の資本主義国を批判するロジックとして、かつての生産力主義に替えて、反生産力主義に転向してしまったのが問題だったんじゃないかと僕は思っています。

それで、レフト2・0の人たちは、レフト1・0とはまったく反対のエコロジー志向を持つようになっていったんですが、その結果、日本では天井の成長と短期の成長をごっちゃにしてゼロ成長社会をいいものだと思い込む人が出てきてしまった。

北田　脱成長論に典型的な問題ですよね。さっき日本型リベラルというのは、オルタナティヴな社会の実装化に関するイメージがないって言いましたけど、わたしが思うに、彼らの想像力が「第三の道」くらいのところで止まっているのが問題なのだと思います。「第三の道」も、最初は新自由主義でも古い社会民主主義でもない、二つを乗り越えるものだということになっていた。でも、その帰結を見ると、結局ただのネオリベにすぎなかった。それに対して、いまの日本型リベラルは一応「第三の道」を批判しながらも、そこで出てくるのが脱成長論とか成熟社会論だったりする。

松尾　ネオリベというのは、たしかに脱成長論とは違って天井の成長を重視するんですけど、実は思われているほどには成長志向ではないんです。そもそも、前にもお話ししたように、そういう「成長戦略」で人為的にイノベーションを起こすというのは無理な話なんですよね。でも、仮に「成長戦略」で天井の成長がなしとげられなかったとしても、それでネオリベが困るかっていうと、実はそんなに困らないんです。

新自由主義というのは根っこでは緊縮だから、多少景気が悪かったとしても財政出動して景気を拡大していきましょうという、短期の成長を重視する立場には原則的に反対しています。適当に失業者がいたほうが労働者にいうことをきかせるのに都合がいいし、失業者が少ない状態にもっていこうとそもそもしないわけです。法人減税や富裕層減税もずっと続いているし、多少の不景気が続いても、社会の上層の一パーセントの人たちはぜんぜん困らないわけですよ。インフレになったら大金持ちは資産が目減りしますけど、デフレ状態が続けば自動的に資産価値は上昇していきますからね。

だから、そもそも小さな政府であんまり景気拡大を求めないのがネオリベなんです。そして、ブレアの「第三の道」というのは、意図せずして、それにだんだんと近づいていったわけです。

北田　ブレア自身は鼻持ちならない、アメリカ民主党みたいなやつですよね（笑）。前にも言ったけれど、ああいう中で、ギデンズがブレーンになっていたというのは象徴的なことだと思うんです。旧左翼でも旧新左翼でもなく、右派でもなく……という立場をとっていった時に、最終的にビル・クリントン的なアメリカ民主党路線に落ち着いてしまった。クリントン引くセックススキャンダルみたいな。

松尾　クリントンからあれをとったらなんにもおもしろくないじゃないですか（笑）。

ブレイディ　あははは（笑）。日本でのブレアの取り上げ方ってのも、よくわからないんですよね。『THIS IS JAPAN』を書いた時に、社会運動をやっている日本の若い子たちと話をする機会がたくさんあったんですけど、「いまの日本にはブレアみたいなのが必要だ」って言ってる子がいてちょっと衝撃を受けました。英国在住の人から見たら、ブレアなんて超悪者じゃないですか。コービンは英国からブレア的なものを完全に殺すために現れた、とか言われてるぐらいで。でも、安保法制反対とか言っていた若い男の子がブレアを評価しているということに驚きました。「日本はブレアみたいなのからはじめなければいけない」って言うから、「ブレアからはじめたら終わるだろう」って力説したんですけど（笑）。

北田　泥臭くない左派っぽいリベラルな白人男性。女性に優しくて、文化的にリベラル。泥臭い左翼も保守党もヤダ。だからブレアみたいなイメージに惹かれてしまう。でも、イメージだけでしょう。だって政策見たら新自由主義じゃないですか。レフト2・0の悪いところを体現しているような人だと思います。

そういえば、ちょっと話がそれますが、英国って実は社会学不毛の地なんですよ。制度的にも本格的に専門部局として社会学科ができたのは、第二次大戦後で、日本よりもはるかに社会学の導入が遅れた、というか、拒絶されていた。その制度的排除の根源は、社会調査に基づく社会政策論を展開し、英国のレフト1・0のベースにもなったフェビアン協会周辺にあるんですね。

ブレイディ　どういうことですか？

北田　要するに、社会調査というのは学問というよりも政治、そして社会運動だったということです。社会学がないからって英国に社会調査の伝統がないわけではない。どころか、チャールズ・ブースやシーボーム・ラウントリー、そしてエンゲルスを考えればすぐわかるように、社会主義的な志向を持った社会調査はアメリカやドイツなどよりもはるかに進んでいました。社会主義の志向と地べたをいく都市・貧困調査がきわめて先駆的かつ重厚に展開されたのが英国です。アメリカではその代用品として社会学が制度化されていったわけですが、英国は「後進科学」たる社会学などに依拠せずとも、社会問題を統計的に処理する技術を左派が堅持していた。そのおかげで社会学は入る隙間がなく、アメリカにおける社会学的なものは英国ではフェビアン協会や労組、あるいは国家が担っていたわけです。

ブレイディ　なるほど、英国ではレフトの人たちが地べたの運動として社会調査をしてきた伝統があるから、逆に学問としてなかなか制度化されなかったということなんですね。

北田　そう言えるかもしれません。戦後ようやく花開く英国社会学においてスーパースターになったのが、かのアンソニー・ギデンズです。皮肉にも、フェビアン協会の血脈を引くLSE（London School of Economics and Political Science）の初の社会学教授ということになる。松尾さんのご説明を聞いていて、「あっ」と思ったのですが、ギデンズ＝ブレアの「第三の道」（レフト2・0）というのは、価値やアイデンティティを重視し、経済という変数を相対化するポスト構造主義的な社会学による「古い社会主義」（レフト1・0）への復讐であったと言えるかもしれません。サッチャー政権時に社会学はどんどん縮小を余儀なくされていきますが、その最後のあがきがブレアとギデンズの「左派の顔をした」新自由主義だったのかもしれない。

レフト2・0の行き詰まり　その3

松尾　いまのお話につなげて言うと、レフト2・0の提起した、③の論点「労働者階級主義」への批判――左翼運動や労働組合の上意下達的な体質への批判や、ジェンダーやマイノリティへの注目――というのは、とても大切なものだったと思います。しかし、その結果、次第に社会運動の中でアイデンティティ・ポリティクスばかりに焦点が当てられるようになり、かつての左翼が担っていたはずの、「経済的下部構造の重要性」という観点までが一緒に見失われてしまったという副作用をもたらしたんじゃないかと思っています。

北田　たしかにカルチュラル・スタディーズとかポストコロニアル・スタディーズなんかで、アイデンティティ・ポリティクスの問題は九〇年代に知識人の間でいろいろ議論されてきましたが、「世の中を見る時は階級だけじゃないのだ」っていう言い方が、いまや「階級はどうでもいいのだ」って話になってしまっている感があります。

松尾　はい。その結果、新自由主義と長期不況の蔓延で、先進国の主流アイデンティティの人たちの中で、失業したり低賃金の不安定な仕事でこき使われたり、いまはそうでなくても近い将来そんな風になってしまうという不安にかられたりしている人たち——つまり、正真正銘の労働者階級が大量に生じた時に、レフト2・0はこれらの人たちの苦境をすくい取る言葉をなくしてしまったのではないかと思います。

ブレイディ　先ほどのブレアの話につながるんですけど、日本の人って、能力主義の危険さもあまり感じてないような感触があって、わたしはブレアの最大の罪は、左派が貧しい労働者への共感や同情心をなくしたことだと思うんです。ブレア政権は能力主義を強調することで、頂点にいる人は才能があって上位にいる価値がある人であり、底辺にいる人は才能に乏しくてその地位がふさわしい人、と階級を正当化しました。そこにいるのがふさわしいと思う存在には、人びとは同情しません。それが侮蔑になり、差別に変わっておこなわれたのがチャヴ・ヘイトと呼ばれる現象でした（詳細は第四章を参照）。レフト2・0は恐ろしいほどこうした差別に鈍感になった。リベラルは疑いもせず労働者階級をバカにして笑っていた。そりゃ労働者たちも離れていきますよ。

松尾　おっしゃるように、レフト2・0の人たちは、ジェンダーの問題や性的少数派の問題などについて、主流派アイデンティティの人たちの不寛容な価値観を批判しながら——もちろん、そうした批判自体は正しい批判ですけど——そうした人たちの中にもある困窮の問題や、彼らの置かれている経済的な状況については無頓着だったりしました。あるいは、少数民族の中にある女性差別や同性愛差別には、伝統文化として目を瞑ってしまう、というような矛盾とか。

それとも重なることですが、④の論点では、ソ連や中国による侵略を反省して、発展途上国の小国の自立性を尊重しましょうということになりました。しかし、冷戦後に生じたのは、ソ連の属国であった方がよっぽどマシな一層人権蹂躙的な国が続々現れことに対して、何も言えなくなってしまったというような問題だったと思います。いまこうしたことがさまざまなところで生じているのではないでしょうか。

結局、僕はレフト2・0の問題というのは「豊かさの上に立った豊かさ批判」だったという点にあると思っているんですよ。

北田　まったくそのとおりだと思います。しかし、繰り返しますが、ジェンダー、セクシュアリティ、レイス、エスニシティの問題が重要でなかったという意味ではありません。レフト1・5の時期に生まれ出たこれらの問いの重要性は疑うべくもなく、経済還元論や目的意識論でかき消されてきた主体の位置をあらためて問い直すことになった。

ウーマンリブは全共闘の鬼っ子と言われますが、左翼における反権威主義という権威主義、シュプレヒコールの後方にある日常、そこに巣くう男性中心主義を読み取っていたわけですね。学校や医療、家庭などのあらゆる社会領域、非公的とされていた領域に権力関係が貫徹している。そもそも全共闘だって反日共、反1・0であったわけですから、1・5の重要性を疑うことはできません。

ブレイディ　男性中心主義の問題は、実はコービンの周囲の1・0色の強いベテラン左翼議員や、熱心な支持者たちにもあるんです。コービンに反対の立場を取る労働党の女性議員に対して威嚇的な行動を取ったり、影の内閣のメンバーがミソジニー発言をして謝罪したこともありました。こういうことに愛想をつかしてコービンから離れていった人々もいます。

わたしも、また1・0の時代が戻ってきたと錯覚して、その悪い面までリバイバルされると困ると切に思います。1・5は出るべくして出て来たわけですしね。

北田　はい。しかしこの1・5の文化主義が、2・0への架け橋となってしまったというのもたしかなんですよね。どういうことかと言うと、1・5において鋭く問われたのは、左派的な主張をする主体の自己否定（総括）であり、加害者性の痛切な認識でした。その切実さゆえに、問題は下部構造から離脱せざるをえず、結果的に強い倫理的な自省の共同体を生み出してしまったと思います。「自己否定できる（それで問題が解決する）のはエリート男性だからだろ？」というのがリブの問いかけであり、現在もなお続く重要な問題提起であったわけですが、「自己否定しうるのも特権」となって、ループが起きる。あとはどこまで自己否定できるか、という倫理的ゲームとなってしまう。

わたしは、その臨界点が連合赤軍事件であり、内ゲバだったと思うんですね。というか連赤を真摯に受け止めたからこそウーマンリブの旗手である田中美津は「永田洋子はわたしだ」と言って、メキシコに行ってしまった。レフト1・5は、左派における経済的なものの後景化と過剰なまでの倫理主義の中で自家中毒を起こしてしまったと思います。

ブレイディ　もともとワーキングクラスのご飯の問題だったことが、いつのまにか内的な倫理の問題になってしまったんですね。

北田　そこから距離をとろうとすれば、浅田彰さんのように、ドゥルーズを援用しつつ一見非政治的に見える「記号の戯れ」の中に政治性の可能性を見い出していくという態度に帰着するほかない。いずれにしても、下部構造の問題は、経済還元論批判という形で記号論的に「文化」化されていったわけです。

おりしも八〇〜九〇年代の経済状況です。円高不況は別に雇用構造を根こそぎ変えるようなものではなかった。そんな中で、経済という変数が左派知識人たちの間で忘却されていく。その忘却が固まったところでの細川政権であり、さらには民主党政権であったわけです。非自民のレフト2・0が経済や階級の問題を後景化する言説的な土俵は、すでに出来上がっていたのだと思います。そこにいまの朝日・岩波知識人の原形があるんじゃないかと思います。

来るべきレフト3・0に向けて

松尾　だから、僕は「階級」や「経済」の問題を重視する、コービンやポデモスなどの欧州左翼の新しい潮流は、こうしたレフト2・0の袋小路に対する、左からの決別なんじゃないかと思っているんですよ。それで、彼らの姿勢は、財政出動などの「大きな政府」の復権みたいな形をとったり、アイデンティティよりもむしろ労働者の階級的視点の復権という、一見古くさいレフト1・0への回帰にも見える形をとっているわけですね。そして、経済成長と雇用の拡大を追求するという意味では、これは生産力主義の復権でもあります。

コービンもサンダースもメランションも、世代的にはレフト1・0の世代で、そのまま止まって古いことを言い続けていたら、時代が一周してウケるようになったという側面もある。左翼と言えばレフト2・0しか知らなかった若者たちがびっくりして、これが自分たちが言いたかったことだと熱狂して支持しているわけです。

ブレイディ　周回遅れでトップランナーになっちゃったみたいなね（笑）。

松尾　でも、やっぱり単に古い社会主義像に戻ればいいというわけではない。中央集権的な組織構

2017年の英国労働党のマニフェスト

造とか、マイノリティやジェンダーの問題とか、かつて批判された点を乗り越えたうえで、より高い次元で「階級」とか「経済」とかいう視点を取り戻さなければならないのだと思います。これが僕がレフト3・0と言うことの意味なんですけど。

ブレイディ　二〇一七年の総選挙の時の英国労働党のマニフェストのタイトルは「For the many not the few（少数者のためでなく、多数者のために）」だったんです。もちろん、この多数者というのはデヴィッド・グレーバーが言った「一パーセントと九九パーセント」の軸における少数者と多数者なんで、少数のエスタブリッシュメントではなく、その他の多数の人びとのための政治を、ということなんですけど。

以前、松尾さんにこのマニフェストを見せた時に、「こんなことを日本で言ったら叱られるかもしれませんね」とジョークをとばされてて、「え、なんで？」と思ったんですよね（笑）。

松尾　日本では少数者って言ったら、だいたいマイノリティのことを指しますし、多数者といったら主流派アイデンティティのマジョリティのことを指しますからね。

ブレイディ　そういう風に解釈すると、そりゃアイデンティティ・ポリティクス的には非常にヤバイ意味になっちゃいますよね。そう言われた時、日本はまだそれだけレフト2・0が強いんだなーとあらためて感心しました。

昨今の英国だと、少数派、多数派はもう自然に「一パーセントと九九パーセント」だと脳内変換されちゃいます。うちにも二〇一七年の労働党マニフェストが数冊ありますけど、そんなこと、松尾さんに言われるまで思いもしませんでしたから。でも、労働党がそれをわかってやってるとすれば、意識的にレフト2・0から3・0への転身を示してますよね。そう言われてみればこのマニフェストにはたくさんの人種の人びとが同じ「多数者」として登場するし。

北田　それは、いろいろなアイデンティティの人たちが、お互いに理解しあって階級的に連帯するということですよね。アイデンティティ・ポリティクスも階級性の問題も、ともに重視していこうという姿勢というか。

ブレイディ　そう、それなんです！　だから、階級のコンセプトとアイデンティティのどっちかをとるんじゃなくて、どっちも重視していかないといけないんです。これも成長と分配と同じで、「AかBか」じゃなくて、「AもBも」案件なんですよ。なんか左派は妙な潔癖主義に陥りがちというか、「AかBか」のどちらかしか選んじゃいけないと思い込む面があると思うんですよ。

松尾　コービンは昨年の総選挙中の六月五日に、イングランド東北部のティーサイドでの演説で、「我々は若者であり、年寄りであり、ゲイであり、ヘテロであり、障がい者であり、健常者であり、そのすべてなのだ」って言ってましたね。そして、そういう人たちがお互いに「わたしたち」だと認めあうコミュニティこそが、炭鉱夫や製鋼所の労働者の階級闘争を支えたのだとも語っていました。サンダースも自伝の中で、「人種や性や同性愛への偏見は、すべての人がまともな給料の仕事を持ってこそなくすことができる」と言っていますけど、両方ともレフト3・0の立場を非常にはっきりと示した発言だと思います。

ブレイディ　スペインのポデモスも、リーダーのパブロ・イグレシアスは本当にカリスマ的な魅力のある人なんですけど、やっぱりどこか中央集権的でトップダウンな感じがあると批判されています。他方、ナンバー・ツーのイニゴ・エレホンは、どっちかというとレフト2・0色が強い。ジェンダーやマイノリティの問題に目配りがきいて女性議員たちに支持されているけど、経済となると、欧州で言う意味での「リベラル？」みたいな部分がある。

ポデモスには第三のグループもいて、すごく少数なんですけどアナキストもいます。彼らはトップ・トゥ・ボトムというよりも、ボトムアップのやり方を模索している。

この三つのどれを選ぶか、じゃなくて、みんなのいいところ取りをすれば、もしかしたらこれがレフト3・0かもしれないですよね。レフト1・0と2・0とアナキストの奇跡の融合（笑）。スペインにいる連れ合いの姪っ子がポデモスの党員なんですけど、「普通この三つは一緒にならないよね」と言ったら、「一緒になるぐらいわたしたちは既成政党に怒っていた」と言ってました。

松尾　僕も欧州の反緊縮運動には、たしかにレフト3・0への可能性があると思います。しかし、これがただのレフト1・0への回帰に終わってしまうのか、中途半端にレフト1・5に戻るだけなのか、それとも、レフト2・0の積極面を引き継いで総合したレフト3・0になれるのか、今後の動きを注意して見守らなければならないと思っています。

やっぱり、レフト1・0の問題というのは、指導者が上から目線で大衆を動員する志向を持っていて、末端の労働者の自由な個性を押し潰すきらいがあったことだと思うんですよね。特に、マルクス＝レーニン主義では社会変革を根拠づけるのに、「生産力の発展にとって資本主義は行き詰まり、社会主義がふさわしくなった」みたいな「客観的必然法則」を持ち出したんですけど、それは、一つひとつの現場の事情や庶民の実感から乖離した方針の押しつけを正当化してしまって、「客観条件が成熟した」はずなのに立ち上がらない大衆を蔑視して、経済危機（恐慌）を待望する態度をもたらしてしまったと思います。

もともと、レフト2・0はそういう上から目線の前衛主義みたいなものを反省して出てきたはずなんですけど、僕が見たところ、「生産力の発展」という中身を反省して取り替えただけだったんじゃないかという気がします。たとえば、脱成長論とかでは「地球環境の制約によって資本主義は行き詰まり、別のシステムがふさわしくなった」みたいなことがよく言われますよね。これは一見逆のことを言っているようですけど、やっぱり「客観的必然法則」に社会変革の根拠を置いているという点では、相変わらず似たような姿勢をとっていると思います。それは、ゼロ成長で失業に苦しんだ庶民の実感から乖離した自分たちの思い込みを正当化して、立ち上がらない大衆を蔑視する態度をもたらしてしまっているんじゃないでしょうか。

ブレイディ　自分たちの思い込みを教条化して上からおろそうとして、うまくいかないと地べたの人びとを敵視する点ではなんら変わってないですよね。理念とか信条とか、まあ言ってみれば誰かの思い込みなんですから、それを一方通行的に示されて「立ち上がれ」って言われても、こちらの現状に合っていない場合は地べた側も困ります。やっぱこう、いろんな意味で、どこの分野もマクロとミクロが切れすぎてんだと思うんですよ。マクロとミクロが連動してない。それどころか、ここも「ミクロかマクロか」のせせこましい二者択一の構図に陥って対立していたりして。
松尾　その点では、欧米の反緊縮運動は、たしかに新しいスタイルに踏み出しているようにも見えるんですよね。ポデモスもドイツ左翼党も、かつてのレフト1・0のように経済や労働の問題を強く押し出しながらも、特定の思想で動員される組織ではなくて、「プラットフォーム型」と呼ばれる多様な潮流の連合体になっています。コービンも強引なリーダーシップをとる人ではありませんし。たしかに集権的な上からの押しつけではない運動が模索されていようには思えるんですよね。
ブレイディ　良くも悪くもですけどね（笑）。コービンはよく労働党の議員から反乱を起こされたりしていて、二〇一七年の総選挙の時は、保守党に「あんな頼りにならないやつにブレグジットは任せられない」という批判キャンペーンまでされていましたから（笑）。
松尾　組織運営として成功しているかどうかはともかく（笑）、本当に一人ひとりの大衆の生身の事情に根ざして、そこから乖離して上から目線になることのない運動がつくれたなら、僕はそれがレフト3・0と呼ぶにふさわしいバージョンアップになるんじゃないかって思っているんです。

第3章
左と右からの反緊縮の波

「アベノミクス」はネオリベ政策ではないことに注意せよ

北田　第二章では、ブレイディさんからヨーロッパの反緊縮運動のお話を詳しくお伺いしました。また、松尾さんからは「レフト3・0」という大変興味深いコンセプトの提案もありました（補論1）。いま、ヨーロッパの左派を席巻している反緊縮運動の中では、EUの緊縮策に対抗する経済政策が中心的なテーマになっていて、その中でニューディールへの注目が再び集まっているということでしたが、ジェレミー・コービン率いる英国の労働党の躍進にも、そのような背景があるわけですね。

コービンの「人民の量的緩和」という政策についても話が拡がりましたけど、実はそこで言われている「量的緩和」というのは、二〇一三年以来、安倍政権の下で日銀が推し進めてきた「異次元金融緩和」と同じ金融政策ですよね。日本の左派の間では、「アベノミクス」というのは、富める者をますます富ませ、貧しい人をますます貧しくする、富裕層と大企業優遇のネオリベ政策だと批判されていますが、欧州ではネオリベの財政緊縮策に反対する左派の側から似たような政策が提唱されている。

ブレイディ　そうなんですよ。そのあたりも、日本は変なねじれ方をしているなと思います。

松尾　いわゆる「アベノミクス」に肯定的か否定的かという立場とは別に——僕は批判的な立場をとっていますが——日本の左派からよく批判されているのとは異なって、このかん

「アベノミクス」と称して掲げられてきたスローガンの全部が、別に新自由主義的な経済政策というわけではないということは事実なので、その点についてはきちんとご説明しておかないといけないと思います。

そもそも「アベノミクス」と称して掲げられた政策のうち、「金融緩和と政府支出の組み合わせ」という基本的な枠組みに限って言えは、欧州ではかなりスタンダードな左派の経済政策と同じものなんですよね。たとえば、いま北田さんがおっしゃったようにコービノミクスで「人民の量的緩和」と言われているものは、基本的にはアベノミクスの「第一の矢（異次元金融緩和）」と同じ政策ですし、それを原資にした財政出動というものも「第二の矢（機動的財政出動）」と共通するところがあります。

ブレイディ　おっしゃるとおり、「金融緩和と政府支出の組み合わせ」というのは、基本的には欧州左派の反緊縮的な政策パッケージと同じですよね。「人民の量的緩和」もそうですけど、前回お話ししたヤニス・バルファキスにしても、ジャン＝リュック・メランションにしても、揃って似たような経済政策を唱えています。

松尾　もともと欧州では左派がこういう「金融緩和＋財政出動」の経済政策を提示していたはずなのですが、日本では右派の安倍政権がこの政策を掲げてしまったので、妙にイデオロギー的に歪んでしまったところがあるんですよね。

ブレイディ　前にも言いましたけど、それは本当に日本独特のねじれで、そもそも、欧州では「保守派が財政均衡を重視した緊縮策で金融を引き締めようとして、左派が金融緩和を訴える」という対立構図が普通ですからね。

松尾　だから、欧米の左派やリベラル系の経済学者たちが、いわゆる「アベノミクス」に一定の肯定的な評価を下してきたことにもきちんとした理由があるのです。たとえば、ノーベル賞経済学者のポール・クルーグマンやジョセフ・E・スティグリッツ、同じくノーベル賞をとったインド出身の経済学者アマルティア・センをはじめとして、『21世紀の資本』を書いたトマ・ピケティなどもみな、これまでに「安倍政権と日銀が物価上昇を起こそうという姿勢は正しい」という主旨の発言を残しています。

北田　日本では右派の安倍政権がある意味で「左派的」な経済政策を提唱して、なぜか左派がそれを「バラマキだ」「バブル（インフレ）誘導だ」と言って緊縮主義的に批判するという構図が強固に出来上がってしまいましたが、経済政策が政治的対立に従属している悪夢的状況です。

松尾　ただ、欧米の左派系の経済学者が「アベノミクス」を評価したというのは、基本的には「金融緩和と政府支出の組み合わせ（それによるデフレ脱却、インフレ誘導）」という枠組みについてだけのことで――この枠組み自体は、ケインズの政策枠組みと同じなので当然なんですけど――安倍さんの経済政策全体を肯定したわけでは決してありません。僕も「アベノミクス」と称する看板のケインズ主義的な枠組みそのものは評価しますが、実際の運用の仕方には多くの疑問点があり、難点が多いと思って批判してきました。

それで『この経済政策が民主主義を救う』（副題は「安倍政権に勝てる対案」）という本も書いたんですけど、北田さんもおっしゃったように、日本ではどういうわけか「第一の矢」の量的緩和政策が「異常な金融緩和でお金をじゃぶじゃぶにして大企業を富ませて、インフレで庶民の購買力を奪う政策だ」という風に批判されることが多いんですよね。「アベノミクス」を批判したい気持ちはよくわかるんですが、批判の仕方に何か基本的な誤解があるんじゃないかと思っています。

ブレイディ　英国から見ていると、そこがとても奇妙なんですよね。「インフレが危ないから金融緩和をやめろ」というのは、普通は保守派のエスタブリッシュメントの人たちが言うようなことじゃないですか。なんというかこう、「インフレになると物の値段が上がるぞ」と民衆を誘導して自分たちの資産を守ろうとして。そもそも、なんでお金持ちが緊縮を好きかというと、それはデフレのほうが資産が目減りしないからですよね。金融緩和で金利を引き下げられるよりも、資産を持っている人は金利が高いほうがうれしいに決まっています。だからお金持ちほど金融の引き締めに賛成する。

それに、裕福な層が「政府がバーンと財政支出します」という財政出動を嫌うのは、彼らはバーンとやられると自分たちがもっと税金を払わなくてはいけないのではないか、と不安になるからです。もともと裕福な層の人びとは、「人よりもたくさん税金を払っている」「自分たちが税金で貧しい人を食べさせている」という感覚が強いから、財政支出を抑える政治を好むんですよね。お金持ちは学校も病院も私立を使っているし、福祉サービスに頼る必要なんかまったくないから、予算削減で公共サービスが劣化したところで、痛くも痒くもないですし。だから低金利とばらまきを批判するのって普通は富裕層で、貧乏人は政府はもっと俺らのためにお金をばらまけよっていうのが一般的だと思うんですけど。

松尾　おっしゃるとおりで、高金利にしたりすると一般の人はお金を借りにくくなりますけど、資産を持っている人にとっては、たとえばお金をそのまま銀行に預けているだけでも、利子で大きな利益が得られますからね。そのうえ、デフレというのは経済学的に見ると、商品に対して相対的に「お金そのものの価値が上がっていく」という状況ですから、資産をたくさん持っている人ほど有利なんですよ。逆にマイルドなインフレ状態だと、普通の人や中小企業など、お金を借りる側にとっては借金が目減りすることになりますが、お金を貸している側（資産を運用する側／資本家）にとっては儲けが実質的に減ることになります。

デフレになると、お金を借りると借金が実質的に重くなって損になりますから、お金を借りて設備投資したり、住宅を建てたり、耐久消費財を買ったりする活動は低迷します。それよりは、お金をお金のままで持っているだけでも実質的に儲かりますので、大金持ちも銀行も大企業も、他所にお金を貸さず、貸したお金はなるべく早く取り立てて、自分の手元でジッと持ったままにするようになります。こういう状況が続くと経済全体の財やサービスに対する需要が不足して（「総需要不足」になって）失業が深刻化してしまいます。そうすると、一般の人たちにとっては、自分が使わずにいる貯金の利子以上に、失業したり、給料がいつまでたっても上がらない、というようなデメリットのほうが大きくなってしまうんですよね。

ブレイディ　デフレの誘導や放置って「持てる者」のための政策ですよね。これから何かを持ちたい人たちのための政策じゃない。常識的に考えてデフレで一番苦しむのは普通の庶民だと思いますよ。

松尾　前にもご説明したように、もともとこういう慢性的なデフレの状態を解消するために考え出されたのがケインズ経済学で、金本位制をやめて金融緩和でお金をどんどん刷るというのもその一つです。金融緩和で政府がお金を刷って低金利にして、中小企業でもお金を借りて設備投資をしやすくしたりして、需要を押し上げようという政策ですから。そしてその金融緩和で刷ったお金を使って財政出動するということは、政府自身が大きな買い物をすることによって、総需要を押し上げるという政策なので、この二点がいわゆるケインズ主義政策の基本的な柱になります。

北田　それが「第一の矢」と「第二の矢」ですよね。

松尾　はい。ただ、僕は本当は「アベノミクス」という言葉自体を使いたくないと思っているんですよ。日本では「アベノミクス」の批判者も支持者もみんなこの言葉を使ってしまっているので、僕も仕方なくカッコつきで使ったりもしますけど、さっきも言ったように「金融緩和と政府支出の組み合わせ」というのは、普通にケインズ主義の枠組みと同じものなので、別に安倍さんの独創でも占有物でもありませんし。

同じことを『この経済政策が民主主義を救う』でも書いたんですけど、そもそも「第一の矢」と「第二の矢」に対して、「第三の矢（民間投資を喚起する成長戦略）」のほうは同じ政策パッケージの中に入っている必然性がぜんぜんないんですよね。「第三の矢」は小泉構造改革を継承するネオリベ的な天井の成長を意図した規制緩和路線ですから、需要側に注目した（「第一の矢」「第二の矢」の）ケインズ主義的な枠組みとはまったく異なるものというか、むしろ景気回復の足を引っ張るような政策です。でも、「アベノミクス」という言葉で三つの政策を一緒くたにしてしまうと、そういう違いが何も見えなくなってしまいます。

北田　「第三の矢」の成長戦略がネオリベ的だというのはたしかにそのとおりで、そこで進められてきた「残業代ゼロ法案」「国家戦略特区」などについては、わたしも当然強く批判すべきだと思います。ちなみに、このかん安倍政権がおこなってきた経済政策について、トリクルダウン（富める者が富めば、貧しい者にも自然に富が滴り落ちるという学説）を狙ったものだと野党がよく批判していますけど、トリクルダウンというのと「第一の矢」「第二の矢」のケインズ主義的な政策枠組みというのは、まったく別の話ですよね。

松尾　トリクルダウンというのは「由緒正しい」ネオリベ政策で、八〇年代にケインジアンを批判する新自由主義者が言っていた理屈です。

北田　「アベノミクスがトリクルダウン政策だ」というのは、一体誰が最初に言い出したのかよくわからないんですよね。報道を見る限り、過去に安倍さんは「自分の政策はトリクルダウンとは異なる」と否定している（ロイター通信、二〇一五年一月二八日）のですが、どうやらそれ以前に甘利明・元経済再生担当相がトリクルダウンを狙っているとか言ったことがあるようで（ロイター通信、二〇一四年一一月一四日）、「アベノミクス」を批判する野党の間だけじゃなく、与党の閣僚の間でもごちゃごちゃになっている節がある。まさに、松尾さんのおっしゃるように「アベノミクス」という言葉によって、ケインズ主義的な政策枠組みと新自由主義的な政策枠組みの違いがぼやけてしまっているような状態だと思います。

ブレイディ　トリクルダウンなんて論外です。海外に流れていくトリクルアウトはあるよね、なんてジョークはよく聞きますけども。当たり前ですけど、欧州の反緊縮運動でそんなことを唱えている人は誰もいません。規制緩和や雇用の流動化なんかをネオリベだって批判することもぜんぜん間違ってないんですけどね。

北田　しかし、そういう「第三の矢」のイメージに引きずられてか「第一の矢」「第二の矢」までネオリベだと言って批判してしまったのは、あまりに批判の仕方として筋が悪かったと思います。

松尾　そうなんですよね。だから、安倍さんの政策を批判する側が不用意に「アベノミクス」という言葉に乗っかってしまうと、それこそ金融緩和と財政出動というものが、「第三の矢」の規制緩和と何か似たような効果を持つ経済政策だという、間違ったイメージを助長してしまう恐れがあると思います。さらに言えば、「第一の矢」と「第二の矢」がケインズ主義的な政策パッケージになっているからといって、その運用に問題がないかというとまったくそういうわけではないんですね。「第一の矢」の金融緩和はともかくとして、「第二の矢」の財政出動に関しては、これまでもかなり大きな問題を抱えてきました。

「人びと」が欠けた「アベノミクス」

松尾　僕は「アベノミクス」と称する経済政策には、コービンなどの欧州の反緊縮派が提唱する政策と違って「人民の／人びとの（People's）」という意識が欠けていると思うんですよ。

ブレイディ　コービンみたいに「人民の量的緩和（People's Quantitative Easing）」になっていないということですね。

松尾　そういうことです。前にブレイディさんがおっしゃったように、もともと欧州の左派はヨーロッパ中央銀行が各国から独立していて、そこに民主的なガバナンスがないことを批判しているんですよね。つまり、欧州では多くの国々が緊縮策で苦しんでいるのに、それを解消しようとする政策を自国でおこなおうとしても、ＥＵの縛りがあって合意が得られなくなってしまっている状況がある。たとえば、ドイツにとってみればいまのようなユーロの状況のほうが自国に都合がいいですから、ヨーロッパ中央銀行に積極的に金融緩和を働きかける動機がないし、むしろ緊縮を強く進めようとしているわけです。しかし、その結果として、ギリシャやスペインの国民は大変苦しい生活を余儀なくされてしまっています。欧州の反緊縮運動はこういう状況を打開しようとして、「お金のつくり方を政治的なコントロールのもとに置こう」という主張をしているわけですね。

ブレイディ　だから、いま「経済にデモクラシーを！」というのが反緊縮運動の標語になっています。ヤニス・バルファキスのDiEM25が「「欧州に民主主義を」運動（Democracy in Europe Movement）」という名前を掲げているのはそういう理由からです。コービンの師匠に当たる労働党の左派議員のトニー・ベンは、日本ではあまり知られてないけど、実は二〇〇七年にBBCの看板的な政治情報番組でサッチャーを抜いて「ポリティカル・ヒーロー」の一位に選ばれた人です。英国の中高年の大物ミュージシャンとか、レフトの文化人にはすごい影響を与えた人なんです。そんなトニー・ベンも筋金入りの反緊縮派で、二〇一四年に亡くなるまで「もはやEUは帝国であり、帝国にはデモクラシーはない」と言って痛烈にEUを批判していました。

北田　ある意味ではじめて成功した「ドイツ人のための神聖ローマ帝国」ですからね……。

松尾　それでひるがえって日本のことを考えると、たしかに「異次元金融緩和」というものは、長らく日銀の建前上の「独立性」が保たれていたために、「失われた一〇年」が「失われた二〇年」になるまで、中途半端な状態に抑え込まれてきた金融政策を――「民主的」であるかどうかはさておき――少なくとも「政治主導」で劇的に解放するものではあったんですよ。これについては一定の評価はしなければならないと思います。

もっとも、黒田（東彦）日銀は、実は肝心なところでお金を出し惜しんできたきらいがあるので、野党が言っているのとは逆に、「足りないぞ」という批判をしなければならない。消費増税のあともグズグスして、追加緩和が実現するまで半年もかかったし、二〇一六年頭に中国株が暴落して世界市場が荒れて円高が進んだあとなど、すぐに追加緩和して円高を抑える必要があったのにしませんでした。たくさんの人が追加緩和を期待した、その後の四月の会合でも、結局追加緩和しないことを決めたのですが、その三日後の五月一日には、アメリカが日本を為替監視対象に指定したとの日経報道がありました。日銀執行部が日経報道ではじめてそのことを知ったはずはないので、円安に動かすことを許さないというアメリカの意向を忖度して、円安をもたらす追加緩和を見送ったと考えざるを得ません。

そもそも、この「第一の矢」については、「目標インフレ率二パーセントを達成するまで緩和を続ける」ということでずっとおこなってはきたのですが、別にそれは安倍政権が「経済にデモクラシーを！」と思ったからではないんですよね。安倍さんの一番の関心は、やっぱり安保法制や憲法改正のほうにあって、景気対策のほうは、あくまでそのための手段みたいなものなのでしょう。安倍政権としては、選挙前にできるだけ好景気な状態をつくり出して、憲法改正のための基盤を固めたいと考えて、政権を運営してきたわけですよね。だからこそ、下手にインフレにして支持率が落ちかねない危険を冒すよりは、まだほとんどインフレになっていなくて雇用拡大効果だけが出ている状態をキープしておいたほうが安倍さん的にはかえって都合がいいということなのだと思います。結局、あくまで選挙のための手段としての経済政策なんです。

ブレイディ　そう。結局、欧州の左派本流のケインジアン的な政策を票稼ぎの道具として部分的に利用しているから、「なんのためにその政策をやるのか」という目的が欧州の左派とぜんぜん違う。

松尾　だから安倍政権は、別に「人びとの（People's）」ためにと思ってやってきたわけではない。有権者の一番の関心は景気問題なので、そこに注力してきただけなんですよ。そうすると、政策が非常に中途半端なものになるんですね。たとえば、本来金融緩和とセットになっている「第二の矢」の財政出動のほうを見てみると、一応政権発足後一年くらいは積極的な財政出動をやっていたんですけど、そのあとは財政赤字の増大を恐れて引き締めにまわっています。いつも選挙前になると、テコ入れのために一時的に積極財政をとるのですが、それが終わるとまた引き締めるということを繰り返してきました（一七四頁）。

ブレイディ　すっごい中途半端ですよね。

松尾　僕の見る限り安倍政権は、メディアで報じられるほどには積極財政ではなくて、実質

安倍政権の公共事業の推移

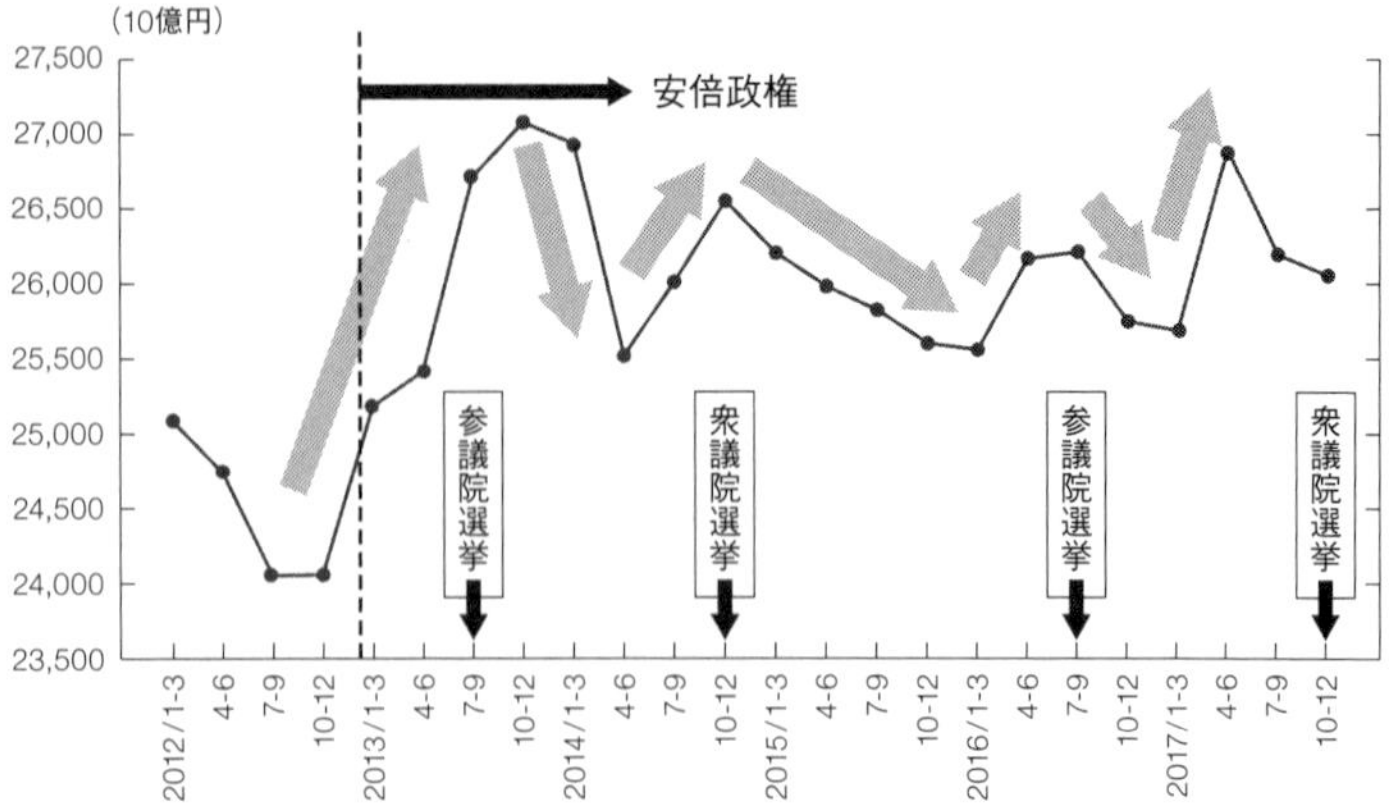

実質公的資本形成（季節調整済み、2011年価格）
出典:内閣府「GDP速報」（2017年10-12月期1次速報）

的に緊縮傾向に引きずられがちのかじ取りをしてきたように思われます。実際、財政赤字の拡大を恐れて、介護保険や生活保護の見直しなどを進めて社会保障費を縮小させてきましたから、その点では明確に緊縮的です。財政出動と言っても、コービンのように福祉や介護、住宅政策などの人びとのための事業に投資しよう、という発想がまったくないのです。そのせいで、その財政政策の振り向け先も、旧来型の自民党的な公共事業やオリンピックなどに向けられるばかりです。

　でも、不況の際に社会保障費の削減なんかしたら、人びとはますます生活不安でお金を使わなくなるじゃないですか。そうしたら、人びとの消費（需要）がますます縮んでいって、総需要不足の状態が解消されないので、むしろ景気回復の足を引っ張ることになるわけです。だから、僕はよく「「アベノミクス」はアクセルとブレーキを同時に踏んでいるようなものだ」と言って批判しているんですけどね。

北田 安倍政権は、景気へのテコ入れとして中途半端な財政政策を散発的にとる一方で、財政赤字が膨らむのを恐れて、社会保障費を削ったり、消費増税をしてまかなおうとしている。その結果、安倍政権は緊縮なのか反緊縮なのかよくわからない、中途半端な状態をとり続けてきたということですね。

松尾 そういうことです。しかも、消費税の増税はそのまま進めようとする一方で、法人税は減税している。法人減税で経済成長を促進させようという意図なんだと思いますが、前にもお話ししたように法人税の減税が経済成長につながるというのは、経済学的には必ずしも自明の事柄ではありません。これに対して、消費増税は明確に景気回復の足を引っ張ります。ここでも安倍さんはアクセルとブレーキを同時に踏んでしまっているわけです。

「コンクリートから人へ」を実装しよう

北田 だから野党はその点を攻めればいいんですよ。わたしもリベラル懇話会で、当時の民主党の人たちに「野党は「アベノミクス」の良い部分（金融緩和と財政出動）は継続して、お金の循環のさせ方を変えます、という方向でいけばいいじゃないですか。そちらのほうが票につながると思います」とご説明したんですけど、まったく同意してもらえなかった経験がありました。たとえば、いま「消費税を下げます」と言えば、劇的に支持が集まると思うんですけど。

昨年（二〇一七年）から続くモリカケ問題や南スーダンの自衛隊の日報隠し問題など、スキャンダルが立て続けに起こり安倍政権の支持率も不安定になってきています（二〇一八年三月二七日時点では、森友学園問題が財務省の公文書改ざん問題にまで発展している）。もちろん、こうした政権の横暴は今後も厳しく追求していくべきなのですが、同時に野党のほうも景気対策に無頓着なこれまでの姿勢を改めて、きちんとした経済政策を出していかないと、（たとえスキャンダルで安倍政権が倒れたとしても）いつまでたっても有権者の支持を得ることができないで、結局政権交代は遠い夢のままになってしまうんじゃないかと危惧しています。「経済か、民主主義か」という風に相手の土俵に乗っかって戦うのではなくて、先ほどのブレイディさんの言葉で言えば「経済に（も）デモクラシーを」求めていかなくてはならない。

ブレイディ　わたしも野党はいまこそ「左派本流のやり方で景気対策をやれば、もっと庶民にいきわたるようにやれる」と有権者に訴えるべきだと思います。必要なのはまっとうな左派の反緊縮なんですよ。「アベノミクス」に対抗するなら、欧州の新左派にならって、素直に左派からの「ニューディール」を訴えていけばいい。

松尾　僕もそう思います。左派こそ力強く反緊縮を訴えていくべきで、そうすれば必ず勝てると思います。でも、問題はどうも日本では財務省的に「建設国債（道路などのインフラをつくる公共事業のために発行する国債）なら発行してもいいけれど、赤字国債（社会保障費など、インフラ建設等の公共事業以外に使うための国債）はダメ」みたいになっているということなんですね。建設国債だったらいいっていう根拠もよくわからないんですけど、道路とか箱物は「国の資産をつくるからOKなんだ」という理屈らしいんですよ。そうは言っても、実際に道路を売り払えるのかといったら売り払えないんで、結局どっちでもおんなじじゃないかと思います。それなら建設国債で箱物をつくるんじゃなくて、赤字国債で福祉などの事業に投資したほうがよっぽどいいと思います。

北田　民主党の「コンクリートから人へ」というのは、理念的にはそういう意味だったはずなんですけどね。だからあのキャッチフレーズをきちんと経済政策に落とし込んで実行すれば良かったんですよ。いまからでもまだ遅くない。

松尾　本来は、社会保障費を削減するのではなくて、景気対策として社会保障分野にも投資するのが、左派本流の経済政策です。本当に財政出動をすべき分野はたくさんあります。たとえば、子育て支援がその最たるものでしょう。それで子どもが生まれたほうが、将来税金を納めてくれるんだから、財政的にもいいに決まっています。だいたい、「国の資産をつくる」と言うんだったら、一番の財産は国民じゃないですか。子どもが増えたり国民が豊かになっていけば税収だって増えますよ。少子高齢化を心配するんだったら、低すぎる保育士さんの給料も上げなければいけませんし、保育所も増やす必要があるでしょう。介護についても切迫していますから、たくさんお金をかけて取り組むべきです。奨学金など借金を抱えて大変な学生さんもたくさんいますし、大学の学費を無償にするとか、給付型の奨学金を充実させることも必要な政策だと思います。

北田　安倍政権も二〇一七年の選挙前に、急に教育の無償化を言いはじめましたが、その財源は消費増税というのだから、まったく意味不明ですよね。松尾さんはこういう提言を「経済政策としても効果的なんだ」とおっしゃっているのが重要なところだと思います。「人への投資」とか言うと、中には「人を投資対象として見るのか！」とか言って怒りだす人もいるんですが、まったくそういうことじゃない。

松尾　このかん問題になってきたのは、ものをつくるための力（供給能力）は十分にあるのに、人びとがものを買う力が不足している（需要が不足している）ということなので、もっとものを買う力を増やしていかなければいけません。政府が福祉や介護、子育て支援や教育などにお金を使って、そこで雇われる人の数が増えたり、給料が上がるようにすれば、人びとのものを買う力は強まります。あるいは保育所をつくろうとすれば、資材をたくさん使いますし、サービスを供給するためにはいろいろなものを買うでしょう。こうした分野に投資すれば、人びとのものを買う力は強まっていきます。そうすると、ますます生産が増え、ものが売れるようになり、雇用がまた増えていく、そういう良い循環が生まれていくはずなんですよ。

ブレイディ　コービンの言っている「人への投資」というのもそういうことです。実は、安倍政権が二〇一七年の総選挙で急に教育無償化を言い出したのは、コービンがほんの数ヶ月前に教育無償化をマニフェストに掲げて若者たちに支持され、英総選挙で大躍進したというニュースが日本でもけっこう出ていたから？　と内心思ったりしていました。

コービンの労働党は、無料の医療制度ＮＨＳの二一世紀版は無料の教育制度ＮＥＳ（National Educational Services）だとマニフェストで大きくぶち上げました。「一九四五年の労働党政権は医療を無料にした。そしてコービンの労働党は教育を無償にする」と。二歳児保育から大学までの無償教育を実現すると言っています。ＮＥＳはファーザー・エデュケーション（公的成人教育制度）も含みます。保守党の緊縮政策で成人教育カレッジが激減していますが、以前は英国のファーザー・エデュケーションって有名だったんですよね。この制度を利用してフォトグラフィーとかテキスタイル・デザインとかを学んで日本に帰って活躍している人を何人も知っていますよ。日本の文化や経済にも貢献していたんです（笑）。労働党はこの成人教育制度を復興すると言っています。ブレア政権の保育・教育の改革プロジェクトの名称が「すべての子どもが大事」だったんですが、コービンはこれをもじって「すべての子ども、そして大人が大事」のスローガンを掲げました。子どもや若者だけじゃなくて、年齢を問わずに人に投資していくってことです。

松尾　ただ、子育て支援や福祉などにお金を使う際に気をつけないといけないのは、いったんシステムをつくると、将来、景気が良くなった時にもそれを減らすことができないということなんです。そのシステムは今後ずっと続いていく、むしろ拡大していくことになります。だから、景気が良くなって完全雇用の状態になり、これ以上ものを買う力が強くなるとインフレがひどくなるという段階になった時にも、福祉などのシステムは削除することができません。つまり、その時には金融緩和で「無からつくったお金」を財政出動で注ぎ込むということがもうこれ以上できなくなって、経常的な収入でまかなわなければいけなくなるわけですね。

ブレイディ　そうなったらどうすればいいんですか？

松尾　そうなると今度は増税をして、富裕層や大企業から税金を多くとるという方向に転換しなければいけません。でも、その時になってから、急に増税の制度をつくることは難しいんですよね。だからわたしは早いうちに手を打つべきだと思って、『不況は人災です！』（筑摩書房）を書いた時（二〇一〇年）からずっと提唱しています。たとえば、第二章でもお話ししたような、累進課税の累進性を強化するとか、法人税を高くするとかいうのは、そのための手段なんです。その時にも同じ話をしましたけど、いまのうちに法人税などを増税しつつ、デフレを抜け出さないうちはそれが景気回復の足を引っ張らないように、日銀がつくったお金（緩和マネー）で設備投資補助金とか雇用助成金などの名目で同じ額を企業セクターに戻す。そしてデフレを脱却したら、この補助金・助成金を段階的に縮小・停止していけばいいわけです。

デフレの間にとるべき政策

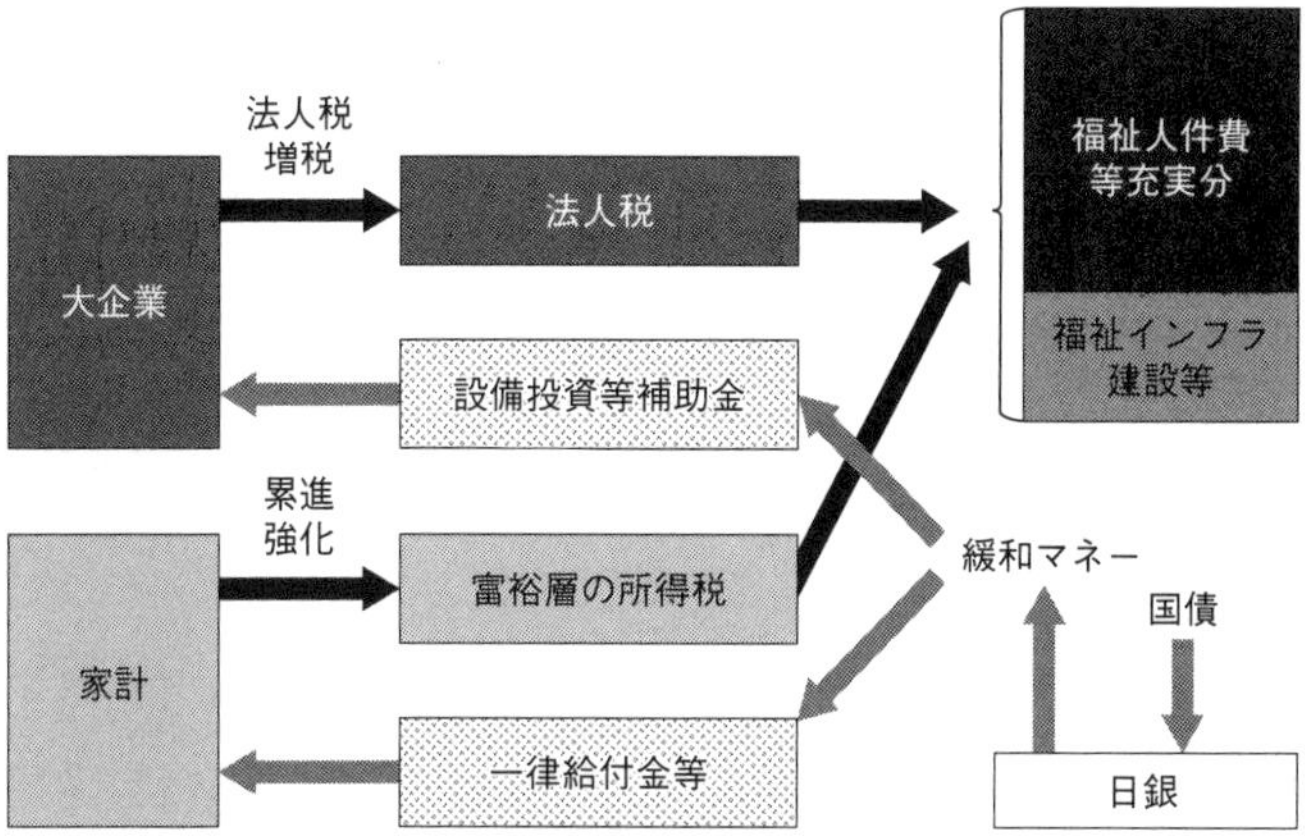

法人増税・累進強化をし、緩和マネーで補填する
景気が拡大してきたら補助金・給付金を徐々に縮小していく

インフレ目標を超えたらとるべき政策

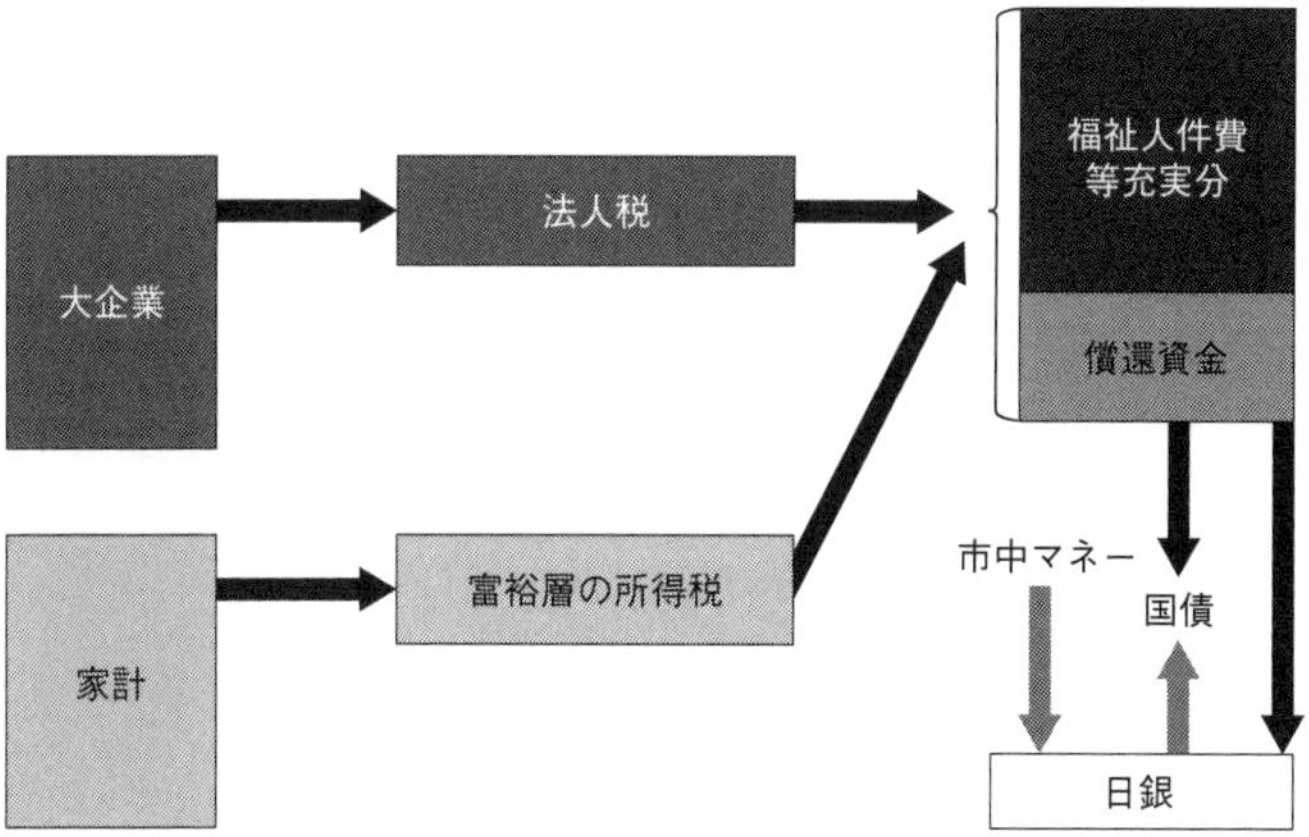

補助金・給付金を停止する

左派こそ経済政策に力を入れよう

北田　そういう風に進めていけば、経済成長も再分配政策も同時に追求できるわけですよね。下手に金融緩和を全否定したり、財政出動をむやみに「バラマキだ」と言って批判したりすると、結果としてそっちのほうがネオリベ的、緊縮的になってしまう。

松尾　だから「景気対策」というのは、必ずしも自民党的なやり方だけじゃなくて、さまざまな方法があるということなんです。もともとケインズ経済学における公共事業というものは、純粋に形式的なものなので、ケインズ自身は「穴を掘って埋めても（それで失業者の雇用が生まれるのなら）いい」とも言っています。だから、公共事業そのものがバラマキだから良くない、というのではなくて、その全体的な効果や個別の政策の「中身」をきちんと見ていく必要があります。僕の案はあくまでその一例なんですけど。

ブレイディ　コービンは、人だけじゃなくてインフラにもドーンと投資すると言っています。これはもちろん、雇用創出もありますが、ブレアとブラウンの労働党政権時代の「小さな政府」志向や、保守党の大緊縮時代のせいで、あまりに長い間インフラ投資がされなかったためにいろんな箱物がボロボロになっているという事情もあります。「アンティークをインフラに使うな」というジョークが普通に飛び交ってますから、英国の地方の街では。だから、「全国の隅々までコミュニティを建て直す」とコービンは言ってますね。

あと、投資の目玉といえば、ロンドンとバーミンガム、マンチェスター、リーズなどの中北部の街をつなぐ高速鉄道です。EU離脱投票の時に、「取り残された地方の街」みたいなナラティブがあったじゃないですか。そういう忘れ去られた街と都市をつないで通勤可能にする鉄道整備の大規模プロジェクトをやると言っています。鉄道を再び国営化するとも言ってますしね。ブライトンにももう一本ロンドンから線路をひくと言っていて、実現したらロンドンに通勤している人たちは喜びそう。いま、すっごい混んでるみたいなので。

松尾 ちなみに、コービンの二〇一七年の選挙公約では、次のような枠組みを使っていました。選挙の時の「反緊縮マニフェスト」の付属資料を見ると、教育とか子育て支援とか医療、そういう経常的な支出は四八六億ポンド増やすと言っています。それには財源がついていて、大企業や富裕層への増税でまかなうと書かれている。これはつまり、経常的な支出に対しては税金でまかなうということですね。

一方、マニフェストにある「二五〇〇億ポンドのインフラ投資」とか「エネルギーシステムへの投資、住居や科学研究への投資」には、別途財源がつけてあって、低金利でお金を借りてくる、政策銀行を通じてそれで投資すると書かれています。この「低金利で借りて調達」の背後には、量的緩和政策があるんですね。

つまりストック関係の投資に関しては緩和マネーを使い、経常的な支出増は大企業や富裕層への増税という振り分けで対応しているようなんです。（ストックかフローかで区別すること自体は無意味ですけど）経常的な支出はあとでインフレが進んでも減らせないという意味では、合理性のあるやり方だと思います。

ブレイディ　欧州では反グローバリズム運動から流れてきて、反新自由主義運動、そこから反緊縮運動へ至るという流れがあって、九九年のシアトル暴動に象徴的なように、アナキストが運動を引っ張っているようなところがあるんですよね。それで、英国には「反緊縮」という言葉にちょっと「極左」というイメージすらついていて、路上に火とかつけて抗議しているやつらの政策なんじゃないかって（笑）。「借金なんか返さなくてもいい！」とまで言うと、いくらなんでもプログレッシブすぎるし、一般の人びとには無責任に聞こえるので、二〇一七年の選挙では、コービンはもうちょっと真ん中の大きい層も狙っていこうとして、財政均衡に対しても一定の配慮を見せていました。

そういうこともあって、選挙戦では、「財政健全化はいらない」ではなく、「若い人にきちんと投資すれば、未来にちゃんと返ってきますよ」という点をより強くアピールしていました。だから「反緊縮マニフェスト」は、いま松尾さんがご説明してくれたように、財源を細かく振り分けたりして、「将来の財政均衡のことも考慮に入れた合理的な政策だ」ということを強調しているわけです。二〇一五年の党首選の時に流行した「人民の量的緩和」という言葉も「左翼臭」が強すぎるので（笑）、昨年（二〇一七年）の選挙戦ではあんまり言わないで、「低金利で借りて調達」というマイルドな表現に言い換えていたみたいです。これ、

「はっきり借りると言っているところが逆に正直でいい」って好感もたれたりもしていました。

松尾　日本だと金融緩和に「左翼」ってイメージなんてまったくないから、いっそ「極左」のイメージがついてほしいくらいですけどね（笑）。うらやましいなぁ……。

ブレイディ　あははは（笑）。コービンは同じ選挙戦で「裕福なところからとってくる」ということも強く打ち出していましたが、日本と違うのは、税金といっても、彼には消費税みたいなもので「上から下までみんなで痛み分けしよう」という発想はまったくないということです。「すでに傷んでいる層からはとらない」とはっきり言っていました。こういう戦略で二〇一七年の選挙で躍進したんですよね。だから、北田さんのリベラル懇話会や松尾さんの政策のように、「左派本流の経済政策を右派から取り戻そう！」という発想が、やっぱり日本にはもっと必要だと思います。

松尾　安倍政権が自分の右派的なイデオロギーを実現するために経済政策に注力してきたのだから、左派のほうだって政治や文化の面で「リベラル」な社会を守るためにこそ、経済政策に力を入れなければならないはずなんです。

ブレイディ　「右派に民衆の胃袋を握らせてはいけない」というのが、ヨーロピアン・ニューディールを訴える反緊縮運動の共通認識ですからね。

北田　松尾さんがおっしゃったように、たしかに「第二の矢」はきわめて不十分かつ非効率的な財政出動政策なんですよね。まさにアクセルとブレーキを同時に踏んでいる。しかし、それにもかかわらず、「第一の矢」の金融緩和のほうだけでも、やはり安倍政権下ではそれなりの効果がもたらされている。実際、大学の新卒採用率などは大幅に改善していますからね（一八七頁／上図）。これは団塊の大量退職のみで説明できるようなものではありません。最初にも言ったように、いまや新卒者市場は売り手市場になってきている。

松尾　はい。冷静に数値を見てみれば、民主党政権時に比べて、安倍政権下で改善している一定の経済指標が見られることは事実だと思います。庶民の暮らし向きが大幅に良くなったというわけではないですけど、それでも民主党政権時代に比べれば「マシ」になった、というのが人びとの実感だというのは、生活意識調査からも裏付けられています（一八七頁／下図）。

実際、就業者数は少なくとも今世紀に入ってからほぼ名目ＧＤＰにそって推移しており、どちらもリーマンショック後、民主党政権期の間低迷していたのが、安倍政権が始まってから年々伸び続けています（一八八頁／上図）。二〇一七年の就業者数六五三〇万人は、二〇年前、一九九七年の六五五七万人に迫る、年次データとしては史上二番目の水準となっています。もちろん、安倍政権になってからの雇用の増加は非正規雇用ばかりだという批判もありますし、非正規社員が増加しているのもたしかで、それは批判すべきことだと思いますが、その傾向はすでに民主党政権時代にも進んでいたことでもあるんですよね。そして、実は正社員の数も二〇一四年の後半から徐々に増えはじめ、現在ではすでにリーマン前の水準に達

4月段階就職状況の推移（大学卒業者）

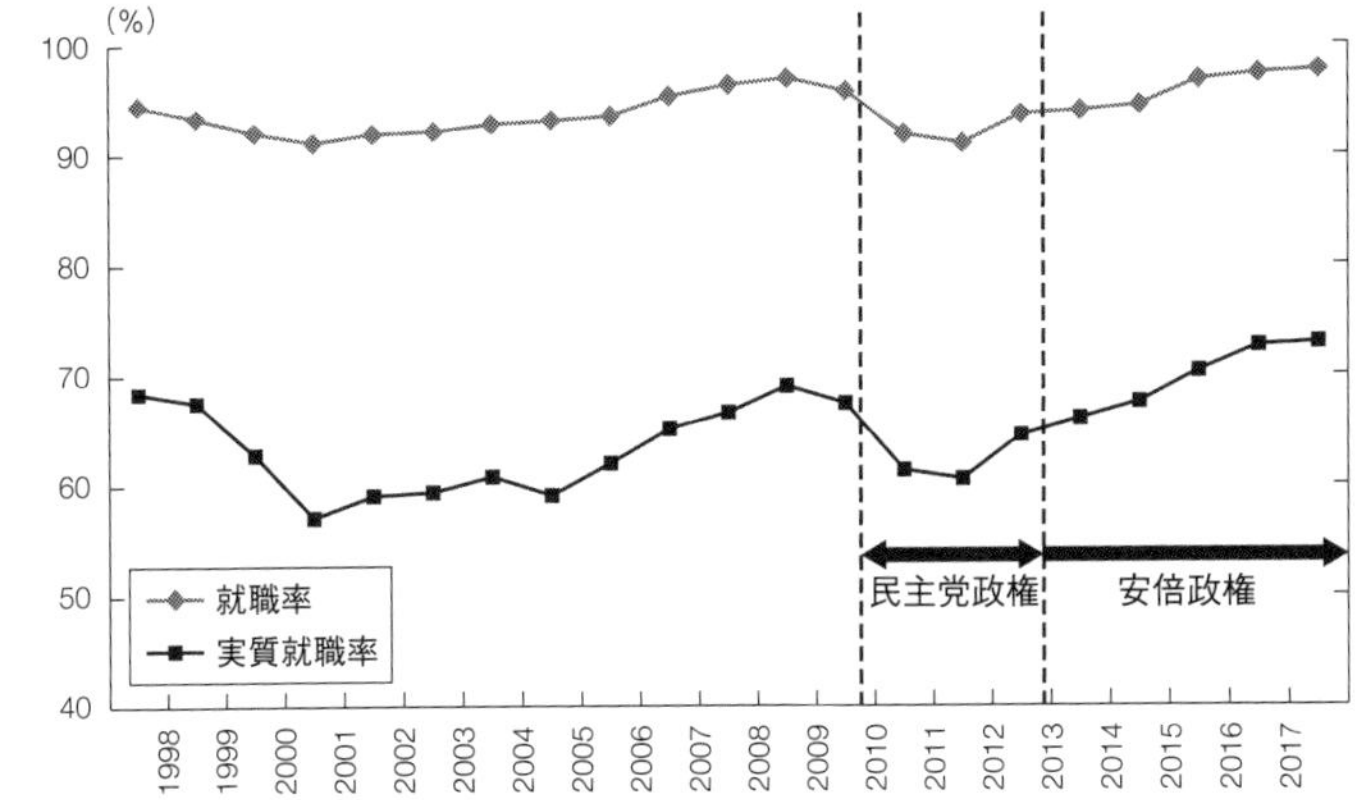

出典:厚生労働省「大学等卒業者の就職状況調査」

現在の景気をどう感じますか?

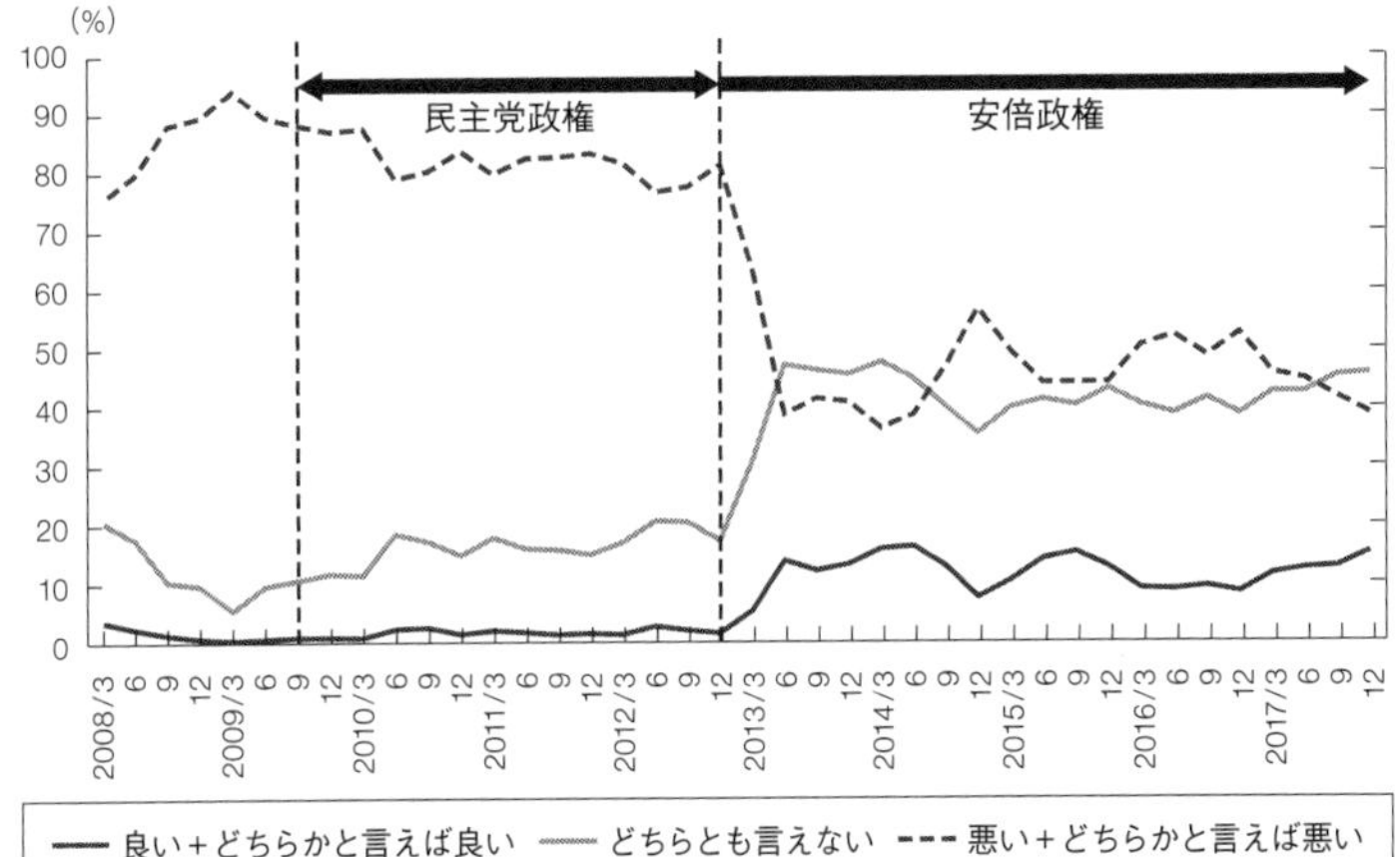

出典:日本銀行「生活意識に関するアンケート調査」

名目GDPと就業者数の推移

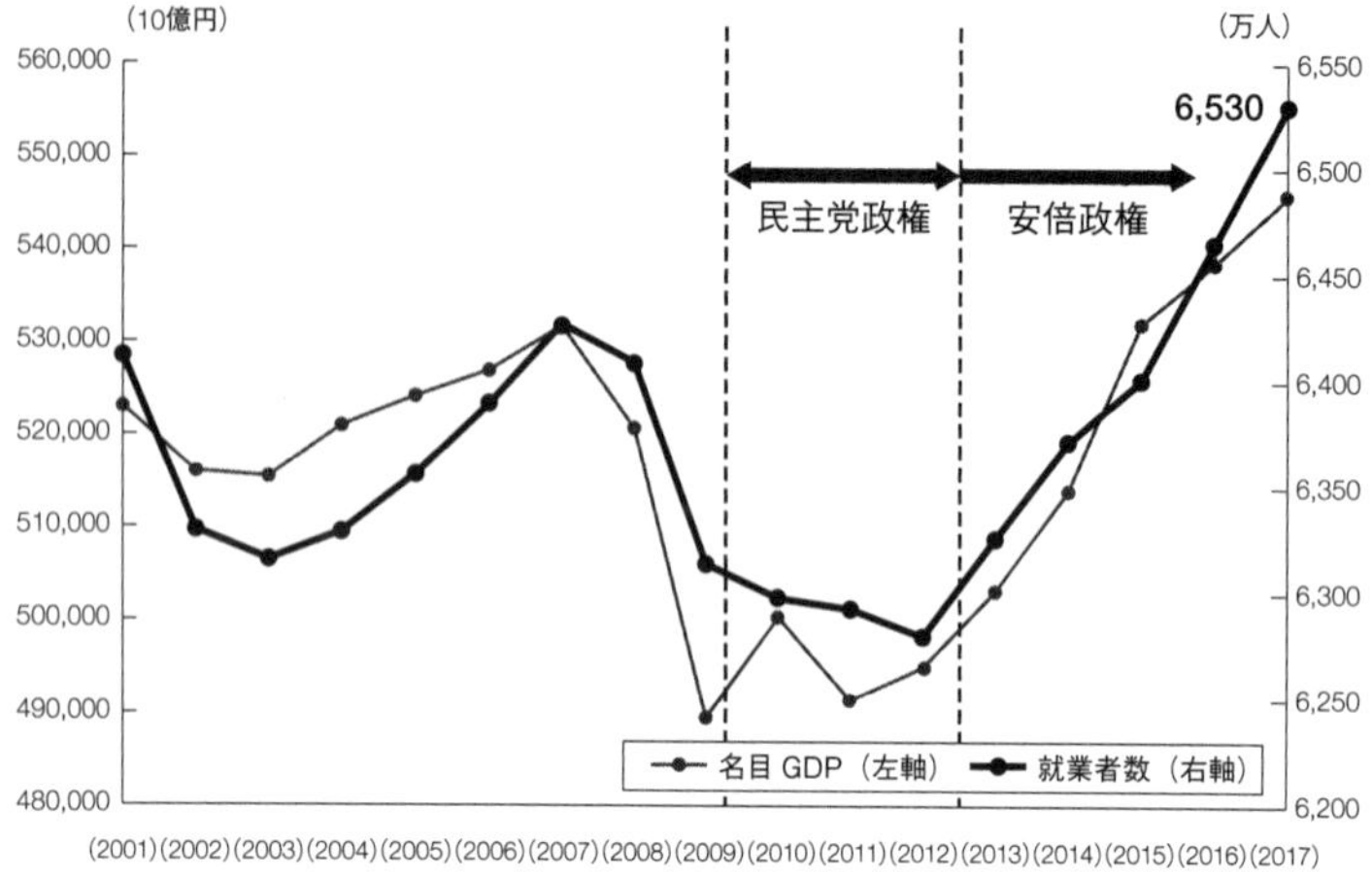

出典:内閣府「GDP速報」、総務省統計局「労働力調査」

正規の職員・従業員（男女計・年平均）

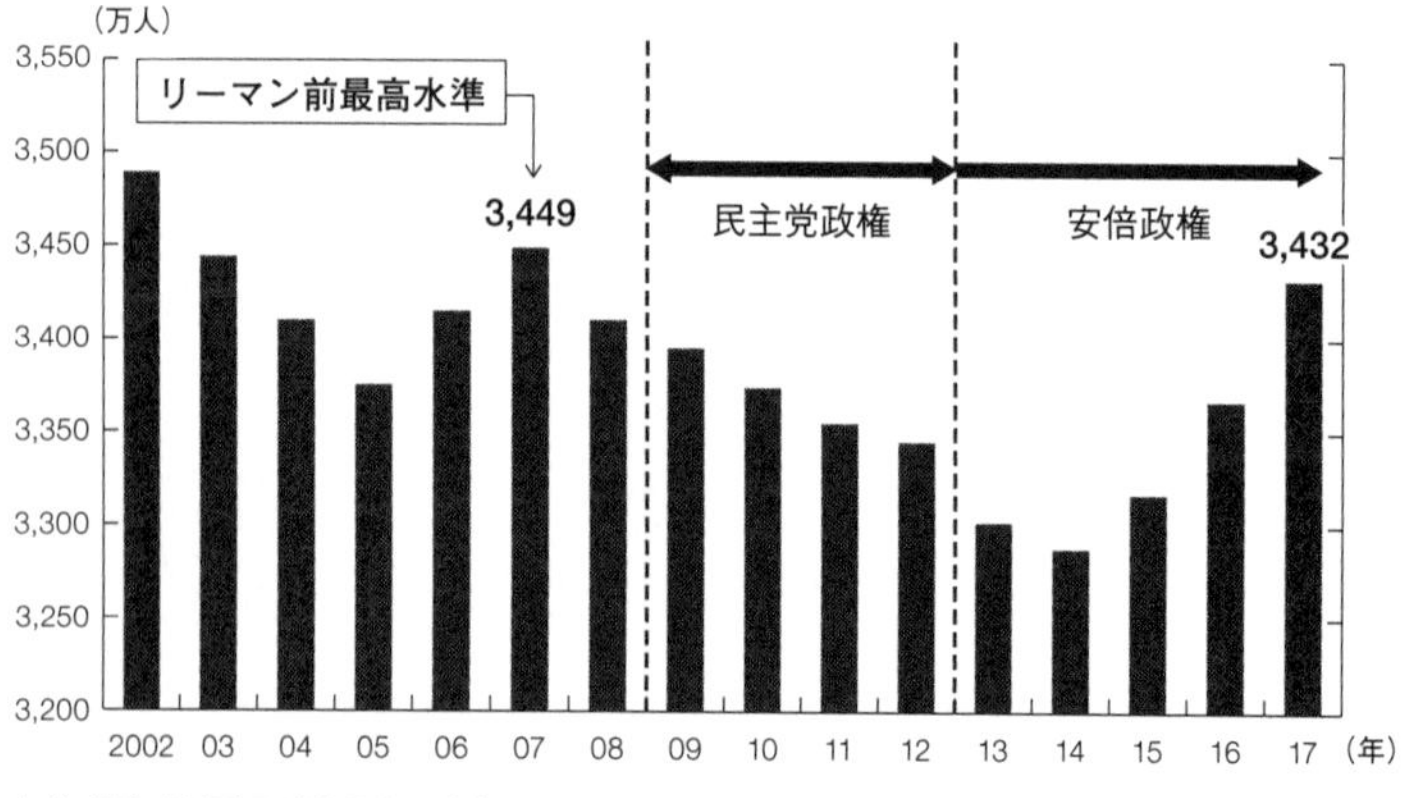

出典:総務省統計局「労働力調査」

しています（一八八頁／下図）。
繰り返しになりますが、僕は「アベノミクス」を礼賛するつもりは毛頭ありません。しかし、その政策が不十分ながらも一定の成果を上げているのも事実で、むしろ、それらをまったく認めないような「アベノミクス批判」を不用意におこなうと、人生の危機の不安からやっと抜け出した庶民の気持ちが離れてしまうのではないかという危惧があるんです。何より、運動をつくる側がそれを信じてしまうと、正しい作戦が立てられなくなってしまうと思います。

金融緩和は庶民の敵か？

松尾　先ほどブレイディさんも、欧州では保守派が金利を上げて金融を引き締めにかかり、左派が金利を下げて金融を緩和しようとするのが一般的だとおっしゃっていましたが、これはアメリカでもそうですよね。たとえば、サンダースなんかも大統領選挙の予備選の時に、アメリカの中央銀行（FED：Federal Reserve System／連邦準備制度）が、まだ不況の傷が癒えず、失業者が蔓延している最中に金融緩和をやめようとしているのに対して強烈な批判をしています。

ブレイディ　わたしはアメリカのことはそんなに詳しくないですけど、その時のサンダースの批判というのはどういうものだったんですか?

松尾　たとえば、二〇一五年一二月二三日の、まだ予備選には入っていないけれど、立候補することが明らかな時期のサンダースのエッセイ記事（「ニューヨーク・タイムズ」）を読んでみると、彼は「FEDがウォール街の虜になっているから改革しなくてはいけない」と主張しています。「FEDが銀行家たちにジャックされているから、利上げ（金融緩和の逆の政策で、金融を引き締めて金利を上げること）の決定をしたのだ」というのが、その時のサンダースの論旨でした。同じエッセイの中で彼は「FEDの理事会の委員は一〇人いて、そのうちの四人がゴールドマン・サックスのエクゼクティブだったやつじゃないか!」と告発しています。「金融業界がジャックしているせいで、FEDが利上げ（金利の引き締め）をするようになった」という認識なんですね。

ブレイディ　それはヨーロッパでもよく言われている、ごく普通の左派的な経済観ですね。ヨーロッパ中央銀行が金融緩和に消極的な姿勢をとっているのは、彼らがグローバル資本主義のエスタブリッシュメントの虜になっているからだってよく批判されています。

松尾　サンダースは「中小企業は労働者を雇用するために借金をしなくてはいけないが、利上げはそれを邪魔する」「多くのアメリカ人はもっと職が必要だし、賃上げが必要だ。だからいま利上げするのは絶対にダメだ」と述べながら、「四パーセントに失業率が下がるまでは金利を上げるな」とFEDを批判していました。また、「二〇〇八年に、民間の銀行が中央銀行に持っている超過準備（民間銀行が、預金者から預かっているお金の一定比率を中央銀行に預けておくこと）に対して、FEDがプラスの利子を払うようになった」とも語っています。実は日本も同じ時期（二〇〇八年）に超過準備に対して利子を払うようになったのですが、彼はそのことについて「その超過準備が二四億ドルにまで膨らんでいて、そこに利子がついているから、民間の銀行が中央銀行にお金を預けたままにして世の中に回らなくなっている」と批判しています。

ブレイディ（記事を見ながら）エッセイを読むとサンダースは「Insane（正気じゃない）」って言っていますね。かなり強めの表現です。

松尾　それで、「この超過準備に対して、銀行に利子を払うんじゃなくて、逆にFEDはフィー（料金）をとるべきだ」と言っています。これはつまり、「マイナス金利政策をとるべきだ」という立場なんですよね。民間銀行が中小企業にお金を融資せずにFEDに貯めこみ続けていると、利子をとられて資産が目減りするようにするべきだ、と主張しているわけです。さらにサンダースは「インフレがすぐそこまで来ていると脅してくる人たちがいるが、そんなものはいままで来たためしがない」とも言っています。

ブレイディ　レーガノミクスやサッチャリズムの時代には、新自由主義者がずっとインフレ危機をあおっていましたからね。

松尾　でも、そもそも、失業者のいるデフレ不況下で金融緩和をしても、悪性のインフレにはなりません。悪性のインフレになるとしたら、完全雇用の状態になったあとにもずっと金融緩和を続けて、人びとの需要（買う力）ばかりが増えていった場合ですが、大量の失業者がいる、まだ完全雇用になっていない状態（不況）の時にインフレやバブルの心配をするのはお門違いです。デフレを脱却して、完全雇用の好況になったら金融を引き締めればいいだけですから。

北田　クルーグマンもデフレ下でインフレの心配をすることは「ノアの大洪水の最中に火事だと叫ぶようなもの」だと言っています。

松尾　実際にインフレが過熱してきた場合にも、それを抑制する方法はいくらでもあります。いままで二パーセントに満たなかったインフレが、一ヶ月もたたずに制御不能な率まで上がるなどということはありえません。たとえば、好況になってインフレ率が目標値を高々数パーセント超過した段階までだったら、中央銀行の手持ちの国債を売りに出して（売りオペして）二～三パーセントの水準にインフレを抑えることは十分できます（実際には二パーセントになる前から手は打ちはじめますが）。国債を売りに出すということは、貨幣供給量を抑え、金利が上がるということと同じなのですが、そうなると企業がお金を借りにくくなって設備投資が減ります。また、金利が上がれば自国貨幣が高くなるので、輸出も減ります。すると景気が冷え込んで（総需要が抑えられて）インフレが抑制されます。

もちろん、こうやってインフレになった時に、中央銀行の金庫から国債を取り出して民間に売りに出せば、それは「返さなければいけない借金」になります。しかし、そういう局面が来た時は、デフレを脱却して完全雇用の状態が実現している状況だということなので、その時こそ増税をすればいいんですよ。前にお話ししたような、富裕層課税や法人税の引き上げはそのための手段です。法人税を高くするとさらに設備投資が減るでしょうが、むしろインフレを抑制して景気が過熱しすぎないようにするための増税でもあるので、それで別にかまわないのです。

北田　新自由主義の人たちがインフレ不安をあおるのはよくわかるんですけど、日本では左派の側からも「インフレになると物価が上がって庶民の生活が苦しくなる」とか「実質賃金が下がる」というような批判を耳にするのは奇妙なことです。安倍政権になってから実質賃金が下がっているという批判もありますよね。

松尾　もちろんインフレによる物価の上昇率に対して、名目賃金（支払われた貨幣額のこと）の上昇率が追いつくまでにはタイムラグがありますから、名目賃金が上がっても実質賃金（名目賃金から物価の上昇率を差し引いた、その賃金の実際の購買力のこと）は下がっているという現象は一時的には起こるでしょう。しかし、それはあくまで一時的なことで、やがて景気回復に伴い名目賃金の上昇率が物価の上昇率を上回っていくことになるので、結果的には実質賃金も上昇していくはずなんですよ。当然、望ましい政策としては、実質賃金が下がった局面でも人びとの生活水準が下がらないように給付金などで手当てしたり、最低賃金を引き上げ

一人当たり実質賃金の推移（年平均）

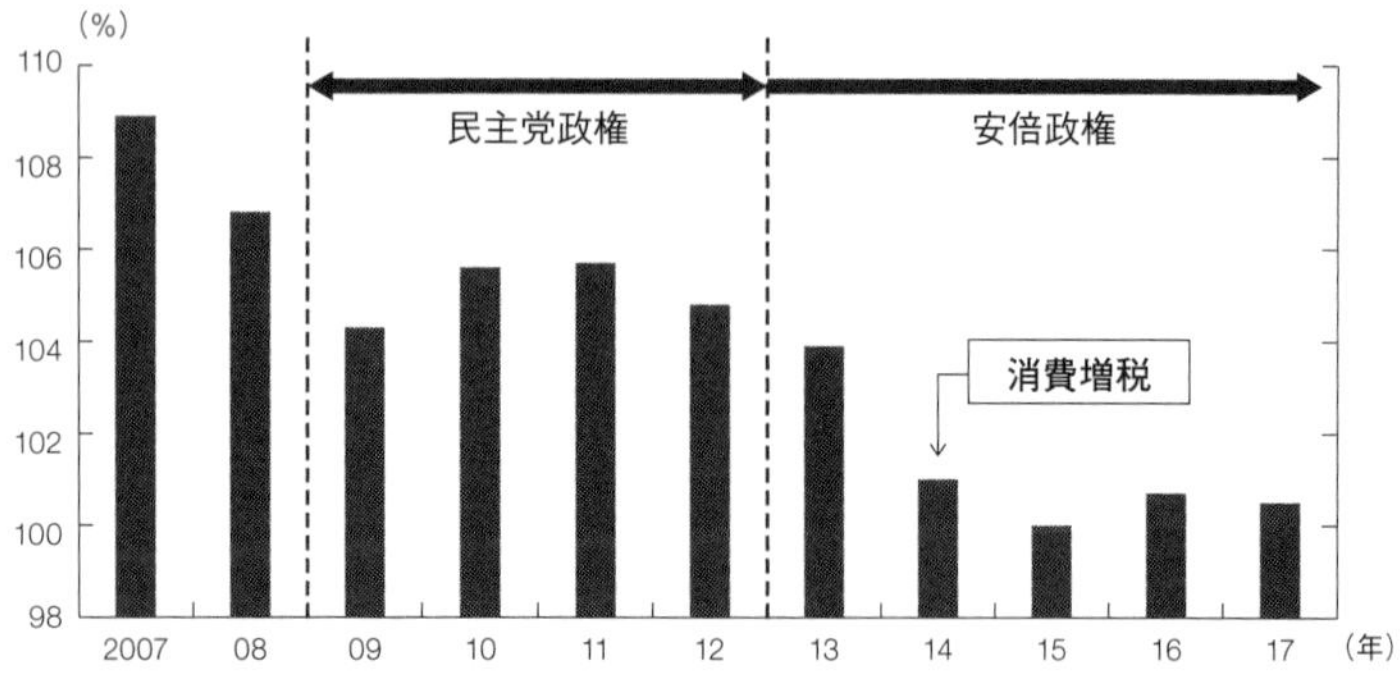

実質賃金指数（季節調整済み、現金給与総額、事業所規模5人以上、2015年平均＝100%）
出典:厚労省「毎月勤労統計調査」

たり、労働運動のバックアップをしたりすることは必要ですから、そうした視点から安倍政権の無策を批判することはやるべきですが。

北田　しかし、金融緩和によって実質賃金が下がるから良くないなどという理屈を認めてしまったら、デフレのままでいたほうが購買力が強くなるので庶民の生活に優しいという、それこそ牛丼福祉論的なとんでもない理屈が成り立ってしまいます。

松尾　経済学では一般に、名目賃金の上昇は失業率と逆相関する（つまり、失業率が下がれば名目賃金が上昇する）という「フィリップス曲線」というものが成り立つとされているのですが、この名目賃金の上昇率が金融緩和による物価の上昇率を上回るためには、まず景気が十分な水準にまで回復する（失業が十分な水準にまで減る）ことが必要条件となります。

たしかに、安倍政権が発足してから、一人あたりの平均実質賃金は下がっています。しかし、数値をよく見てみると、実質賃金の下落は民主党政権の後半からすでに、名目賃金下落によってはじまっていた現象ですし、二〇一四年四月以降の実質賃金の急激な低下の主原因としては、金融緩和によるインフレ率の上昇よりも消費増税のほうが大きいんですよね。

それに加えて、団塊世代の大量退職やそれに伴う再任用（給与水準が以前よりも下がる）の問題や、それと連動した新卒雇用者の参入（団塊世代よりも給与が低い）の問題があって、一人あたりの実質賃金の平均値が下がっているということも作用しています。最近では実質賃金のほうも徐々にもち直してきましたが、まだ消費税引き上げ前の水準にまでは戻っていません。

北田　消費税が上がったら物価が上昇するのは当たり前ですからね。しかし、消費増税が決まったのは残念なことに民主党政権時代のことです。

「金融緩和」と「規制緩和」はまったく関係がない

北田　先のサンダースの経済観を見てみても、やっぱり日本の左派の認識と逆方向ですよね。やっぱり、「第三の矢」の成長戦略・規制緩和路線に引っ張られていて、「第一の矢」の金融緩和までそれと似たようなものとしてイメージされてしまっているんでしょうか。

松尾　「経済成長」という言葉についての誤解もそうなんですけど、最近、経済学の訳語がまずかったのかなぁとも考えています。たとえば、前にブレイディさんがおっしゃったように「金融政策」というのは「Monetary Policy」の訳語なんですが、「金融緩和」のほうは英語では「Monetary Easing」と言います。「量的緩和」は「Quantitative Easing」ですね。もしかしたら、この「Monetary（通貨の）」というのを「金融」と訳したのが間違いのもとだったんじゃないかなと。

一般的に欧州の左派の語り口でも、「カジノ資本主義」（スーザン・ストレンジが提唱した概念で、グローバリゼーションで活発化した金融取引が、ギャンブル的な投機によるマネー・ゲームを引き起こすというもの）みたいな言い方で、「資本主義が実体経済から離れて、金融肥大化が起こっていって、ひどいことがたくさん生じている」というのを批判する論理があるじゃないですか。そして、たしかにそういう意味での「金融」が肥大化して、実体経済とは関係なく勝手に膨らんでいって、実体経済のほうを破壊しているという側面は現実にあります。それはとても問題のあることなんですが、ただ、カジノ資本主義的な投機や金融の肥大化を可能にしているのは、「金融緩和（Monetary Easing）」のほうではなくて「金融市場（Financial Markets）」の「規制緩和（Deregulation）」のほうなんですよね。

ブレイディ　「Monetary」と「Financial」がともに「金融」という同じ言葉で訳されたりもするから混乱するんですね。

松尾　そうなんですよ。規制をどんどんゆるめていって、危なっかしい投資みたいなものも許容して、投機マネーをどんどん呼びこんでいこうっていうのは、「金融緩和」ではなくて

「規制緩和」によって起こっていることです。たしかにこういう規制緩和を推進しているのは新自由主義なんですよ。でもそれは金融緩和とはなんの関係もないものです。たとえば、派遣法改正などの雇用の流動化というのも労働市場の規制緩和です。

ブレイディ　「金融」という言葉が「Monetary」じゃなくて「Financial」というか、いわゆるウォール街的なものに近いイメージを引き寄せちゃうってことだったら、それはやっぱり訳語を変えたほうがいいと思います。「金融緩和」と「規制緩和」はむしろ対立することのほうが多い概念ですから。そもそも「金融政策（Monetary Policy）」というのは、直訳すれば「お金の政策」っていうくらいの意味しかないですからね。

松尾　ただ、「金融」っていう訳語にイメージが引っ張られているから変えるとなると、大学の経済学の教科書を全部書き換えていかないと無理なんですよね。もう定訳になっちゃっていますから。経済学の用語がわかりにくいという問題もあると思うんですけど、実際に、経済学畑の人ではない日本の左派系の方が、ヨーロッパの左派の文章を訳したものを見たことがあるんですが、そこに「金融緩和に反対する」というようなことが書いてあって「え、なんでだろう？」ってびっくりしたことがあるんですよ。それでどうもおかしいなと思って、もとの文章を調べたら、「金融緩和」と訳されている部分の原語が「Financial Deregulation」だったんです。

ブレイディ　それはヤバイ。ビジネス英語辞書を引いていれば、普通に載っている単語だと思いますよ。「金融の規制緩和に反対する」が正しい訳語です。

松尾　「金融の規制緩和」だったら、それこそウォール街的なやつですから、もちろん僕だって大反対なんですよ。

ブレイディ　「Financial Deregulation」を「金融緩和」なんて訳してしまったら、原文の意味が一八〇度変わってしまいます。でも、たしかに日本語だと「金融の規制緩和」って「金融緩和」とほとんどおんなじ字面ですもんね。英語だと「Financial Deregulation」と「Monetary Easing」で大違いだけど、一般の人がそういう訳語だけ見たら「似たようなもんだろ」って思ってもおかしくないのかもしれませんね。

北田　知識人と称する人がそういう誤訳をするのは大問題ですけどね……。

ブレイディ　わたしは保育士になる前、フリーの翻訳の仕事をしていた時期があって、投資・金融関係の書類をけっこう訳したというか、出版翻訳とかよりやっぱお金になるからそっちにいっちゃうんですけどね。その時に、ビジネス英語辞書とかもたくさん引いたし、経済学の入門書も読んだりして、慣れるとまあ使われてる言葉は決まってくるんですが、それまではほんとに格闘でした。いくら英語がわかっても、いくら翻訳の仕事が長くても、あいうのは常に自分を疑って専門の辞書を引かないと「えええ、そういう日本語になるんかい」みたいな、これとそれに同じ言葉を使う？　みたいな腑に落ちない訳は多いですよね。

松尾　これはまた別の話なんですけど、欧州の金融政策には、コービノミクスみたいなやり方もあるけど、中央銀行がつくったお金をみんなに配るっていう別の流儀の政策もあるんですよね。たとえば、「市民配当」とか言いますが、政府がそのままお金を市民に渡すわけだから、民間の銀行を通さないじゃないですか。直接引受も民間の銀行を通さないし。でもこれって経済学的には財政政策（財政出動）でもあるけど、「金融政策」なんですよね。向こうでは普通に「Monetary Policy」って呼ばれています。でも、日本では市民配当みたいなものが金融緩和だっていうことが、あまりよく理解されていないような気がするんです。

北田　「子ども手当」なんかも、給付金や手当みたいな形で政府が国民にお金を配っていますよね。

松尾　そうなんです。みんな政府から普通に配られているだけ、というイメージなのかもしれないけれど、これも、財政政策でもあるけど、新たにつくったお金を財源にしていたならば金融政策なんですよ。人びとの需要を喚起するために、お金を直接世帯に配っているわけだから。

ブレイディ　要するに「お金の政策（Monetary Policy）」だから、銀行を通そうが通すまいが、お金はお金だろっていう話ですよね。それを配れば世の中に流通するお金の量（マネー・サプライ）が増えるんだから、「金融緩和（Monetary Easing）」になる。

北田　しかし、日本では子ども手当とかは再分配政策や福祉政策としか思われていない。

松尾　もちろん子ども手当は再分配政策でもあるんですよ。でも、新たにお金をつくって出しているなら、同時に金融政策でもあるわけです。

ハンガリーと日本の類似性

北田　話を「アベノミクス」に戻すと、あそこで提唱されている「金融緩和＋財政出動」というパッケージは、欧州では本来は左派が唱えている政策なんだということでした。

ブレイディ　はい、基本的にはそうです。欧州ではさすがに日本のように金融緩和に対して「ネオリベ政策だ」というような批判はないんですけど、ただ、それとは別のところで、だんだんと右と左がグチャグチャになってきているという状況はあるんですよね。

どういうことかというと、そもそもEUが緊縮なんだから、金融緩和とか公共投資とかを主張しようとすると、どうしたってEUと対立することになるじゃないですか。そうやってEUと対立する立場をとらざるを得なくなると、どうしても国家として強くなければいけなくなって、物言いが右っぽくなってくるんですよね。そのあたりには、左派の間でも揺らぎがあります。そうすると、だんだん反緊縮と反グローバリズムを掲げる右派みたいなものも出はじめてくるんですよね。

松尾　僕が日本と似ていると思うのはハンガリーなんです。ハンガリーでは、オルバーン・ヴィクトルという人が率いる右派の「フィデス＝ハンガリー市民同盟」という政党が二〇一〇年から政権をとっていて、「オルバノミクス」という反緊縮政策をおこなっています。オルバノミクスは、中央銀行の独立性を否定して金融緩和を推進し、インフラ投資などで財政支出を拡大するという政策で、「アベノミクス」にそっくりなんです。

ブレイディ　そして、困ったことに欧州の反緊縮左派の政策にそっくりでもあるんですよね。

松尾　それでハンガリーではいま経済が好調で、オルバーンは民衆から大きな支持を受けています。この反緊縮政策でオルバーンはEUに文句を言われたんですけど、それを拒否したからかえって人気が高くなっているみたいです。他方で、これも日本と同じように、経済政策ではない次元では人権概念や法治原則を否定して強権支配を進めて、二〇一一年には「ハンガリー基本法」という民族主義を強調する復古主義的な新憲法を制定しています。

オルバーン・ヴィクトル
Photo by European People's Party／flickr (CC BY 2.0)

北田　それは本当にここ数年の日本の状況にそっくりですね。

松尾　そうなんです。たまたま僕とブレイディさんが二人とも寄稿した『世界』（二〇一六年一一月号）の同じ号で、佐藤史人さんというEU法学者の方が、ハンガリーについてのレポート（「憲法改正権力の活躍する「立憲主義」」）を書かれていたんですが、佐藤さんによれば、ハンガリーがなぜこんな状況に陥ってしまったのかというと、オルバーン政権の前の社会党政権時代の政策が原因みたいなんですよね。社会党がEUの言いなりになって新自由主義的な緊縮策をとり続けていたら、国民からものすごく人気がなくなって、その反動でオルバーンに絶大な支持が集まってしまったということです。

ブレイディ　いま既成中道左派の政党がどこもそんな感じになっているんですよね。

松尾　ハンガリーの特殊状況があるとすれば、実はハンガリーの社会党というのが旧共産党だってことなんですよね。冷戦時代に国を治めていた共産党が、東欧革命で体制転換した時に社会民主主義政党になってまた政権を担ったのですが、結局、ヨーロッパ的な意味での「リベラル」を経由して、最終的に緊縮路線になってしまった。だから、ハンガリーには社会党よりも左の政党が存在しないんです。

一応社会党から分裂した勢力がほかにもいるみたいなんですけど、国会で議席を持っていません。欧州左翼党系列のグループは、それよりももっと小さいから、ほとんど影響力がないんですよね。それで、日本と同じように、左の側の反緊縮の選択肢がなくて、みんな右に流れていってしまった。

ブレイディ　そういう風に、緊縮疲れの欧州では反緊縮の政策をとったほうがどうしたって国民の人気になるから、最近ではいつのまにか右翼がそれを掲げるようになってきたり、本来左派的な人たちの物言いがちょっと右っぽく響いてきたり、という悪循環的な問題があちこちで生じてきています。

もともと欧州の左派は、右派のように内政ばかりを大事にするのではなく、オープンな世界を支持しなくてはいけないと考えてきたけれど、新自由主義の緊縮策が続く中で下層の人たちが苦しみはじめた時に、ジレンマに悩まされるようになりました。オーウェン・ジョーンズも「ガーディアン」の記事で、「右派はEUが嫌いだったがギリシャの一件で左派もEUを支持できなくなった」と書いています。

問題はやっぱりEUの緊縮なんですよ。EUがそれさえやめれば、そもそもこんなねじれは起きてこない。「EUから各国の主権を取り戻せ!」みたいな方向になってくると、どうしても、なんか右翼的な物言いをしたほうが人気が出ちゃうっていうジレンマですね。本当は、左派は反緊縮運動をやりながらインターナショナルでなければいけないはずなのに、EUと対立しなくちゃいけないし、親市場的でネオリベなグローバリズムも否定しなければとなると、「なんかそれ、内向きじゃない?」ってなってくる。そういう皮肉さはありますよ。

北田　そうすると、今後アベノミクスやオルバノミクスみたいに、ヨーロッパ各国で右派の政党が反緊縮政策を大規模に掲げるみたいなことも起こりえるわけですね。欧州もそこでちょっとねじれてきています。

ブレイディ　はい。ルペンとかにもそんな気配はあります。

松尾　ただ、ヨーロッパの場合は左派が「ＥＵに対抗するのに国際連帯でやっていくんだ」って言っているのがまだ救いだと思います。一国だけではＥＵのシステムを変えられないですからね。ハンガリーはＥＵに加盟していても、通貨はユーロではなくてフォリントを使っているので、離脱しなくてもオルバーン政権のような一国主義的なナショナリズムがまだ可能だったんですけど。

ブレイディ　わたしも、「ＥＵと闘うために国境を超えて反緊縮で連帯しようよ」っていう方向しかこの不穏なねじれを解消する道はないと思いますけどね。それをやろうとしてるのがヤニス・バルファキスです。彼はあれほどＥＵを痛烈に批判していても、やはりＥＵを維持したままなんとか変えていこうと苦心しています。経済的な面でも文化・社会的な面でも、どっちも左派的にいくんだったら、バルファキスみたいな方向性しかないですよね。

右からの反緊縮

松尾　僕は二〇一〇年のハンガリーのオルバーン政権の発足や、民主党（当時）が下野した二〇一二年の安倍自民党の大勝は、トランプやルペンとかがアメリカやヨーロッパの中心部でウケてしまうという現象の先駆けだったんじゃないかと考えています。ハンガリーと日本というのは、世界で一番早くトランプ現象が起きていた国なんですよ。だから日本がいまさらトランプ政権の誕生に驚く必要はないと思います。

やっぱり、このかんの新自由主義的な改革で、先進国中で「中流」というものが崩壊して、それまでの生活や地位が脅かされているんですよね。「このままでは本当に没落してしまう」という危機感が、いまや世界中に広まっている。そういう状況の中で、左右を問わず何か大胆な景気対策を打ち出してくる人たちがいると、不安を抱える中間層や経済的に困難な立場にある労働者の支持がそこに集まるという構図が、世界中どこにでも生じてきています。たとえば、それを左側から打ち出しているのが英国だとコービン、アメリカではサンダースだったわけですが、右派もそうした政策を打ち出しはじめているんですよね。

ブレイディ そう。ルペンとメランションも、経済政策では似ていると言われましたもんね。メランションの景気浮揚策には一〇〇〇億ユーロ必要と言われましたけど、ルペンは自分が大統領になったら財政赤字を拡大すると高らかに言ってのけて、二人とも借入には無頓着とか言われて、「投資家からは異端扱いされているが、有権者にはウケが良い」とロイターに書かれていました。

松尾 クリントンさんとか、いますごく国民に嫌われてしまっていますよね。アメリカの民主党というのも、もともとは労働組合やリベラルな中産階級の支持を母体にしていて、その人たちの利害を代表している政党だったわけですよね。組合の支持を得て、その人たちの階級的な利害を代表する、という形で政権を任されていた。でも、ヒラリーさんのパートナーのビル・クリントンの時代に進められた新しい「リベラル」の路線というのは、英国でブレアが進めた「第三の道」と同じで、やっぱり新自由主義的なものと社会民主主義的なもののいいところ取りをする、と言って失敗を重ねてきたわけです。

北田　日本の民主党も同じようなものです。

松尾　それで気がついたら、当の労働者や中産階級から見放されてしまっていた。アメリカ民主党のような既成の中道政党はもはや彼らの階級的利害を代表する政党じゃないと思われるようになってしまったわけです。そういう状況の中で出てきたトランプが大統領に当選してしまったんですけど、その場合、トランプはある意味で右側から反緊縮的な主張をして人びとの支持を集めたわけです。たとえば、自分が当選したら大規模な公共事業（一兆ドル規模のインフラ投資）をしてアメリカ市民の雇用を確保すると言って人気を得ました。排外主義的なナショナリズムを強調して、自国の労働者を守るという主張で支持を集めたという意味で、実はトランプは反グローバリズム的なんですよ。

北田　つまり、トランプはネオリベではない。「アベノミクス」がネオリベ政策というわけではなかったのと同様に、トランプもまたネオリベではないということですね。労働者や中間層の経済的な不安に訴えかけて支持を集めたというところは、安倍政権やオルバーン政権とも共通していると。

ブレイディ　所得別の投票率を英国のブレグジット投票とアメリカの大統領選とで比較する

2016年アメリカ大統領選の投票率

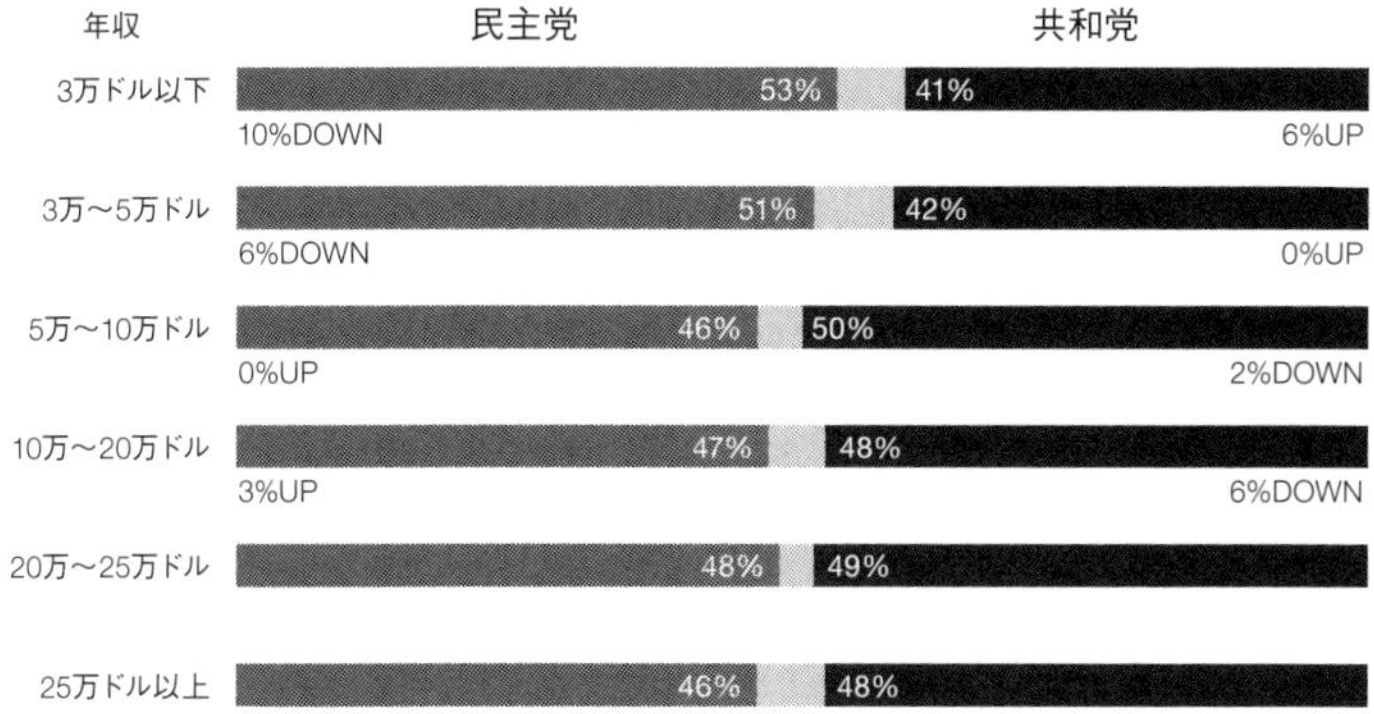

出典:「ニューヨーク・タイムズ」の調査をもとに作成

と、トランプに投票した層は下層労働者よりも中間層や上流階級のほうが多かったりして、けっこう微妙な結果になっているのですが、ブレグジットではパッキリと階級が下にいくほど離脱派が多かったということが明らかになっているので、わたしはトランプ現象をブレグジットと同じように「労働者階級の反乱」だとまでは思いません。ただ、松尾さんがおっしゃるように、トランプが人びとの経済不安に訴えかけて票を伸ばしたという側面はたしかにあり、中間層が下に落ちる不安を抱えていたり、まじめに働いても報われない社会になったことに憤っていた点では同じですよね。

それから、これはオーウェン・ジョーンズが言っていることなんですけど、注目すべきは二〇一二年の選挙と比べた時の、所得層別の得票数の伸び率なんです。ジョーンズは年収三万ドル以下の最低所得者層に注目しているんですけど、他の収入層では、二〇一二年の大統領選と今回とで、民主党、共和党ともに票数の増減パーセンテージは一桁台しか違わないんですよね。でも、年収三万ドル以下の最低所得層では、民主党が一〇パーセントも票を落とし、共和党が逆に六パーセントの票を伸ばして、他の層と比べると大きな変化が起きています。

松尾 やっぱりオルバーン政権にしてもトランプにしても、その支持の背景には、新自由主義で犠牲になっている人たちのニーズがあって、それを巧みにくみ取っているという側面があると思うんですよ。昔はクリントンやブレアの「第三の道」みたいな中道左派の路線は、「これが新しいリベラルのやり方だ」ということでみんな新鮮に受け止めていましたよね。でも、結局そういうレフト2・0（補論1を参照）の方向性が、大衆の階級的な利害とどんどんずれていってしまった。そういう中で、既存の中道左派がやってきたことに対する不満がものすごく高まっているという状況があります。

北田 日本の場合、そういう既成の中道政党への失望が拡がっていく中で安倍政権が打ち出したのが、いわゆる「アベノミクス」なんですよね。先ほどから話に挙がっているように、あれは小泉構造改革を引き継ぐ新自由主義政策ではなくて、基本的にはケインズ主義的な反緊縮の政策で、本来左派が提示するべきだった政策を巧妙に取り入れて、第一次安倍政権の時とはまったく異なるスキームを出してきたものです。

松尾 日本でも、長期不況でたくさん失業者がいる中で小泉構造改革がおこなわれ、民主党政権に交代した時には最初はみんなとっても期待していました。しかし、民主党政権は不況を解消することができずにかえって緊縮策をとって、消費増税の決定までしてしまい、国民の中道左派・リベラル派への不信感を高めました。その後に第二次安倍政権が出てきたのですが、その時には安倍政権は、崩壊しつつある中間層の不安をすくい取る形で、いつのまにか「右側からの反緊縮」を掲げるようになっていたわけです。

北田　民主党政権になって下野していた時に、どうやったら大衆の支持を集めることができるのかというのを、相当研究してきたんだと思います。

松尾　これまで選挙の度に安倍政権が勝利を重ねてきたのはそういう経済的な背景があるからで、別に彼の右派的なイデオロギーに人びとが共鳴しているからではないんですね。

北田　だから、左派のほうでも、すぐに本格的な経済政策を研究すべきだと思います。

ブレイディ　それこそ、コービンの労働党みたいな方向にかじを切るべきです。最初にも言ったように、それは英国のブレグジット投票もおんなじだったんです。英国は右傾化しているからそうなってしまったというのは間違いで、「右」「左」のイデオロギーのものさしばかりで測るからよくわからないことになるんですよ。実際、EU離脱派のリーダーの極右政党UKIPの党首（当時）だったナイジェル・ファラージは、EU離脱投票のほんの一年前におこなわれた二〇一五年の英国総選挙でも惨敗していますからね。UKIPの候補はファラージを含めて軒並み落選して、たった一人の議員しか送り出せませんでした。二〇一七年の総選挙ではその一人の議員さえ落選して、UKIPの議席はついにゼロになりました。UKIPって「反EU」政党だから、外交についてはいろいろ言うけど、具体的な経済政策は出せないし、そこは誰も信用してないから（笑）、国政レベルでまともに扱われることはないです。やはり、有権者は経済政策を見てるんです。「右」か「左」かで見ているとそれがわからなくなる。

松尾　日本では、世論調査をしてもまだ改憲には反対のほうが多いですよね。二〇一六年参議院選挙の時の朝日新聞社の出口調査によれば、自民党に投票した人のうち「憲法を変える必要はない」という人が三二パーセントもいました。また、投票行動のうち「憲法問題をもっとも重視した」というのは五パーセントしかいないわけです。

二〇一七年のNHKの憲法意識に対する世論調査を見てみても、若い人のほうが改憲に反対が多いですし（二一一頁／上図）、内閣府の「外交に関する世論調査」を見ても若い人のほうが中国・韓国への親近感が高いという結果が出ています（調査によれば、中国・韓国への親近感は一〇代から二九歳までが一番高く、その次に高いのが三〇代、次が四〇代、その次が五〇代……と年齢が上がれば上がるほど親近感が低くなる傾向にある）。だから、「若者が右傾化している」というのは単なる偏見です。二〇一六年の参議院選の時も、二〇一七年の衆議院選の時も、たしかに安倍政権を支持した人の割合は、相対的に若い世代のほうが高いのですが、それは別に安倍政権の右派的なイデオロギーに共感しているからではありません。単に彼らが物心ついた

「憲法9条を改正する必要がない」と答えた人の割合

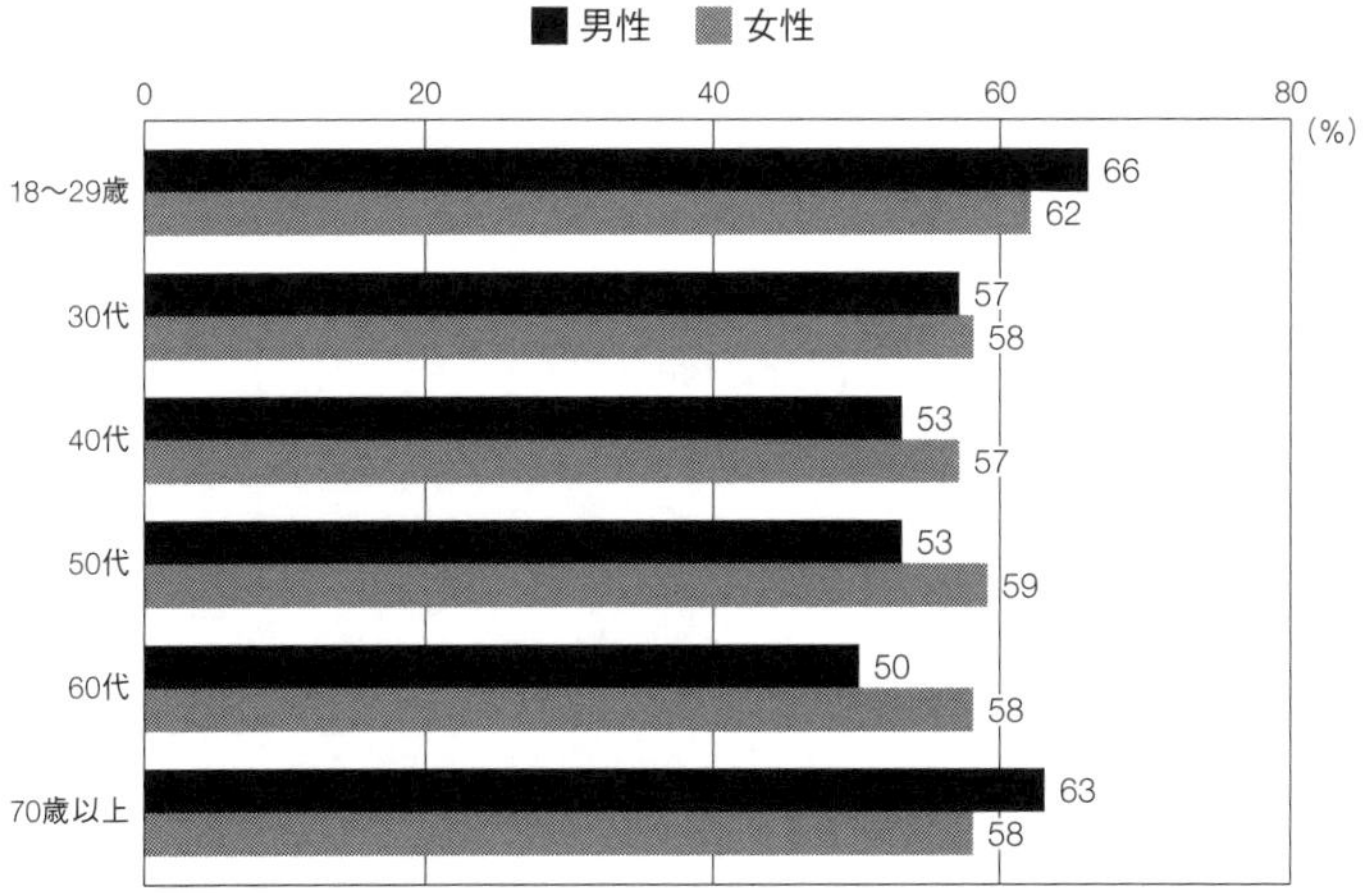

出典:NHK世論調査「日本人と憲法2017」

18歳、19歳が2016年の参議院選の投票で重視した政策

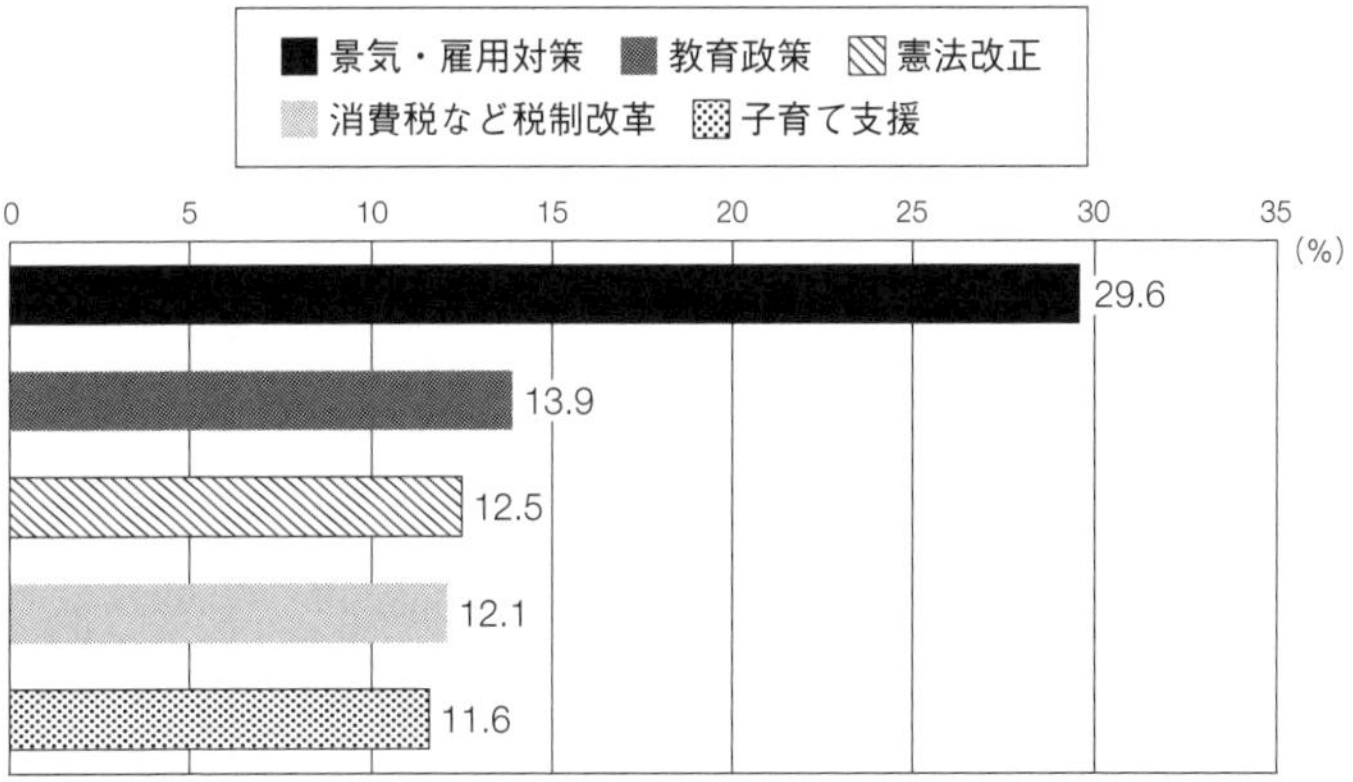

2017年の同調査では18歳、19歳が重視した政策は以下の通り。
1位:景気・雇用対策／2位:子育て・教育／3位:消費税／4位:安全保障／5位:憲法改正（%は不明）
出典:日本テレビ「2016年参議院選出口調査」

頃から不況を目の当たりにし続けていて、経済の先行きに強い不安感を持っているからだと思います。一〇代の若者が重視した政策というのを見てみても、圧倒的に「景気・雇用」、要は「就職」なんですよ（二一一頁／下図）。

北田　学生が就職を気にするのは当たり前ですよね。いまや、若者の間では自民党と維新を「革新」、旧民主系・共産党を「保守」と見るような世界観が拡がっているわけですよ。社会を変えてくれるという期待感を野党が出せていないのがコービンとの大きな違いですね。

ブレイディ　スコットランドに続いて、ウェールズでも有権者の年齢が一六歳からになるんです。二〇二二年の地方選から一六歳、一七歳のティーンも投票できるようになると発表されて、ニュース番組とかで話題になってるんですが、やっぱりウェールズとかも離脱派が多かったし、経済的に取り残されている地域じゃないですか。ティーンの子たちが、「何を基準に投票しますか？」とかインタビューで質問されると、「就職」「景気」ってみんな言ってるんです。思うんですけど、「核兵器廃絶」とか「中東問題の解決」とか、そういうことを目をきらきらさせて言えたのは、いい時代の若者だったんですよ。いまは大学生だって、たとえば二〇一七年の（英国の）総選挙前でも、「学費ローンをなんとかしてほしい」「家賃が高すぎる」とか、そういうことをみんな言ってましたし。

松尾　やっぱりそこは世界中で同じですよね。

ブレイディ　英国がラッキーなのは、右派が経済政策がダメってところですよね。ＵＫＩＰ

は二〇一四年におこなわれたEU議会議員選挙で、二大政党の保守党と労働党を抜いて第一党になって「英国が右傾化か」と大騒ぎになりましたが、さっきお話ししたように国内の総選挙では惨敗です。これはUKIPがそもそも経済とかあんまり興味なさそうだし（笑）、まともな経済政策が出せないからで、保守党はもうゴリゴリの緊縮政党だから、若者たちが「明るい未来がほしい」と思ったら、コービンのところにいくしかないんですよね。それに気づいたらしく、メイ首相も最近、演説で「ニューディール」って言って、コピーしてるって笑われてますけど。

コービンは国政選挙でも選挙権年齢を一六歳に引き下げろと言っていて、この問題は「子どもの権利」の見地からも議論されています。「女性の権利」「LGBTの権利」「移民の権利」などはよく語られますが、「子どもの権利」も実は同じ人権問題なんですよね。労働党のブラウン元首相は「市民権運動の未完の仕事」と言ったことがあります。国連の「児童の権利に関する条約」には選挙権は含まれてませんが、子どもが声を上げる権利とそれを聞いてもらう権利が保障されている。だから英国の通知表には、先生の所見の下に子どもの所見欄があって、授業や先生について生徒も意見が言えるんです。

いま、いわゆるミレニアル世代が苦しいって言われますけど、このままではその下はもっと苦しくなるし、子どもの貧困率も上がってます。だから、「声を聞いてもらう」という「子どもの権利」を守る運動の一環として選挙権年齢を下げるべきだという議論がある。英国では左派からそういう声が上がってくるし、実現すればやはり左派のコービンが票を伸ばすのは間違いないですが、日本の場合はちょっと違う感じですね。

世界中で生じる左と右のねじれ

ブレイディ　フランスはマクロン当選で唯一の希望の国みたいに言われてますけど、あそこも変な感じになってきていますよね。二〇一七年の選挙では、結局多くの人が鼻をつまんでマクロンに入れたんですから。

大統領選の時に、フランス各地で暴動が起きたじゃないですか。わたしはBBCの放送でその様子を見ていたんですけど、アナウンサーが天真爛漫に「なんでそんなに怒っているんですか?」とか聞いていて、それに対して若いアナキストらしき男の子が「ノー・ルペン、ノー・マクロン!」「ウィー・ウォント・メランション!」とか叫びながら、道路で火とかをつけたりしてて。そりゃ、どっちも嫌だろうなって思いました。極右も嫌だけど、ネオリべも嫌なんじゃやっていう、この究極の、魂の叫び(笑)。「どっちにも入れたくない」っていう暴動だったんですからね。

松尾　僕はマクロンが当選した時に、自分のホームページに「フランス人民の偉大な自己犠牲的選択」って書いたんですけど(笑)。

ブレイディ　あれこそ本当に、ご飯よりも理念を選んだフランス人の……なんていうか、フランス人なりのナショナリズムじゃないかと思いますけどね。「我々はフランス革命とパリ・コミューンのフランスですよ。英米と一緒にしないでください」っていう（笑）。「あれはナショナル・プライドだ」ってフランス人のママ友も言ってたし（笑）。でも、だんだん食べられなくなってくると、そうも言っていられなくなるだろうし、マクロンがいつまでも「第三の道」的なものに拘泥すれば、左派がブチ切れる可能性はあります。

松尾　それでも、まだフランスにはメランションがいるし、EUの西のほうではある程度「国際連帯でブリュッセルを変えていこう」という言い方がリアリティを持っているけれど、ハンガリーではリアリティがなかった。

ブレイディ　うん、ないですよね。ハンガリーはいま景気はいいし、そしたら言うことないですもんね。でも、それでハンガリー国民をいくら批判したって、国民はそういう風に投票しますよ。普通に生活している庶民は、内心「極右的な政策は嫌だな……」と思っていたって、ご飯を食べられるのとどっちを選ぶかといったら、やっぱりご飯をとっちゃいますよね。

松尾　さっき言った『世界』のレポートの中で、佐藤史人さんは共産主義体制下で批判的な民主派知識人だった人たち（タマーシュ・ガシュパールやキシュ・ヤノーシュ）の説を紹介しながら、なぜハンガリーがいまみたいになってしまったのかということを分析しているんです。

それによると、「彼らによれば、九〇年代初頭には圧倒的多数の市民がリベラル・デモクラシーと資本主義的経済への転換に期待を抱いていたが、やがて彼らは移行の過程で様々なショックに見舞われた。構造的失業が発生し、国家のコントロールを超える経済、金融のグローバル化に翻弄された。これに対し、リベラル派は、貧困や社会的カオスを体制移行の一時的現象と捉えて軽視する一方、表現の自由、中絶の権利、ゲイの権利といった人びとにまだ馴染みのない権利を擁護して、人びとを当惑させた。キシュは、このような体制移行のショックが、人びとをして二〇〇〇年代半ばから「ポピュリスト・バックラッシュ」に走らせたという。タマーシュは、リベラル派が自由主義的アジェンダの実現を追求する一方で、構造的不況を真剣に受け止めなかったために、上記の権利を守る戦いに連帯する可能性のあった大衆を当惑させ、彼らをリベラルな価値から遠ざけてしまったことを、「わが人生の最大の誤りの一つ」として悔悟している」ということらしいんですね。

ブレイディ　それは深いですね……。本当にそのとおりですもんね。

北田　左派が経済的下部構造を軽視するあまり、人びとを「リベラルな価値から遠ざけてしまった」というのは、いま世界中で起きている出来事ですよね。だから、左派は就職のことを心配して自民党に投票した学生に対してお説教をしている場合ではない。

ブレイディ　そういう「ご飯を食べたい」という、民衆のほんとに普通の、当たり前の願いを拒否したり、侮蔑したりしていては、左派は信頼を得られないですよ。これはわたしがよくしている話なんですけど、英国の労働党のシンボルは一輪の赤い薔薇なんです。「パンと薔薇」っていうプロテストソングがあって、欧州の左派は薔薇をシンボルにすることが多いんですけど、薔薇は天候に恵まれない英国の貧しい土壌でも咲き誇る花なので、労働者階級の象徴になっています。薔薇は経済的な貧しさだけではなくて、知的・精神的な貧しさをも象徴しているんですが、同時にその中にある「ディグニティー（尊厳）」をも表しています。この話は日本でもみんなすごく好意的に聞いてくれるんですけど、「物質的な豊かさよりも心の豊かさを（パンより薔薇を）」というような意味で受け止められているとすれば、それは大きな誤解です。

そもそも「パンと薔薇」の歌詞って「パンと薔薇を／パンと薔薇を」「暮らしは楽じゃない／生まれた時から幕が下りる時まで／体と同じように／心だって飢える」「わたしたちにパンだけじゃなく／薔薇もください」というもので「パンはなくても薔薇を眺めて暮らそう」という歌ではないんですよ。前にわたしは「下部構造のない花は枯れる」って言いましたけど、「ディグニティー（薔薇）」の根っこには、生活という泥臭い下部構造があるんですよね。パンを軽視すると薔薇も枯れます。

松尾　これはヨーロッパの場合もそうだと思いますけど、一〇年くらい前に極右ポピュリズムの政党が出てきた時は、最初はだいたい「新自由主義のすごいやつ」として出てきたんですよね。それで、はじめは経済的な強者というか、エスタブリッシュメントの支持を得ていました。しかし、現実に新自由主義的な政策が推し進められていくと、それで犠牲になる人がどんどん増えていく。そうした状況が進んでくると、極右の側でもだんだんそういう人たちの支持も集めなくてはいけなくなっていくんですよね。

ヨーロッパでも、極右勢力はなんだかんだいろんな内部分裂を繰り返して、最終的に「新自由主義をピュアに推進する勢力」と、逆に「反グローバリズムとナショナリズムを前面に押し出す勢力」に分かれていきました。それで、ピュアな新自由主義路線のほうで成功している例は、僕はあまり知りません。結局ウケるのは、ナショナリズムのほうになっていくんです。オルバーンとか、ルペン二世（父親のジャン＝マリー・ルペンは新自由主義者だった）とかトランプがそうですけど、注意しないといけないのは、そっちは最終的には新自由主義じゃなくなるんですよね。もっと「大きな政府」志向というか、だんだん「ナショナリズム＋反緊縮」という方向になっていく。

北田　小泉内閣と第一次安倍政権から、第二次安倍政権への転換もそういうことだったと思います。そして一九三〇年代のヨーロッパでこの「ナショナリズム＋反緊縮」を大規模に実現したのがナチスです。だからいまはヨーロッパでは、左右で反緊縮の綱引きをやっているような状況なんだと思います。日本では「左の反緊縮」というのが、いまのところ存在しないのが悲惨ですけど。

第4章

万国のプロレタリアートは団結せよ！

万国のプロレタリアートは団結せよ！

ブレイディ　もはや「右」対「左」の時代ではない、いまは「下」対「上」の時代なんだっていうことをわたしはここ数年ずっと言ってきていますが、この問題の複雑さを伝えるのはなかなか難しいなと感じています。たとえば、昔、わたしは「ヤフーニュース」に難民・移民問題について「欧州の移民危機：「人道主義」と「緊縮」のミスマッチ」という文章（二〇一五年九月七日）を書いたことがあるんですけど、その時にネットで「右翼だ」っていう批判の声も聞きました。わたしがそこで何を書いたかというと、「移民や難民を受け入れる多様な社会政策というものは、緊縮とは絶対に両立しない」っていうことなんです。

たとえば、英国のいまの状況というのは、もう学校は減らされてるわ、病院の病棟が閉じてるわ、という悲惨な状態なんですよ。そういう緊縮策がとられている時に、難民や移民が入ってくると、国民が不安に思うのは仕方がないです。とか言ったら左派の人は、いや、自分たちの生活にどんな不便が生じようとも、多少の犠牲は我慢しても、他者を受け入れ、減少するパイを分けあうのが人の道、っていう風にまた個人の在り方問題というか、道徳問題にすり替わっちゃって、パイの大きさ自体を考える方向にいかない。

シリア難民の受け入れの時にドイツは、普遍的な「人道主義」というものを掲げて株を上げましたけど、前にお話ししたように、あそこは他国に緊縮を押しつけながら、自国が豊かだからこそ「人道主義」と言えるっていう側面があるんですよね。それで、「ドイツは人道主義を言いながら、他方ではそれと矛盾する非人道的な緊縮を推し進めている」ということを書いた文章だったんです。

北田 そもそもドイツは緊縮策でヨーロッパ中に構造的な「経済難民」をつくっている国ですからね。

ブレイディ そうなんですよ。いま、ヨーロッパで極右が出てきたり、人びとが排外的になりやすい状況があるとしたら、そういうものを助長させている環境というか、社会背景があるからです。いまの時代はナチスが出てきた時代に似ているという話がこの本の中で何度も出ていますが、欧州の反緊縮派はヨーロッパの右傾化を招いているのは経済だと口を揃えて言っています。わたしは緊縮を見直していかずに人道主義的な理念だけを唱えていても、状況を改善するのは無理と思っています。たとえば、排外的になってる人に「排外的になるな！」ってただ叱りつけたって、保育士の立場から言えば、それは排せつできない幼児に向かって「できるようになれ！」って叱っているようなもんですよ。おまるに座っている子の前で「ノー・モア・おもらし」とか書いたプラカードを振ったところで、まずおまるに排せつできるようにはなりません（笑）。

松尾 「ノー・モア・おもらし」（笑）。

ブレイディ 保育の現場では、排せつができなかったら、「じゃあおまる置く場所変えてみようかな」とか「音楽かけてみようかな」とかいろいろ環境を変える工夫をするじゃないですか。で、環境が変わると、ぜんぜんできなかった子があっさり排せつできるようになったりするんですよね。人間ってそういうものだと思います。

以前勤めていた保育園とかでも、白人の一歳児がわたしの顔を見てギャーとかって泣くんですよ。ほんと「化け物を見た」みたいな顔をして（笑）。でも、そりゃそうです。自分の親は白人で、まわりの人も白人ばっかりの環境で育ってきて、いきなり、わたしみたいな東洋人が目の前にいたら、一歳児は「コイツなんだ？」と思ってやっぱ泣きます。しかもそういう子って、怖がって近寄って来ないから、なかなかなつかないんですよね。でも、そこで一歳児に向かって「排外主義者」と叱りつけたりしても仕方がない。そういう子がいると、こちらもプロの意地にかけて育てるので、卒園するときには一番仲良くなって、泣きながらハグし合ったりしてますけどね（笑）

松尾　環境を変えてみるというのはいい言葉ですね。ブレイディさんのおっしゃるとおりで、排外主義は決して許されることではありませんが、他方で人が排外的になりやすい下部構造というものがあるわけです。かつての中道左派を支えていた、いわゆる中流階級的な労働者というものが、資本主義の発展の中でどんどん没落していって、職がなくなってきた。労働も自動化されてきているし、緊縮財政のもとで、いまやみんなが同じものを巡って争っているみたいな状況になってしまっています。そうすると、労働者と移民が直接競合するから

「あいつら出て行け！」っていう、排外主義的な反応が起こってくるようになりがちです。でも、そもそも、なんでマジョリティの労働者が、「移民に雇用を奪われる！」と思ってしまうのかと考えると、それは移民のほうが自分よりも低い賃金で働いているからなんですよね。

北田　一番低い労働条件のほうに合わせて、自分たちもそこと競争しなくてはいけなくなって、どんどん賃金が低いほうに引き下げられるから、「あいつらを追い出せ」という話になっている。

松尾　日本の場合は、「技能実習制度」みたいなのがあって、外国人労働者は本当に奴隷労働みたいな扱いを受けていますけど、そんな状況だったら、企業は賃金が安くすむ外国人を雇うに決まっています。そうすると、自国の労働者と移民の労働者との間で、雇用の奪い合いになるのは当然なんですよ。そういう安売り合戦みたいな競合をなくしていくためには、自国民も他国民も区別なく、単に経済的なボトムのほうにいる人の労働条件を改善していくということが必要です。

そして、この労働条件を変えていく運動というのは、バリバリに経済的利益の追求なんですよね。だから左派は、自国の労働者も他国の労働者も、両者ともどもに経済のボトムを押し上げていくために、労働者の経済的利益にきちんと訴えていかなくてはいけないと思います。

北田　アイデンティティを問わず、階級で連帯すべき、ということですね。レフト2・0からレフト3・0へ。つまり、万国のプロレタリアートは団結しなければいけない（笑）。

ブレイディ　レフトというのは、そもそもお金と労働の問題からはじまってますからね。そこを忘れてはいけないと思うんです。移民も日本人も一緒に労働運動しなきゃダメですよ！

欧州での移民問題について、日本では「白人が移民を排斥している」という理解がほとんどですけど、英国の現実はもう一回り進んでいます。たとえば、うちの息子の友人のお父さんがマンチェスター出身のイギリス人なんですけど、最近里帰りしたらしいんですよ。それで白いバンを運転していて、黒人ドライバーの車と接触しそうになったみたいで。そしたら、窓が開いて、「ファッキン、ポール！（くたばれ、ポーランド野郎！）」って罵声を浴びせられたそうです。「俺、先祖代々イギリス人なのに、黒人からポーランド人として差別されたんだよ」と言って笑っていました。もうそれ意味がわかんないですよね（笑）。

松尾　なんでポーランド人って思われたんですか？

ブレイディ　彼は見た目がすごく白くてプラチナ・ブロンドだし、白いバンって、英国ではいわゆるガテン系の車とされているので、そういう仕事をやっているのはポーランドからの移民が多いっていうイメージがあるという、こっちはこっちでまたそういう偏見があるわけです（笑）。

でも、そのポーランド人に間違えられたお父さんとわたしは同世代なんですけど、同じ世代の労働者階級の人たちは、みんな八〇年代にあったいろいろな差別を見てきているから、意外とドーンと構えているところがあります。「八〇年代の黒人差別はものすごかったけど、結局それも落ち着いた。だから今度もなんとかなるよ」「こんなアホな状態が延々と続くことはないよね」って彼は言っていました。英国では、こういうことって何回も何回も経験してきていますしね。それに、実際に身近な場所で移民を受け入れ、一緒に働いてきたのは、歴史的に労働者階級の人びとじゃないですか。だから、排外主義の高まりとか言っても、「俺らの社会は右肩上がりに変わってきたわけじゃない。常に三歩進んでは二歩後退する、みたいな感じで進んできたんだよ」とうちの連れ合いも水前寺清子みたいなこと言ってました（笑）。

松尾　そこはやっぱり、英国の労働者階級だから特にそんな感じのところがあるのかもしれませんね。英国には特定の民族的なアイデンティティには収まりきらない、「労働者階級」というアイデンティティがあって、彼らはそれを誇りに思ってきたという伝統があるし。

ブレイディ　移民と労働者階級が分裂していたら、エスタブリッシュメントの思うがままにされてしまうと思います。これは英国だけじゃなくて欧州の国ではどこでも起きていることだし、日本だっていまに遠い国の話ではなくなるはずです。

階級的なものの見方とアイデンティティ的なものの見方

松尾　僕は昔ホームページで「右翼」と「左翼」の定義という文章を書いたことがあるんですが、僕の定義では「世の中を縦に割って、「内」と「外」の内側につくのが右翼」ということになるんです。それで、この右翼的な立場から見ると、「「内」と「外」の外側につくのが左翼」だと思われてしまっていると思います。しかし、もともと「左翼」というのは、経済的な利害関係に基づいていて、「世の中を「上」と「下」の横に割って、下の側に立ちましょう」という立場をとる人たちのことでした。

北田　松尾さんは『これからのマルクス経済学入門』（筑摩書房）の中で、それを「アイデンティティ的なものの見方」と「階級的なものの見方」の違いともご説明していますよね。ナチスみたいな「国家社会主義」が反資本主義なのに「右翼」に該当するのは、世の中を「内」と「外」に割って自民族への富の再分配を訴えるという身内集団原理（アイデンティティ的なものの見方）に属しているからで、左派というのは本来そういう切り分け方自体をとらない人たちのことなんだというご指摘でした。つまり、右翼と左翼というのは単なる反対概念じゃなくて、そもそも世界の切り分け方が異なっている。そうすると、たとえば左翼がマイノリティの側（「内／外」の外側の人たち）に立つことが多いのは、右翼の逆だからではなくて、その人たちが現実的に「下」の階級に属するケースが多いからなんだ、という議論ですね。

松尾　そうなんです。マルクスもそうですが、そもそも経済学的な考え方というのは世の中を「内」と「外」というものさしで測らないんですよね。たとえばリカードなんかはお金持ちの味方をするので左翼ではありませんが、だからといって右翼でもありません。単に世の中を「上」と「下」で分けて「上」の側の味方をしているというだけです。世の中を「内」と「外」に分けているのは、むしろ古典派経済学以前の重商主義者（貿易における自国への金銀の流入がすなわち国富であるとして、貿易の統制を主張した人びと）とかなんですね。だから、普通のまっとうな経済学では、どんなに純粋資本主義志向でも、原理的には「右翼」ではありません。もともとマルクス主義というのは、こういう経済学的な思考の中から生まれて、「下」の人たちの味方をする政治経済思想として発展してきたという経緯があります。

北田　そうすると、さっきもお話に出た、もはや「右」対「左」の時代ではない、いまは「下」対「上」の時代なんだっていうブレイディさんの立場なんかは……。

ブレイディ　松尾さんの説に従えば左翼です。いま金子文子という大正時代のアナキストの評伝を書いているんですが、彼女は一〇代の時に朝鮮の日本人コミュニティに住んでいて、人種差別も女性差別も家父長制も貧困も全部階級問題だとみなしているんですね。それで彼女自身、無籍者で親に捨てられて底辺側なので、日本人よりも、日本人からは二級市民のように見なされていた朝鮮人に共感できた。で、自分のように苦しめられているすべての下側の人びとのために闘うと一三歳で誓っています。彼女のパートナーの朴烈も「人間は人種と人種との間は元より、同人種の人間と人間との間にも絶対自由平等で在らねば為らぬ」と言ってるし、これは完全に「上」と「下」の切り分けです。わたし、一〇〇年前の人たちのほうが「そうそう」ってなります。

松尾　本来左派はこういう階級のものさしで世の中を測っていたはずなんですけど、最近ではレフト2・0の人たちがアイデンティティ・ポリティクスにばかり目を向けるようになってしまった結果、この階級的なものの見方自体が忘れ去られてしまったんじゃないかと考えています。しかし、さっき北田さんも少しおっしゃってくださいましたけど、一口にアイデンティティ・ポリティクスと言っても、もともと左派がマイノリティの問題などに注目するようになったのには、きちんとした階級的な理由があったからなんですよね。

たとえば、旧左翼（レフト1・0）は労働者階級主義を唱えていましたけど、実態としては主流派アイデンティティ（男性・日本人）の雇用労働者（正社員）にばかり目を向けていました。組合も非正規の人とかに関しては、「そっちのほうが賃上げの原資ができていいか」というような感じで冷淡だったんです。当時はマイノリティの人たちはもっぱら3K労働者だったし、普通の労働市場から排除されていました。主流派アイデンティティの人たちや、組合を形成している正規の雇用労働者ばかりに目を向けていたら、その人たちの窮状というのは見えなかったんですよ。移民や少数民族の人とか、被差別的な身分の人で経済的に困窮している方がたくさんいるにもかかわらず、労働者階級主義の人たちはそこに目を向けていなかったわけですね。

北田　補論1（「来るべきレフト3・0に向けて」）のところでもお話ししたように、六〇年代末から七〇年代のはじめに、さまざまなところでそういう批判があって、それ以降、一部の新左翼の人たちの中に、それを深刻に受け止める人たちが出てきました。たとえば、絓秀美さんは『1968年』（ちくま新書）の中で、日本の新左翼の中にあった自民族中心主義を批判した「華青闘告発」（一九七〇年七月七日、盧溝橋事件の三三周年記念日におこなわれた反戦集会で、華僑青年闘争委員会が中核派の強引な介入と差別発言を批判した声明のこと）などを取り上げて、新左翼の運動をマイノリティ運動のほうにシフトさせた画期としています。松尾さんの言葉で言えば、レフト1・0からレフト2・0への転換の端境期というか、レフト1・5の問題ですね。

また、当時のウーマンリブの運動も、左翼運動の中にはびこる男性中心主義に対する問いかけから出発しています。日本のウーマンリブ運動の旗手の一人だった田中美津さんは『いのちの女たちへ』（田畑書店）の中で、「（新左翼運動の中に孕まれて）十《と》月《つき》十《とう》日《か》月満ちて、リブという鬼子が生まれた」と書いています。当時の新左翼運動は共産党の中央集権的な指導体制への批判を強めていましたけど、女性問題やマイノリティ問題には無頓着だった。そこを強烈に批判したわけですね。もちろん、これらの批判はいまでもきわめて重要な指摘だったと思います。

松尾　そういう経緯もあって、左派の人たちはレフト1・0的な労働者階級主義から、徐々に主流派のアイデンティティから外れた人たちの問題を考えることに軸足を移していったんですよね。先ほどもご説明したように、この批判はもともと階級的な根拠もありましたし、とても大切な問いかけでした。しかし、それと時を同じくして、一九七〇年代前半に高度経済成長がピークに達し、その後、主流派アイデンティティの雇用労働者が全体としてどんどん豊かになっていったこともあって、「労働者階級」ということにもだんだんとリアリティがなくなってきました。次第に社会運動の中でも「労働者階級」という言葉よりも「市民」という言い方のほうが好まれるようにもなっていきました。

その過程で、アイデンティティ・ポリティクスが左派の主流を担うようになっていき、一九九〇年代くらいにはレフト2・0が全盛になりました。一九九〇年代は、日本がまだ「豊かさ」のど真ん中にいた時代ですが、その頃にはもう階級の問題というのはほとんど見えなくなってしまっていたんですよね。そして気がつくと今度は、左派の中から「上」「下」の階級問題という視点がストンと抜け落ちてしまっていたんじゃないかと思います。

北田　左派による下部構造の忘却がはじまってしまった。

松尾　はい。そこで新たな問題として浮上してきたのは、アイデンティティ的にはマジョリティなのに、経済的な豊かさから疎外されている人びとに対して、その窮状をうまくすくい取る言葉がどんどんなくなっていってしまったということなんです。僕はこういう中で不安や貧困にさいなまれるマジョリティの中から、ネトウヨみたいな人たちが現れるようになって、「自分たちより外国人の味方をする憎きサヨク」みたいなレッテルを貼るようになってしまったんじゃないかと思っています。だから、いまそういう人たちが排外主義に走ってしまいやすい現実があるとすれば、実はそれは彼らなりの階級闘争なんじゃないかとも感じるわけです。

ブレイディ　スペインの新聞の「エル・パイス」紙が興味深い記事を書いていたんですけど、スペインで躍進しているパブロ・イグレシアスの反緊縮左派のポデモスとトランプの支持層には共通点があるというんですよね。それはともに、①グローバル危機の結果、負け犬にされたと感じている人びと②グローバリゼーションによって、自分たちの文化的、国家的アイデンティティが脅かされていると思う人びと③エスタブリッシュメントを罰したいと思っている人びとの支持を集めているということなんです。

北田　いわゆる「ホワイト・トラッシュ」（アメリカの低所得の白人に対する蔑称）と呼ばれる人たちですね。

ブレイディ　はい。「品がない」と言われるビジネスマンのトランプと、英国で言うならオックスフォードのような大学の教授だったイグレシアスが、同じ層を支持者に取り込むことに成功しているというのはとても興味深い現象です。松尾さんのおっしゃるとおり、もしトランプを支持している人が彼らなりの階級闘争をしているのだとすれば、左派がそうした人びとに目を向けない限り、その人たちはどんどん右派の側に走ってしまうことになると思います。

階級問題を隠ぺいする社会

ブレイディ　この問題は、英国で言うと「チャヴ」の問題に通じるところがありますよね。「チャヴ」っていうのは、英国版の「ホワイト・トラッシュ」みたいな人たちのことなんですけど、チャヴの人たちが英国でどういう風に差別されているかっていうと、「ダサい」「頭が悪い」「犯罪者」「働かない怠け者」という感じ。これは、人種とか性別とかそういう生まれながらの属性ではなくて、社会から貧乏で能力が低い「人種」認定されて差別されている人たちなんです。

松尾　生活保護だけで食べている国のごくつぶしみたいなイメージですね。

ブレイディ　はい。オーウェン・ジョーンズが書いた『Chavs: The Demonization of the Working Class』(『チャヴ：弱者を敵視する社会』海と月社)という本が日本でも昨年(二〇一七年)翻訳されましたが、これは英国で「チャヴ」と言われる人たちがどういう差別的な扱いを受けてきたか、ということを詳しく書いた本で、英国だけでなく世界中でベストセラーになりました。

これはブレアの時代に生まれた現象で、当時はテレビのコメディとかで、いかにもチャヴっぽいファッションをした女の子が、右と左に三つずつ乳母車を押しながら――たくさん子どもを産んじゃったという意味――歩いていて、すごいバカみたいなことを言って人を笑わせたりする番組がありました。天下のＢＢＣが公然とそういう番組を放送していた。チャヴと呼ばれる人たちはアイデンティティ的にはマジョリティだから、どれだけバカにしても差別じゃないっていう風潮があったんです。

北田　明らかに差別なのに、ポリティカル・コレクトネス（政治的正しさ）的にも問題ないということになっていたわけですね。

ブレイディ　そうです。ジョーンズよりも前にチャヴに注目したのが、ジュリー・バーチルという、ブレア政権時代には女性としては英国で最高額の原稿料を提示されることで有名だった、高級紙全紙と言ってもいいぐらい書いていた大人気コラムニストでした。彼女が最初にチャヴについて問題提起をしたんです。「人種差別の問題についてはみんな議論するけれど、他方で白人の労働者階級の中にすごく差別されている層があっても見過ごされている」って。それでバーチルは、自分も白人のワーキングクラス出身だから、チャヴを笑いものにするメディアを見てものすごい怒って「自分より恵まれない境遇の人びとをからかうのはユーモアではない」と反論するドキュメンタリー番組を二〇〇五年につくったんです。で、オーウェン・ジョーンズの『チャヴ』はその六年後に出た本です。

オーウェン・ジョーンズは全方面でド左翼というか、LGBTや人種差別のようなレフト2・0問題にもとてもうるさい人です。でも、この本の中でチャヴ差別を新たな「階級問題」として取り上げたので、「若いのに頭の中は七〇歳の左翼」と非常に珍しがられました。この本を書いた時、彼はまだ二〇代半ばでしたから、「階級」の軸で政治や社会を斬るのが新鮮だったんですね。何しろ、「第三の道」以降、階級問題なんて真剣に語る文化人はいませんでしたから。バーチルは「チャヴ」を擁護したり、ムスリム・コミュニティの女性差別問題を批判したりしてレフト2・0からボロクソに叩かれすぎて、すっかり反左翼の保守派になっちゃってたし（笑）。

松尾　えっ、そうなんですか？　それは何とも悲惨ですね……。

ブレイディ　そうなんですよ……。この二人に共通しているのは、「第三の道」とチャヴ問題の恐ろしい結末を予言していたことですね。ブレアは何しろ、自分の仕事はこれまで労働党がやってこなかったことだと決めていたので、市場や雇用主側と仲良くなった。で、社会保障や貧困対策は当時のブラウン財務相に任せた。一番貧しい層には生活保護や補助金を潤沢に出しましたが、彼らが就職できるような雇用は創出しませんでした。労働党は労働者の党だったので、もともとは雇用創出や労働者の待遇改善を訴える政党だったのに、ブレア政権はその真逆をおこなったんです。サッチャーは「完全雇用など必要ない」と言ったことで有名ですが、ブレアも同じ路線でした。下層には職業訓練や技能訓練さえ受けさせておけば、やる気のある人はどんどん技能を身につけて、自分で階級をのぼっていくんだからそれでいいじゃないかと。

松尾　それで、自分でのぼってこられなかった人は、機会を与えられたのに、それを活かさない「怠け者」ということにされてしまったわけで、まさに自己責任論なんですね。

ブレイディ　そう、「第三の道」の能力主義が生んだ、アイデンティティ・ポリティクスの軸では許容されてしまう差別。そうやって階級問題がアイデンティティ化されてしまったわけです。それで、チャヴの人たちはずっと底辺に固定されたままになってしまった。その一方で、親市場で親雇用主のブレアは規制緩和とかを進めていたから、トップのほうはどんどんリッチになったんです。他方、中間層の不満もその間にたまっていきました。ブレア時代の規制緩和でＩＴ業界で働く人の雇用が一～二年の短期契約になったりしたんですけど、そういう政策については「普通より給料がいいから、これからはできる人こそ非正規だ」みたいな宣伝が打たれました。

北田　日本でもかつて「できる人こそ非正規」とか「フリーターが新しい自由な生き方」みたいなキャンペーンがありましたよね。英国から輸入した「ニート」も侮蔑語として利用されていました。「ニート」と呼ばれる人たちの中には、求職の意志はあってもあまりに雇用状況がひどすぎて求職する動機づけが失われていく人が多いのに、みな一括して「夢を追いかけている怠け者」みたいに言われてしまう。そうした状況に敢然とＮＯを突きつけたのが本田由紀さんでした。ニート・バッシングが止んだと思ったら、今度はノマドワーカーとか言う人も出てきて、もうなんだかな、という感じはありますが……。

ブレイディ　でも、いくら「できる」って言われても、雇用がいつ切れるかわからないと未来の計画も立てにくいし、中間層もだんだん不安になってくる。その時に、ブレア労働党はレフト2・0だからアイデンティティ・ポリティクスにはうるさかったので、そこには引っかからないチャヴが、人びとの不満のはけ口になった面があると思います。

ブレア政権のメリトクラシーは、最下層に固定されている人びとに対する意識を、「もっとも恵まれない貧しい人びと」から、「社会がオファーしている経済的機会をとらえ損ねている怠け者」に変えました。そしてメディアは彼らがいかにがさつで頭が悪くて不潔でふまじめかということを繰り返し報道するわけですから、彼らに共感する人はいなくなってしまいます。チャヴは、肌の色や民族性という意味での人種ではありませんが、「劣った人種」として明らかに分類されていました。女性のチャヴは次々と子どもを産み、生活保護をもらって生活するので、国が不妊手術を受けさせろという記事が保守系新聞に堂々と出たこともあります。

最下層の人びとがそこに固定されているのは経済的不平等の問題があるからですが、人びとがそれに気づくと困る。だから、チャヴという「劣った人種」をつくりあげて、階級の問題から目をそらさせようとした。あの人たちが最下層から動けないのは、劣等な人たちであり、我々まともな英国人とは違う人種だからなんですよと。裏を返せば、いまだにアイデンティティ・ポリティクスを続けている、ということなんですね。階級問題を疑似人種化することによって、差別の問題も階級の問題もともに見えなくしてしまっているわけです。

北田　お話を聞いていて、かつては階級に収まらないカテゴリーとして、マイノリティとかジェンダーの問題が出てきたけれど、いま、階級の問題がねじれた形で回帰してきているという感じがしますね。「階級主義からは見えなくなっていたアイデンティティの問題へ」というのが、「アイデンティティ・ポリティクスからは見えなくなっていた階級の問題へ」という風に逆方向に戻ってきているように思えます。

ソーシャル・アパルトヘイトと見えない差別

北田　いまの話とも関連して、ブレイディさんが『子どもたちの階級闘争』（みすず書房）でもお書きになっていらっしゃいましたけど、最近の英国では「ソーシャル・アパルトヘイト」というものが問題になっているようですね。

ブレイディ　ソーシャル・アパルトヘイトというのは、もともとは教育の分野で、学校問題として使われはじめた言葉です。これを最初に使ったのは政府に頼まれて子どもたちの発育格差について調査したナショナル・チルドレンズ・ビューローの『Born to Fail?』という報告書です。たとえば、英国は公立校でも保護者が学校を選べて、入学希望者の多い人気校は学校から自宅が近い順に入学を許されるので、評判の良い学校の周囲は住宅価格が高騰し高級住宅地になる。他方、うちの近所みたいなガラの悪いところの学校は評判も悪いので定員に達さず、周囲はゴーストタウンみたいになる。しかもミドルクラスは絶対にそういうところには住まないから、物理的に金持ちと貧乏人の隔離が進むようになります。それで、子どもの時からそういう地域にしか住めない子どもと、お金持ちの子どもとで、行動範囲も分離しちゃって、お互いがお互いと決して出会わないようになる。貧乏人は自分が住んでいる地域から出てこないし、お金持ちはそこに行かない。それが「ソーシャル・アパルトヘイト」と呼ばれているものです。

北田　いわゆる社会的なゾーニングですね。

ブレイディ　「アパルトヘイト」というのはとても強い言葉だから、最初にこの言葉が出てきた時は炎上しました。英国では、そうやって隔離された貧しい地域に住んでいる人が「チャヴ」と呼ばれる子たちですが、本当にみんな似たようなファッションになるんですよ。女の子はみんなポニーテールで大きな輪っかのイヤリングを下げて、ジャージを着たりしている。お化粧の仕方とかもみんな似ていて、ぱっと見でわかるんです。それに、英国では下層階級はしゃべり方も違うんですよね。ミドルクラスの子どもは語彙も豊富で使う言葉も違うし、発音もきれい。裕福な地区と貧しい地区では、耳にする英語も違う。

北田　「アパルトヘイト」という人種差別の問題の中で使われていた用語が、今度は経済的な階級問題を表す用語として使われはじめている。そうやって「アパルトヘイト」という人種的差別な言葉を使うことによって、ようやく「これは差別かもしれない」ということが認識されはじめている。

ブレイディ　そうなんですよ。『労働者階級の反乱』にも書いたんですけど、英国では一九九七年の社会調査で、「家族の誰も勤労していない家庭で生活している就労年齢の人」が四五〇万人にも達していて、六人に一人が国の給付金で生活していたことが明らかになりました。その時にブレア政権がアンダークラス対策に乗り出して、「反社会的行動禁止命令」という人権を無視した悪名高き政策をとったんです。

この禁止令は「困窮した地域で問題行動を起こしがちな人びとを、一定の地域に立ち入れなくする」というものなんです。この命令が適用された人たちは、にぎやかな街の中心部に立ち入ることを禁止されてしまった。こうやって立ち入り制限なんかしておいて、「チャヴはダサい」とか言ったって、文化的に繁栄しているお洒落な都市部に立ち入れないんだから、そりゃ田舎でチャヴになっちゃいますよね。

松尾　まさに人為的につくられた「疑似人種」ですね。

ブレイディ　わたしは自分が移民の立場じゃないですか。だから、逆にそういうところに意識的に感情移入しようとしているんですよね。自分が保育士として働いていても、それはもしかしたら、チャヴのような人たちの誰かがゲットできる仕事だったのかもしれない。

それと、これは本当にEU離脱につながる伏線になったと思う現象があります。いわゆる低賃金で、階級的に下のほうに位置すると思われている職場は、移民労働者も多いわけです。でも、そういう職場で働く英国人もいるじゃないですか。そうすると、やはりメリトクラシー社会では、「英国人のくせに、満足に英語も喋れない移民と同じ仕事しかできない能力のない人間」みたいな感じで見下されたり、バカにされる風潮があるわけです。これもコメディのネタになっていました。工場で働いている東欧からの移民がやけにきれいなアナウンサー風の英語を喋り、チャヴ風の英国人従業員が喋ると文法も無茶苦茶だし、コックニー訛りがひどくて何を言ってるかわからない、みたいな。ああいうの、笑えない英国人もいると思うんですよね。そりゃ移民を持ち上げているからレフト2・0的にはいいコメディだろうけど、教養がない階級と笑われているほうの気持ちはどうなるんだって。本当に社会は下側への共感をなくしている。「下」なんて言っちゃいけないっていう表層的なポリティカル・コレクトネスは気にするくせに。

ちなみに、オーウェン・ジョーンズの『チャヴ』以外にも、似たようなテーマで二〇一六年にジャスティン・ゲストさんという人が『The New Minority』という本を書いています。この本は、英国とアメリカでの調査をもとに書かれたものなんですけど、選挙戦でコービン陣営が参考にしたと言われています。彼は、もともとはムスリム・コミュニティの社会的排除の研究をしていた学者ですが、この本の中で言われる「ニュー・マイノリティ」というのは白人労働者階級のことで、これまでのマイノリティ観だと主流ど真ん中のアイデンティティだった人たちですよね。彼はその人たちを「ニュー・マイノリティ」と名付けることで、新たな議論の俎上に載せようとしています。レフト2・0的な言葉を使って、レフト3・0的な問題を浮上させようとしているっていうか。こういう風に、いま、世界中で似たようなことが起こっているんですよね。

北田　日本でも「下流」や「B層」、「マイルドヤンキー」などと言われる人たちは、わりと「上品」な人でもバカにしやすいという雰囲気がありますよね。社会科学的な厳密性のないマーケティング用語なので、必ずしもいまのお話とつながるかどうかはわかりませんが、総じて所得の高い低いという「階級」的な要素以上に、そのライフスタイルやメンタリティ——学ぶ意欲がないとか、IQが低いとか、怠け者であるとか、地元にずっとたむろっているとかの要素——がネガティヴに強調されています。

ブレイディ　『THIS IS JAPAN』を書いた時に、日本のことをよく知らないので何冊か本を送ってもらったんですが、最初に送られてきたのが適菜収さんの『日本をダメにしたB層の研究』（講談社）だったんです。これを読んだ時、まさにチャヴ差別にそっくりだと思いました。以降、B層とか馬鹿にするならわたしはZ層でいい、というのが座右の銘になりました。

松尾　英国の場合は、伝統的に階級社会だから、それでもまだ「階級」というものを可視化させやすいと思うんですけど、日本やアメリカは表向きは階級社会ではないということになっているから、そういうものがより見えにくくなってしまっているのではないかという気がします。

ブレイディ　日本の場合は、英国の最下層の人みたいに長年失業保険で食べていくってことも許されていませんよね。そうなると、日本のアンダークラスというのは、必ずしも「働いていない人」ではないんじゃないですか？　みんな何かしらの形で働いてはいると思う。日本では、非正規やフリーターでも、そこそこのお金をもらえていれば、その間だけは一見ミドルクラスみたいな生活ができるじゃないですか。

北田　日本にも現実に階級問題や貧困問題があるのに、それが不可視化されてるのが大きな問題だと思います。

ワーキングクラスがいていい国

ブレイディ　日本では階級が不可視化されているっていうのは、すごくよくわかるんですよね。わたしはいわゆる「バブル世代」なんですけど、父親は肉体労働をしていたし、ずっと家が貧乏だったので、日本にいた頃はいつも自分が浮いている感じがしていました。でも、なんというか、自分が貧乏だということを言えないような雰囲気が、日本には強くあったんですよね。

北田　自分が貧乏だということを言えないような雰囲気というのは、どういう時に感じられたんでしょうか？

ブレイディ　うーん、そうですね。最初にそれを感じたのは高校生の時でした。わたしが通っていた中学はヤンキー校だったから、自分の家も貧乏だったけど、友達の家とかもけっこう生活が苦しくて、なんとなく「一緒だな」って感じがあったんですよ。でも、高校は公立のエリート進学校に通うことになったので、まわりにはそういう貧乏な家の子はいなくなってしまいました。

最初、わたしがその高校にいきたいって言った時に、親からは「バスの定期代がかかるから、自転車でいける近所の高校にいけ」って言われたんですよ。そうしたら学校の先生がうちに来て「うちのヤンキー校から進学校にいける子はあまりいないので、受験させてほしい」って（笑）。

松尾　すごいじゃないですか、学校を代表して。

ブレイディ　いやぁ、でも、うちの親にとっては家計の問題のほうが切羽詰まってるから、「バス代がかかるからダメだ」といつまでもゴネて（笑）。でも、わたしも田舎の高校じゃなくて、街の学校にいきたかったんですよね。学校の近くにライブハウスとかもあったし、いいなぁと思って。結局、「自分でバイトして定期代を稼ぐからいかせてほしい」って親に頼んで、ようやく通わせてもらえることになったんです。それで一年生の時は、高校に通いながらスーパーでレジ打ちとかやっていました。

北田　バイトOKな学校だったんですか？

ブレイディ　もちろん禁止（笑）。だから隠れてバイトしていたんですけど、学校が終わってからすぐにバイトにいくので、時々私服に着替える時間がない時があるんですよね。仕方がないので、セーラー服の上からエプロンをしてレジ打ちをしていたら、それをOBに見られて、「わが名門校の制服をきてバイトしている子がいる！」とか言ってタレこみやがったんですよ（笑）。

　で、高校一年生の時に担任から呼び出されて「お前、バイトやってんのか？　なんでやってるんだ？」って聞かれたんです。わたしが「母親と定期代を自分で稼ぐという約束をしてこの高校に来ているので、バイトをしないといけないんです」って答えたら、その担任は「嘘つくな。遊ぶお金ほしさにやってんだろ。いまどきそんな家庭があるわけない」って言ったんです。それがめちゃくちゃショックだったんですよね。だって、「いまどきそんな家庭があるわけない」っていうのは、ある意味、わたしの存在の全否定じゃないですか。わたしはいるのに、いないことにされたっていうか。子ども心に、自分は日本社会にいてはいけない人間なのだと感じました。

北田　まさに、ブレイディさんの存在自体が不可視化されてしまったわけですね。

ブレイディ　わたしはそれまでもいい子じゃなかったけど、そこから本気でグレちゃって、いまでもよく卒業できたなって思います（笑）。その頃から、パンクとかUKの音楽が好きだったから、よく聴いてたんですよね。それで、UKの音楽って、わりと貧しい人が「俺は貧しい」みたいな歌詞で堂々と歌っているじゃないですか。ロックとかパンクの中に、貧乏人の歌がたくさんあったんですよ。そういうのを聞きながら「この人たちは正直に「俺は貧乏だ」って言っているのに、なんでわたしは、「そんな家庭があるわけない」とか言われなくちゃなんないんだろう？」って本気で思っていました。

松尾　それはとっても残酷な話ですね。いまのお話を聞いていて、去年（二〇一七年）、母子家庭の女子高生が家計が苦しいために、中学校時代にパソコンを買えずにキーボードだけ買ってタイピングの練習をしたとか、専門学校への進学を入学金が払えなくて諦めたっていう報道を思い出しました。その時にネット上でその子のSNSの書き込みを見て「高価なイラスト用のペンを使っている」とか「マンガを全巻揃えているじゃないか」とか、「アーティストのライブにいっている」というバッシングが起こりましたよね。僕はこのバッシングを見た時に心の底から怒りがわいてきたんですけど、そもそもライブにいかなかったくらいで専門学校の入学金が払えるわけがないじゃないですか。趣味や日常のちょっとした楽しみを全部諦めないと、この国では家が貧乏だということすら認めてもらえないのかと思ったんですけど。

北田　日本だと貧困だと言ってもすぐに「衣食は足りているじゃないか」というような批判を受けてしまう。湯浅誠さんは「日本にも貧困問題があるんだ」ってことをずっと言ってきている方ですけど、彼もそれを可視化させるために「相対的貧困」という概念を出しています。「食べものや住むところがまったくなくて……」という極端な貧困イメージ（絶対的貧困）ばかりが貧困なんだというイメージが蔓延してしまった結果、日本ではすぐそこにある貧困が不可視化されてしまった、ということなんですね。

彼の言う「相対的貧困」というのは、上層から下層までのちょうど真ん中部分の所得を起点として、その半分未満の所得というのを分水嶺としているのですが、二〇一五年の時点で日本の子どもの七人に一人がこの「相対的貧困」の状態にあるそうです。湯浅さんは、お金がなくて修学旅行にいけないとか、スマホを買えないというのも、飢えて死ぬわけじゃなくても、子どものその後の人生にマイナスに作用してしまう深刻な貧困問題なんだ、と訴えていました。

ブレイディ　それこそが「パンと薔薇」ですよ。そういう子にマンガを買うなっていうのは、「パンだけ食って、尊厳を捨てろ」っていうことじゃないですか。

北田　ひどい話ですけど、ブレイディさんの高校一年生の時の担任の先生は、きっと本当に嘘をつかれていると思ったんでしょう。やっぱり背景の生活観が大事なんですよね。公立とはいえ名門進学校だったら、そこに来る人っていうのは階級的にスクリーニングされた人が多いじゃないですか。勉強ができるっていうのも、塾に通わせるとか、親の教育投資の力も大きいですからね。でも、担任の先生はそれが普通だと思っているから、嘘をつくなって言うことの残酷さに気がつかないわけですよね。

ブレイディ　その時に、わたしはUKの音楽を聴いて「ワーキングクラス」というのが英国にはあるらしい、わたしもワーキングクラスなんだって思ったんです。それで、いつか本当にワーキングクラスがいる国にいこうって決めました。

北田　わたしは前に母子家庭や移民とかでお金がない子の塾のボランティアをやっていたことがあるんですけど、ブレイディさんみたいなケースの人たちって普通にいっぱいいるじゃないですか。でも、それこそブレイディさんの担任の先生とか、アッパーミドルの知識人とかが貧困の問題を考えようとすると、絶対的貧困みたいな事例ばかりに目を向けたがる。それで、なぜか急に釜ヶ崎のようなところをイメージするんですよね。あとシアトルとか（笑）。名門進学校的なリアリティで言えば、「うちに通っている生徒にバス代がないやつなんかいるわけない、そういうやつは釜ヶ崎にいるんだ」ってことになるんでしょうけど、そんなことはない、すぐ隣にいるんですよね。

ブレイディ　釜ヶ崎とシアトル！（笑）でも、まさにそんな感じだと思う。みんな、貧困っていうのはああいうところにしかないと思っている。

北田　それで、ブレイディさんの家みたいな、普通に世の中にいっぱいいる人たちのことが、あまり目に入っていないんだと思うんです。

ブレイディ　おかげでわたしはもうグレまくっちゃったから、授業とかもまったく聞いていませんでした。先生に「やる気がないなら出ていけ」って言われて、本当に教室を出ていったり、試験とかも嫌いな科目は白紙。あの頃現国の答案用紙の裏に、ＵＫロックの歌を聴いて思うこととか書いてたんですね（笑）。大杉栄についてとか（笑）。そしたら、それを読んだ現国の先生が、「この子は二年、三年は自分が担任に持つ」「お前は教室が嫌いだったら、図書館にいって本を読んでろ」って言ってくれて。わたしはその先生のおかげで卒業できたようなもんです。

松尾　いい先生ですね。

ブレイディ　本当に、いまでも感謝していますよ。先生は「お前は大学に入ってたくさん本を読んで文章を書け」と言ってくれていたんですけど、グレちゃっていたから、いまさら受験勉強なんてしたくないし、高校を卒業してから、昼も夜も働いて、水商売で貯めたお金で英国にいって、帰ってきてはまたお金を貯めて英国にいくっていうこと繰り返していたんですけど、結局「自分は日本社会でうまく生きていくのって無理だな」って最終決断を下し、今度はもう帰ってこないかも、という意志的な予感を持って一九九六年に語学留学生として英国に渡り、いまに至っています。

松尾　バブル崩壊から数年しかたっていなくて、まだ日本社会が豊かさのピークにあった頃ですね。

ブレイディ　そうです。英国に移住した当初は、ロンドンの日本の新聞社の支局で働いたり、翻訳の仕事をしたりして食いつないでいました。「オックスフォード・アナリティカ」の政治経済情報の下訳をやったりしていました。いまは日経が日本語版を配信してますけど、当時は英語版を購読している企業や個人が自分で訳さなくちゃいけなくて。

その頃から、理念だなんだと言っても、世界を回しているのはやっぱり経済だな、と思ってました。もともと貧乏だから、それは自分の経験を通して体で理解していたことだったし、オックスフォードの教授が書いた記事とか訳しながら逆に「ほらね、やっぱりそうだったんだ」って自分の体感が正しかったことを確認したというか（笑）。景気とかお金の話が「汚いもの」だっていう感覚もなかった。それは大事なものです。わりと、お金に不自由しない人のほうが、お金を「汚い」って思うんじゃないかと思います。

いまこそ経世済民を語ろう

北田　いまブレイディさんが、貧乏だったからお金を汚いと思わなかったっておっしゃいましたけど、そもそも普通の庶民ってそうですよね。わたしはいまの職場にきてからずっと荒川区の下町に住んでいるんですが、街の喫茶店に入ったりすると、おっちゃんやおばちゃんたちがみんな景気の話をしているんですよね。やっぱり中小企業の人は経済、特に給与のことはめちゃくちゃ気にしていますよね。

ブレイディ　そうそう、みんなお金の話とか職の話とかすごいしてますよ。

北田　わたし自身はわりと普通のミドルの家庭で育ったので恵まれたほうだと思いますけど、実家の人間や親族は誰もインテリじゃないから、電話をかけるとみんなオリンピックのことを喜んでいて困っちゃうんですけどね（笑）。「暁大はオリンピックうれしくないのかい？」とか言われるので、最初は「いや、僕は反対だから……」とか言ったりしていましたが、「古市（憲寿）くんはたくさんテレビに出ていて偉い。暁大も見習いなさい」とか言われるから、最近はフィールドワークだと思って諦めるようにしています（笑）。

松尾・ブレイディ　あはははは（笑）。

北田　それで、わたしは選挙前に実家に「どこに投票するの？」って電話をかけることにしているんですが、自分のSNSのタイムライン上のインテリの分析を見るよりも、断然精度の高い選挙予想が母親の話から聞き取れます。最近では、みんなネット上の自分のタイムラインを相対化できなくなってしまっている節があって、これはけっこう深刻なんじゃないかなと思います。さっきのソーシャル・アパルトヘイトの話じゃないけど、ネットのタイムラインというのは、自分と近い意見の人たちだけを選択的にゾーニングしているだけですからね。それよりも、世論調査のほうをちゃんと見たほうがいい。だから、さっきも言ったけれど、やっぱり背景になる生活観というのは大事なんですよ。インテリだとどうしても景気の話とかすると「卑しい」と言う人が多くて――いや卑しいですよ、うちの親族とか（笑）。でも、それが平均的な、普通の有権者なんですよ。

ブレイディ　でも、ワーキングクラスとか、下町のおっちゃんというのは、けっこう合理的なんですよね。

北田　そうなんですよ。わたしが住んでいる荒川区も、男女共同参画法ができた時に荒川区の制定のために「現代的家族が日本を滅ぼす」とかトンデモなことを言う委員会の人たちが来たんですよね。それで「育児経験のあるおばあちゃんに預けるのがいい、保育園などは必要ない」みたいなことを言って保育所を潰そうとしました。でも、当然区民はバカじゃないのでけっこうな反対の声が上がって、最終的に一番「ドブ板」を展開していた公明党が反対に回って成立しなかった。

だからワーキングクラスとか庶民というのは、ブレイディさんがおっしゃるようにけっこう合理的に動いている。そこを愚民論的な発想で批判してしまうと、有権者の持っている本当のニーズやサンクションが見えなくなってしまいます。自分たちの生活に直結する経済の問題には、みんな当然ながら敏感です。それに、彼らと話しているとリアルな景況感がわかりますよ。

松尾　景況感がわかるというのは大事ですよね。

ブレイディ　二〇一七年の英国の総選挙の時に、サンダースの支持者がコービンの支援団体に選挙戦術の指南をしたんですけど、コービンの支持者っていうのも、最初は若い大卒の人なんかが圧倒的に多かったんですよね。彼らも日本の場合と似て、ネットとかでつながりあって、SNS上で政治を語りあっていました。でも、なかなか草の根の泥臭い活動はしなかった。保守派のほうがそのあたりの活動は圧倒的にうまかった。そこも自民党と同じですよね。それで、選挙前は労働党と保守党の支持率は二〇パーセント以上離れているし、保守党圧勝間違いなしって思われていました。でも、解散総選挙が発表された時に、サンダースのスタッフ――彼はかなり泥臭い草の根の選挙戦術を展開した人だから――が四人英国に渡ってきて、コービンの支持団体の「モメンタム」の人たちに、ドブ板選挙戦術のセミナーを全国各地でやったんです。

松尾　ドブ板選挙戦術のセミナー！（笑）

ブレイディ　特に北部とか、ブレグジット投票で離脱に入れちゃったような労働者の町を中心に、五〇くらいの激戦区を片っ端から回っていったらしいです。サンダース陣営から「こういう風に訊かれたら、こう答えてください。ノックは何回くらいするのがいいです」とか「上から目線は絶対にダメ。話し方に気をつけてください」とか、事細かに教わったと聞きます。

選挙後にテレビでそのドキュメンタリー番組が放映されていたので、わたしも見たんですけど、本当に五〇の選挙区を若い人たちが回っているんですよ。「コンコンコン」とかノックすると、けっこう怖そうなスキンヘッドの労働者のおっちゃんとかが出てくるんですけど、ちゃんとお互いに話をしているんです。それで「なんか困ったことないですか？」って身近な話をすると、「うちの子どもの学校の先生の数が減ってる」とか「そこの国立病院のなんとか科が閉鎖された」という話がやっぱり出てくるんですよね。それを、「それは保守党の緊縮政策のせいなんですよ」っていう風に丁寧に説明して、「労働党はそういうところに財政支出をちゃんとします」と答えていくと、だんだん労働者の人たちのリアクションが変わってくるんですよね。そういうドブ板選挙戦術で、二〇一七年の選挙では五〇の激戦区のほとんどで労働党が勝ちました。

この話がおもしろいのは、若い人たちが戸別訪問で人びとの気持ちを変えたってことだけじゃなくて、実際に労働者に会って話を聞くと、彼らが何を求めているのかがよくわかった、ということなんです。それって統計の数字を見るよりもよほど効果的ですよね。ああいう、世論調査会社が集めるデータって、そもそも質問がすでに話題になっているようなことしかしてないから、「ええっ、そういうこと気にしていたのか」という意外な事実なんかは、足で回らないと知りえないと思う。ツイッターなんかやってない人の話のほうが大事だと思うんですよね。

北田　それこそ、フィールドワークですよね。

ブレイディ　そう、まさにフィールドワークなんです。彼らはそこで聞いた話の内容を労働党にフィードバックして、コービンが演説の内容を変えたりもしたみたいです。これって、すごく古いやり方だけど、逆に新しいのかもしれないなと思います。いまみんなネットばっかりじゃないですか。左派のドブ板っていうのは大切ですよ。

北田　英国では合法ですけど、日本では戸別訪問のドブ板選挙活動は法律で禁じられているんですよね。でも、別に選挙期間中の戸別訪問とかじゃなくても、日本の法の範囲内でできることはいくらでもあると思います。だから、地道に、ドブ板とまでは言わないけど、人びとがどういうニーズを持っているかってことを、調べるとか体感するとか、それこそ調査はできるはずなんです。僕はそれを無視した愚民論っていうのが一番民主主義を踏みにじるものだと思います。

ブレイディ　そう、できることはたくさんあるんですよね。たとえば、労働党は選挙が終わったあともこういうことを続けていて、各地でワークショップを開いています。それまで、うちの近所みたいなガラの悪いところは、基本的に普通の大政党は来なかったんですよね。大政党から見放されている地域なので、来るのは極右ばっかり。だから、そういう地域が右に染まるんです。でも、この前、モメンタムの子たちが、うちの近所のちっちゃなコミュニティ・センターでマイケル・ムーアの『シッコ』の上映会をやってたんですよ。あれもアメリカの医療制度のドキュメンタリー映画だから、ＮＨＳ問題と関連付けて上映をしていました。ああいう映画って普通、学生の多いお洒落なストリートのミニシアターとか、そういう映画館で上映されるもので、うちの界隈みたいなさびれた公営住宅地の、しかも公民館みたいなところで上映なんて絶対ありえないから、チラシを見た時は目を疑いました。

でも、みんなNHSのことをすごく心配しているから、普通の労働者のおっちゃんとかが見にいっていているんですよね。映画の上映会のあとにNHS問題を語るディスカッションもやっていて、聴衆からの質問を受け付けたりしていました。大事なのはこういう草の根の活動の積み重ねで、それが本当に地べたに根付くということ（グラスルーツ）なんですよ。

松尾　一応、かつての社会党はそれなりに草の根活動をやっていましたけどね。地域活動もそうですし、組合活動のドブ板なんかもあった。でも、いまの社民党って、自分たちの置かれているじり貧の状況に対して、どうやら「労組依存がいけなかった」という総括をしているみたいなんですよね。

北田　ぜんぜん逆じゃないかなと思いますけど。社民党の脱労組依存というのは自殺行為だったんじゃないかなと思います。

松尾　社民党は労組から足をあらって、市民運動に軸足を移して、という転換をこのかんどんどん進めてきたわけですけど、その結果どうなってしまったかというと、結局同じ市民運動コミュニティの中での、似たような声しか聞こえなくなってしまったんじゃないかと思います。もちろん、かつての社会党のドブ板や労組動員がとてもいいものだったと言うつもりもないんですけど、どんなしょうもない組合でも、組合である以上、景気問題・雇用問題っていうのは大きな事柄だったじゃないですか。でも、社民党が方針を転換していく中で、そういう経済や雇用問題に対するセンシティビティが、ストンと抜け落ちてしまったんじゃないかなぁと思います。

ブレイディ　わたしも労働組合というのはとっても大事だと思います。いま、世界中でナチスが台頭してきた一九三〇年代に似ているって言われているじゃないですか。その時に、「どうして英国ではファシズムが台頭しなかったのか」っていう議論があるんですけど、実は英国の労働組合が強力で自律的だったから、失業者が孤立しなかったということも大きな原因らしいんですよ。

これはセリーナ・トッドの『ザ・ピープル：イギリス労働者階級の盛衰』という本に書いてあることなんですけど、英国の労働者たちの多くがドイツのようにファシズム支持に走らなかった理由は、政治学者の人がよく言うように「英国は民主主義の先進国だったから」というわけではなくて、英国の失業率がドイツほどひどくなかったことに加えて、失業手当の受給者がドイツのように根無し草の若い人びとではなくて、その大半が組合員だったからだということなんですよね。「労働者」というアイデンティティでつながっていたというか。

逆に言うと、労働組合と労働運動が弱くなると、極右が台頭しやすくなるってことですよね。

北田　やっぱり、土井たか子さんの功罪というのはあるんだと思います。あそこで社会党が

「労働者の党」というよりも、「護憲政党」というか「リベラルな理念を問うていく政党」であることをアイデンティティにするようになってしまった。その時に「おたかさんブーム」で躍進してつかんだ議席が、いまになってそのまま死んでいったというイメージはありますね。そういう「風」だのみではもうどうしようもなくて、ドブ板というか、地道に庶民のニーズを精査する方向に還って、きちんとした政策を練り上げていくしかないんだと思います。今後野党がどこまでいけるのかということは、野党内の議席の小さなパイを奪い合う論理を抜け出して、どこまで本気で経世済民を語りうるかにかかっていると思います。

真のポピュリズム（民衆主義）に向かって

ブレイディ　一時的な風だのみで政策論争を軽視するというのは、わたしはそれこそ「ポピュリズム（人気主義）」なんじゃないかと思います。世間ではよく「ポピュリズム」が批判されていますけど、本当に問題なのは「ポピュラリズム」のほうなんですよね。
「ポピュリズム」って言葉は、日本では「大衆迎合主義」と訳されたりして頭ごなしに悪いもののように言われがちですけど、「オックスフォード・ラーナーズ・ディクショナリー」のサイトにいくと、「庶民の意見や願いを代表することを標榜する政治のタイプ」とシンプルに書かれています。「ポピュリズム」というのは、そもそも一九世紀のアメリカでは、農民たちが自らの利益を求めた地べたからの運動でした。その時の農民たちのための政党の名前がポピュリスト（人民党）だったんですよ。だからもともとは「ポピュリズム」というのは「民衆主義」くらいの意味なんです。

コービンは「左派ポピュリズム」と言われていますが、本当に必要なのはこういう民衆主義なんだと思います。ポデモスのパブロ・イグレシアスは「ポピュリズムとは、イデオロギーでも一連の政策でもない。「アウトサイド」から政治を構築するやり方のことであり、それは政治が危機に瀕した時節に拡大してくる」って言っていますが、「ポピュリズム」というのは、大前提として社会の「下」の側、イグレシアス風に言えば「アウトサイド」の立場に立とうとする人たちのことなんです。だから、テレビに出ている有名なタレントを選挙に出馬させたりする手法は単なる「ポピュラリズム」です。それこそトランプとか都知事選の時の鳥越（俊太郎）さんとか、希望の党とかが「ポピュラリズム」ですよ（笑）。

北田　ですね。ポピュリストという立場取りを悪と決めつけてしまう議論の仕方には強い違和感を覚えます。ブレイディさんがおっしゃったように、アメリカでの「ポピュリズム」と言えば、一九世紀末の、北部エリート階層への反発から生み出された農本主義・反エリーティズムの思想でした。鉄道などの巨大産業、金融資本が整い産業革命が本格化していく最中で、中小の農業従事者、南部の零細白人プランターなどが、連邦と産業を支える北部への鬱積を抱え、「第三の道」を創り出していった。

この南部の反エリーティズムには、いまで言えばヒラリー・クリントン的なものへの敵意がトランプを生み出したような側面もあって、当然のことながら「ジム・クロウ時代」（奴隷解放後もアメリカ南部に人種差別的な内容を含む州法があった時代のこと）の人種差別を色濃く反映しているところもあります。しかし、産業構造の大転換期に既成政党が不可視化した人びとのニーズをすくい取った部分はあるわけです。ポピュリストは「大衆迎合主義」というよりは「反エスタブリッシュ主義」と訳されるほうが適切であると思います。当時すでに問題化されていた「大衆（Mass）」とは異なる「民衆（People）」が前景化されているわけですから。

松尾　これまでお話ししてきたように、僕はトランプ的なもの、安倍政権的なものにそういう民衆のニーズをすくい取られてきてしまったことが問題だと思います。左派は「大衆迎合主義」だと言ってそこから目をそらすべきではなくて、「ご飯を食べたい」という民衆の切実な希求こそを読み取るべきだと思います。ブレイディさんのおっしゃるように、パブロ・イグレシアスなどの欧州の反緊縮運動の人たちはみんな「ポピュリズム」と言われるのを拒否しないですもんね。庶民の意見や願いを代表することの何が悪いのか、って思っている。僕はそれこそがレフト3・0のあるべき姿勢だと思います。必要なのは左からのポピュリズム、まっとうな民衆主義なんですよ。

北田　おっしゃるように、愚民論やポピュラリズム（人気主義）ではなくて、本当の意味での左派ポピュリズム（民衆主義）がいま切実に求められているんじゃないでしょうか。どう考えても先進諸国で起こっている現象は、「ポピュリズムの愚民主義はダメだ」で対処できるようなものではない。「民衆的なもの（the Popular）」の残酷さも十分に考えたうえで、それでも人民のためのポピュリズムが求められている。

思うにレフト3・0の課題は、どれだけ泥臭くなれるか、ということだと思うんです。ブレイディさんの言うグラスルーツです。しかしこの言葉で気をつけなくてはいけないのは、およそ六〇年代後半以降、「自分たちは草の根である」ということを主張しなかったレフトは存在しなかったということだと思います。

ブレイディ　そりゃ、たしかに！（笑）

北田　レフト1・0のまずさをよくわかっているから、みんな草の根だと自認し、宣伝するんですよね。ポストモダンブームの時のキーワードは「リゾーム（根茎《こんけい》）」でしたし、最近ではネグリたちの「マルチチュード（ラテン語で「多数」「民衆」の意味）」です。こうした概念は、先行世代の左派批判にはその都度使いやすいのだと思いますが、社会学的には根拠が見当たりません。正直わたしは単なる高学歴者の流行思想なんじゃないかと思います。なぜかと言うと、そこでは「民衆的なもの（the Popular）」の残酷さから、都合よく目が背けられているからです。「大衆迎合主義」というレッテルが貼られる時、民衆は理論好きの知識人から見て、単に愚かで非合理で、騙されやすい有象無象なのでしょう。

ブレイディ　わたしは『THIS IS JAPAN』の中で「大空に浮かぶクラウド、地にしなるグラスルーツ」って書いたことがあるんですけど、わたしの言う「地べた（グラスルーツ）」ってていうのは、「インターネットのクラウドでみんなが自由につながりあって……」っていうような軽やかでかっこいいものじゃなくて、モメンタムの「ドブ板選挙戦術」みたいな泥臭さの積み重ねのようなものなんです。

松尾　「ポピュリズム」批判と並んで、最近「反知性主義」というようなことも言われていますけど、僕はそれもちょっと違うと思うんですよね。片っぽに感情的で目先のことしか考えない大衆がいて、もう片っぽに普遍的な視野を持って理性的に物事を判断できる人たちがいる、というような図式をとってしまったら、それは単なるエリーティズムに陥ってしまうのではないかと思います。そうではなくて、空腹の胃袋とか過労の筋肉痛といったレベルの、素朴な生活実感に基づく大衆の怒りや願望こそが、左翼が本当に依拠するべきものなんですよ。

北田　安倍政権にしても「人気」が支えてきたわけではないことは、これまでの内閣支持率を見ても明らかです。とても逆説的なことですが、民衆の台所事情という政策的課題、本来左派のものであるはずの雇用対策を、改憲のためならなんでも手段化する安倍さんが採用していて、そのイデオロギーではなく政策が、「他よりもマシ」という形で静かに支持されてきた。第二次安倍政権以降では安倍さんはイデオロギー的なラディカリズムを背後に回して、つまりはイデオロギー指導者としての安倍さんのイメージを抑制して、左派的な経済政策を換骨奪胎し、民衆の静かな支持を調達してきたわけです。

こうした「右派ポピュリズム」に対して、左派が愚民論で対抗できるとは到底思えません。原点に立ち戻って民衆主義としてのポピュリズムを奪還し、正面から経世済民を訴えていかなくてはならない。右派に奪われた民衆を奪還しなくてはなりません。これはとても政治的かつ社会的な方向性です。それは、昨年から立て続けに生じているスキャンダル（さらにそれに続く公文書改ざん問題）による安倍政権の行く末に関わらず、変わることのない左派の喫緊の課題です。左派は、イデオロギー的な人気取りに走っている限り、インテリのお仲間サークルで終わってしまいますよ。

ブレイディ　わたしは『ヨーロッパ・コーリング』の中で、イグレシアスの「勝つためには、我々は左翼であることを宗教にするのをやめなければいけない。左翼とは、ピープルのツールであることだ。左翼はピープルにならなければならない」という言葉を引用しました。ピープルとかツールとか言うとしゃれた感じですが、日本語にすれば「左翼は民衆の道具たれ。左翼は民衆になれ」という泥臭い言葉です。イデオロギー・ゲームでは左派と民衆の乖離は埋められないのだというこの言葉の意味を、左派は考えるべきだと思います。

補論2

新自由主義からケインズ、そしてマルクスへ

ケインズ経済学と新自由主義

北田　さて、これまで松尾さんには経済学の基本的な考え方と経済政策のあり方について、ブレイディさんには欧州の反緊縮運動の現況とその政治経済的な力学について、詳しくお話をお伺いしてきました。

ここでは本編の議論を補足する意味で、松尾さんにマルクス経済学についてお伺いしたいと思います。松尾さんは数理マルクス経済学者でもありますが、これまでのお話とマルクス経済学とはどうつながるのでしょうか？

ブレイディ　そのお話はわたしも聞いてみたいですね！

松尾　そうですね。ただ、そのお話をする前に、少し繰り返しになりますが、ケインズの話をもう一度させてください。というのも、ケインズとマルクスの関係についてご説明しようとすると、まずケインズの理論の現代的な核心がなんだったかという話を先にしなければならないからです。

北田　では、まずそのお話からお願いします。

松尾　ケインズの理論というのは、サプライ・サイドの問題にばかり注目していた古典派の経済学に対して需要の問題を発見したことにあるというお話をしましたよね。「有効需要の原理」とか「総需要不足」とかいうやつです。ではケインズは、なぜこの総需要不足という状態が生じると考えたのでしょうか。

ブレイディ　不況で人がものを買わなくなるからですよね。

松尾　そう、ものを買わなくなるのが原因なんですが、そもそもそれがなぜ起こるのかというお話です。ケインズの議論は難解なので、かつての解釈では、総需要不足の原因は価格や賃金の「下方

硬直性」にある、という風に思われていました。

これは、需要と供給のバランスが短期間で均衡せず、不況の状態が長引いてしまう理由は、商品の価格——特に労働力という商品の価格（賃金）——が下がりにくいからだ、という理論だったんですね。ものが売れ残っても価格がなかなか下がらないので、需要不足が解消されない。同じように、失業者が出ても賃金がなかなか下がらないので、企業は雇用を増やす気になれず、失業が解消されない（不完全雇用均衡）。こういう事態があるので、政府が財政出動して需要をつくり出していかなければならない、ということになっていました。

何度かお話ししましたけど、本来、ケインズの経済学というものは一九三〇年代の世界恐慌下で考案されたものなので、基本的にはデフレの経済学です。だから、新自由主義のバックボーンの「新しい古典派」の経済学が完全雇用下での供給側の経済成長に注目するのに対して、ケインズ経済学では不完全雇用下での需要側の問題に注目するのです。

一九三〇年代に画期的だったこのケインズの理論は、当時の主流派の経済学（新古典派）から見ると異端でした。そしてこれも前にお話ししたとおり、ケインズの学説が経済学の主流の考え方になったのは、実は戦後の高度経済成長の時代だったんですよね。

北田　ケインズの理論は、本来は生産性成長（天井の成長）を前提としていないという話ですね。

松尾　はい。ケインズ自身は第二次世界大戦中に亡くなってしまうのですが、その後ケインズの理論に影響を受けた人たちが世界中に拡がって、一九六〇年代のアメリカなどでは、ケネディ大統領の「ニュー・エコノミクス」の掛け声のもとでケインズ派の経済政策が大々的に実施された結果、ほぼ完全雇用の状態が実現されました。しかし、そのあとの七〇年代に起こった、インフレなのに不況という「スタグフレーション」という新しい現象を、当時のケインズ派経済学者はうまく説明できなかったんです。

普通は好況の時に物価が上昇してインフレになり、不況の時には物価が下落してデフレになるはずなのですが、この頃は、不況なのにインフレになるという奇妙な現象に世界中が見舞われました。もともと、スタグフレーションの原因は、石油資源の高騰などを主な原因とするもので、その時の「不況」と思われていたものは総需要不足に起因するものではありませんでした。にもかかわらず、ケインズ派の経済学者たちは、不況で失業者が増えたからといって需要拡大政策をとって、ちっとも失業が減らずに、むしろインフレが悪化するばかりになってしまったんですよね。

ブレイディ　それで、「なんだケインズぜんぜんダメじゃん」という話になったわけですね。

松尾　それを批判して脚光を浴びたのがミルトン・フリードマンらとその後の「新しい古典派」の理論でした。フリードマンはケインズ派の理論を一九六〇年代からずっと批判し続けていた、当時少数派の経済学者だったのですが、七〇年代のスタグフレーションを経て、八〇年代になって、彼の理論が脚光を浴びることになります。

北田　そしてその流れが八〇年代以降、逆に主流の経済学になって新自由主義を生み出していく。

松尾　はい。この理論は当時ものすごい説得力を持っていて、一時ケインズ派が主流になっていた経済学の流れが、八〇年代から九〇年代にかけて一気にそちらのほうに傾いていってしまいました。

簡単に言えば、この立場（新しい古典派）はケインズ以前の古典派・新古典派の視点を新たにルネッサンスするものでした。そこから見ると、総需要不足などというものは放っておけば市場の「見えざる手」が調整してくれるのだから、政府の財政出動などしなくてもいいという風に考えられました。また、経済はいつも天井に張りついているものだから、景気の変動というのは天井自体の上がり下がりなのだとみなされることになります。

経済がいつも天井に張りついているということは、完全雇用の状態が前提となっていますから、失業者というのは本当は存在せず、失業者は自分で好きで働かない人なのだと言われます。あるいは、失業者が出るのはその人の持っているスキルが古い産業でしか使えないスキルだからで、技能訓練をして新しい産業に対応した人材に変身すれば、それは解決するのだ、ということになります。

ブレイディ　前にブレア政権が失業者は職業訓練をすればなんとかなるという政策をとった、って話をしましたけど、基本的な考え方はこれと同じですよね。だからネオリベ的な自己責任論になる。

松尾　そうそう、「第三の道」というのは、新しい古典派の議論によって、かつてのケインジアンの理論が古くさいものとして捨て去られたあとに出てきているから、失業問題をサプライ・サイドから考えがちなんです。さらにこの立場から、経済が停滞しているのは天井自体が低くなっているからなので、技術革新をすることが肝要なのだ、というような考えも拡がりました。これがいまの「成長戦略」という考えのもとになっています。

「流動性選好」とは何か

松尾　しかし、九〇年代頃からケインズ理論の読み直しが進みました。そして、ケインズが不況の原因として挙げていることの核心は、価格や賃金の「下方硬直性」ではなく、「流動性選好」という概念にあるのだということが発見されたのです。

北田　「流動性選好」というのは、人には実は「貨幣そのもの」を欲望してしまうような選好構造（経済主体が複数の選択肢の中からある商品やサービスを選び、それを欲求すること）があるということですね。何にでも交換できる貨幣というのは、ある意味で一番流動性が高い商品ですけど、人には「流動性そのもの」を求めてしまう性質がある。

松尾　そのとおりです。以前（第三章）にも僕は、デフレというのは「お金そのものの価値が高くなる」状態だとご説明しましたが、これはつまり、お金そのものが過剰に需要（貨幣の超過需要）されてしまっている結果、ものやサービスの購入にお金が使われなくなってしまっている（供給に対して需要が不足している）ような状態だということです。たとえば、景気の先行きが不透明だから、ほしいものがあってもなるべくお金を使わないでおこうとしたり、企業が設備投資や人を雇ったりすることをせずに、できるだけ内部留保を貯めこもうとしたりしているような状況が考えられます。この、人びとがお金を使わずに貯めこもうとする傾向を「流動性選好」と呼ぶのですが、こういう状況が過度に進むと、社会全体の需要が不足する深刻な不況になります。それがケインズの言う総需要不足の原因です。

ブレイディ　人がものを買わなくなるのは、将来が不安になったりして、お金を貯めこむからだってことですね。

松尾　そうです。じゃあ、こういう「みんながお金を使わずに貯めこんでいるような状態」を解消するためにはどうすればいいのかというところに、金融政策が絡みます。その場合、よく言われるのは、日銀がどんどんお金を刷って出していくと、世の中に出回るお金の量が増加するだろうという推論が一つ成り立ちます。世の中に出回るお金の量が増えるということは、お金の供給が過剰になっていくということだから、「お金そのものの価値」はどんどん下がっていきます。そうやっていくと、人びとはやがてお金を貯めこまずに使うようになるはずなので、需要不足が解消されることになるはず――こんな推論です。

通常だと、中央銀行がお金の供給量をどんどん増やしていけば、やがてデフレの状態が解消されてインフレになると思われていました。しかし、中央銀行がゼロ金利政策をとっても、デフレが収まらないという状況が九〇年代の日本で生じました。

北田　それが「流動性の罠」ですね。

松尾　はい。日銀が出したお金であるマネタリー・ベースが増えればインフレになるはずなのに、どんなに貨幣を供給して金利をゼロにまで引き下げても、消費にも貸付にも回されずに貯めこまれてしまうと、いつまでたっても財やサービスへの需要が伸びずにデフレが解消されません。この貨幣の超過需要が「流動性の罠」です。

そうなったらどうすればいいかというと、ここで最初の説明に戻るんです。ケインズは不況下に起こっているのは「総需要不足」という状態だと言いましたが、この総需要不足というのは、価格や賃金の「下方硬直性」からではなく、人間がお金をそれ自体で貯めこもうとする性質を持つ「流動性選好」というところからきている、というのが新しく解釈されたケインズの理論の核心でした。

たとえば、ちょっとした不景気は通常の景気循環で起こることですが、ケインズによれば、深刻な長期不況というものは、①人びとが不況や失業を恐れるあまり、自分だけはお金を貯めこもうとするというような行動を、②みなが一斉にとることによって、③社会全体の需要が足りなくなり、④そのことでかえって不況が悪化して、失業が増え、所得も上がらなくなり、⑤その結果としてますます安心してお金が使えなくなり、⑥デフレがデフレ状況を再生産する、という悪循環的なメカニズムで起こっているんですね。

これは経済学的に「合成の誤謬」などと言われているような事態です。個々人にとっては自分が一番得する戦略で合理的に動いているつもりなのに、その行動が全体として、個人の首を絞めているような状態だということです。

北田　人びとが不況を予想して行動することによって、デフレが再生産される、ということですよね。

松尾　そうです。仮に人びとが今後もデフレ不況が続くと予想しているような状況を考えてみましょう。消費者にとってはいま買うよりも将来のほうがもっと値段が安くなるはずなので買い控えが起こりますよね。さらに賃金は今後も上がらず、むしろ下がる可能性があるので、ローンを組んで大きな買い物をすることも控えるようになります。企業の側からすると、設備投資を増やそうとしても、将来のほうがもっと設備投資の費用が安くすむので先延ばしをしようとします。またデフレだと銀行から借金をして設備投資をすると、将来自社製品の売値が下がって借金がどんどん重たくなる可能性があるので、借り控えが起こりま す。こうして設備投資などをしなくなると、総需要が冷え込んで不況がさらに続きます。そしてますますものが売れなくなり、失業が増えるので、よりデフレ状況がひどくなります。このように、人びとのデフレ予想がさらなるデフレを招くわけです。

北田　それは社会学では「予言の自己成就」(ロバート・K・マートン)などと言われる議論にも通じる話です。マートンは健全経営だった銀行が、「経営が危ないらしい」という噂をきっかけに、取り付け騒ぎが起こって、本当に破綻したという一九三〇年代のアメリカで実際に起こった事件(一九三二年の旧ナショナル銀行の取り付け騒ぎによる破綻)を例に説明していますけど、「倒産しそう」という「予期」が自己実現してしまうというものです。

デフレの場合は、いま松尾さんがご説明してくれたようなメカニズムで再生産されるのですが、バブルの場合も似たようなメカニズムですよね。つまり、みんなが「値段がもっと上がる」と思って(予期して)商品なり資産などを買うので、実際にその商品の値段が本当に上がってしまうというパターンとして考えられる。

経済現象の根幹にはこの「予期」のメカニズムが働いているわけで、「流動性の罠」というのは、このデフレを再生産する「予期」のメカニズムのことを指しているわけですね。

松尾　まさにそうです。こうした「流動性の罠」を踏まえて、ニュー・ケインジアンと呼ばれる現代的なケインズ派の中の多くの論者が提唱するインフレ・ターゲット政策（インフレ目標。黒田日銀がとっている金融政策の一つ）というのは、人びとの「期待（＝予想／予期）」に働きかけて、みんなのデフレ予想をインフレ予想に転換させようとする政策なんですよ。具体的には、「これから政府・中央銀行がXパーセントのインフレを達成するまで、責任を持ってマネタリー・ベースを増やし続けます」と公的に宣言することで、人びとのデフレに対する不安をなくしてしまおうというわけです。

北田　デフレにかかわる「予期」がデフレを再生産しているのならば、その悪循環をまずは断ち切らなければならない、というわけですね。たとえば、黒田日銀は「目標インフレ率二パーセント」というインフレ・ターゲットを設定していますが、これは「目標を達成するまでは、政府と日銀は責任を持って金融緩和を続けるので、お金を貯めこまずにどんどん使ってください」というメッセージを市場に向けて発していることになる。

松尾　はい。インフレ・ターゲット政策が狙っているのは、人びとの頭の中からデフレ予想をなくしてしまって、インフレ予想をつけることなんです。「将来インフレになるようにします」という宣言を市場に向かって発して、その目標が達成されるまでずっとお金を増やし続けたとすれば、それは実質的に「お金を使わずに貯めこんでいると、インフレでその価値が減って損をするようにします」という政策をやっているのと同じになります。こういうやり方によってゼロ以下にまで実質利子率を下げ、設備投資や住宅投資や耐久消費財消費などの総需要を増やすというのが政策の目的で、事実上のマイナス金利を実現しようとしているわけですね。

ブレイディ　前にサンダースの政策について話題になった時に、サンダースが言っていた「ＦＥＤ

が民間銀行の超過準備に対してフィーをとる」という政策も、インフレ・ターゲットとは別のやり方で「マイナス金利」を実現しようとする政策ですよね。

松尾　はい。フィーをとるというやり方は即物的にマイナス金利を実現する方法ですが、日本でも二〇一六年から部分的にこの政策をとっています。それに加えて、インフレ・ターゲット政策をおこなうことで、より強い形でマイナス金利状態に導こうとしているわけです。

もちろん、貨幣の超過需要というものが「流動性の罠」の定義なので、中央銀行が貨幣供給量を増やしても、しばらくの間は、やっぱり何にも使われずに貯めこまれてしまうでしょう。しかし、ひとまず何にも使われなくてもいいから、その需要（貨幣自体に対する需要）に応じて貨幣を供給し続けてやらないと、ますますお金が貯めこまれて、デフレがひどくなってしまいます。

北田　イメージ的には、社会がいったん「流動性の罠」に陥ってしまったら、ある閾値に達するまでは、中央銀行がお金を出していっても、銀行に貯めこまれるだけで、財やサービスを実際に買う場面に流通しないってことですよね。だから、政府はその閾値に達するまで、日和らずに金融緩和をし続けなくてはいけない。

松尾　実際に、世の中に出回るお金が増えだすのは、だいぶたってからです。仮に設備投資が増えだしても、当面は企業が自分で貯めこんでいる内部留保などのお金が使われるでしょう。やがてそれが足りなくなってから、はじめて銀行の貸付がはじまり、世の中に出回るお金の総量（マネー・サプライ）が増えだすわけです。

そうなるまでの間は、政府がインフレ目標を設定して日銀の出すマネタリー・ベースを増やし続けるとともに、その金融緩和でつくったお金で積極的な財政出動をして、人びとの雇用を創出することで、みんなが安心して「消費」をおこなえるような環境をつくらなければならない。財政出動というものは、それ自体で政府自身が積極的に「消費」をおこなってしまう（政府が財やサービスを購入する）ということになるので、社会全体の総需要不足の状態を改善するための政策が二本柱で組み合わされることになります。

この場合、増税にもよらず、実質的な政府債務を増やすこともなく、政府支出を増やせるので、政府はインフレ目標に達するまでそれを続けるだろうということが、誰にでも見通せます。そうすると、人びとの頭の中でインフレ目標がインフレの予想として確信されるので、お金を貯めこまずに設備投資などに使うようになります。前にもお話ししたように、安倍政権の場合、積極的な財政出動をしたのは最初の一年だけでしたからダメなのですが。

北田　「金融緩和（マネタリー・ベースを増やし、金利を下げる）＋財政出動（政府が商品やサービスを買うことによって、社会の需要の総量を増やす）」政策とインフレ・ターゲットを組み合わせることによって、デフレ不況を脱却するというアイディアですね。

ブレイディ　伝統的なケインズ主義政策のパワーアップ版みたいな感じですね。

リフレーション政策はマネタリズムとは別物

北田　いまのお話は、「リフレーション政策」と言われるものですよね。いわゆる「アベノミクス」の「第一の矢」と「第二の矢」というのは、ニュー・ケインジアンの経済学者であるポール・クルーグマンの「リフレーション論」をもとにしています。

松尾　デフレを脱して、悪性のインフレとまでは言えない水準のマイルドなインフレ状態までもっていくことを「リフレーション」と言います。そして現代的なケインジアンの考え方に従って、このリフレーションを政策的に実現しようとする人たちのことを、日本では「リフレ派」と呼んでいます。でも、日本の左派の間では、安倍政権で採用された政策だからか、妙に「リフレ派」の評判が悪いんですけどね。世の中に出現した当初はケインズ派としてみんな小泉構造改革と熾烈に闘っていたはずなのですが、その後財政緊縮や規制緩和を唱える論者が目立ったせいもあって、一律にみんなネオリベの一種と思われたりもしているみたいです。

ブレイディ　というか、そもそもわたしは「リフレ派」っていう人びとの呼称自体が日本独自のものじゃないかと思って。はじめて「リフレ派」という言葉を聞いた時に、「英語でなんて言うんだろう？　「Reflationist」って言うのかな？」と不思議に思いました。新聞社で下訳のバイトとかをしていた時に、クルーグマンの議論とかは知っていたんですが、たとえば英国に「リフレ派」という派閥がいるとかいうようなことは聞いたことがなかったし。

それで、「Reflationist」っていう言葉で検索をかけてみたら、上がってくる記事は結局「Bank of Japan（日銀）」がどうとかいう日本関連のものばかりで、あとは一九三〇年代のケインズの時代に関するものなんですよね。一応、「オックスフォード・ラーナーズ・ディクショナリー」のサイトには意味が出ていて、最初にその言葉が使用されたのは一九三〇年代の「ザ・タイムズ」紙だった、みたいなことが書かれてますけど。

「リフレ派」というくくりは、現代ではやはり日本独特のものだと思います。あれは普通に現代のケインズ主義経済学の理論を用いた政策の一つだっていうだけで、欧州ではそれを提唱したからといって、「リフレ派」とか何か特別なものとしてカテゴライズされないですよね。

松尾　そうなんですよね。ちなみに、「金融緩和がネオリベだ」という誤解と並んで、日本では「リフレ派の議論はマネタリズムだ」という誤解もあるようなんですけど、マネタリズムというのは、一九八〇年代にケインジアンと「新しい古典派」の系統の論争があった時に、ケインジアンの論争相手だったミルトン・フリードマンが提唱していた学説なんですよね。

ブレイディ　むしろ、相反する理論なんですね（笑）。

松尾　まずもってザックリ言えば、マネタリズムは基本的に政策無効論であって、リフレ政策で景気を拡大できるとする議論とは正反対です。貨幣供給を増やしても、一時的には総生産は増えるかもしれないけど、やがてそれはもとに戻り、結果的に物価が上がってしまうだけで有害無益だとするのがマネタリズムの議論です。

もっとも、細かいことを言えば、後年フリードマンの議論を見直してみたら、大恐慌研究で、もっとお金を増やしていれば大恐慌は克服できていたと言ったりしていて、必ずしも政策無効論一辺倒ではなかったことが認識されるようになって、ケインジアンからも再評価されるようになった経緯はありますけど。

貨幣の物神性を弱める

松尾　ケインズの話が長くなりましたが、それがどうマルクスの話につながるかと言うと……。

ブレイディ　それを待ってました（笑）。

松尾　マルクスとケインズをつなぐポイントは「流動性選好」、つまり貨幣フェティシズムの問題なんです。あるいは「予想」とか「期待」「信用」のような観念的なものが、物質的再生産から乖離してひとり歩きして、経済を根本的な形で動かしてしまうことへの批判的視点だと言ってもいいでしょう。

たとえば、『資本論』でも、一番はじめの「価値形態論」のところで、「物象化」とか「物神崇拝」の話が出てくるじゃないですか。貨幣というものがすごい呪術的な力を持ってくるという話がありますよね。僕はあの理論はフォイエルバッハ（ドイツの青年ヘーゲル派の哲学者）とかが宗教批判をした時の「神」という概念に対する批判図式（疎外論）をうまく使っていると思っているのですが、要は神さまみたいな位置に貨幣がある、という図式なんですよね。だから、マルクスはお金を貯めること自体が自己目的化してしまうという話をしているわけです。

マルクスによればこのように「お金を貯める」ということが自己目的化すると、一生懸命節約をしてお金を貯めるという段階では限界があるから、やがてそのお金で労働者を雇って事業をするようになる。それでお金を膨らませていって「資本」というものが出てきますというのが、資本論全体のお話です。で、そのはじまりには「お金は自己目的化して膨らんでいく性質がある」ということで、マルクスはそこを資本主義批判の基本にしています。

北田　『資本論』の有名な「G–W–G'」という議論ですね。「G」が貨幣で「W」が商品、「G'」が自己増殖して増えた貨幣だという一般式。

松尾　そうです。それで、この貨幣の物神化という視点からケインズの理論を見てみると、不況というものは「人びとが貨幣を貯めこむところから起こる」ということになっているわけですね。マルクスの言い方では、「W–G」が「G–W」に回らないで乖離する。ケインズの一般理論の体系というのは、『雇用、利子および貨幣の一般理論』というタイトルで、叙述の順番もほぼそのとおりなんですけど、「雇用の原因は利子、利子の原因は貨幣」という順番になっています。それで最後の原因は「貨幣」なんだということになるわけです。何も買う予定がないのに、お金を貯めこもうとするという流動性選好が、不況をもたらしている。それに対するケインズの処方箋というのは、デフレ（貨幣の価値が高くなる）状態から、インフレ（貨幣の価値が低くなる）状態にしてやるということ、つまり、貨幣の持っている摩訶不思議な「物神」的な力を弱めてやる、貨幣を貶めてやるっていうことなんです。

北田　つまり、貨幣を「脱物神化」させるっていうことですね。

ブレイディ　貨幣を崇め奉って貯めさせないぞ、使わせるぞってことですよね。おお、反緊縮のスピリットじゃないですか。

松尾　デフレなんかは、何にも使わなくてもお金を持っているだけで、お金の力がどんどん強くなっていく、という状態なんですよね。それを反転させて、お金を貯めこんでいると損になってきますよ、という状態をつくろうというのがケインズの一番の基本です。「利子生活者の安楽死」という話もそういう文脈から来ていて、そういう意味では、ケインズの問題意識はマルクスの問題意識と共通しています。

北田　実は社会学でもケインズと同時代に、「予期」とそれを可能にする「媒質」問題が議論されはじめたということがあるんですよね。わたしはこれは歴史的に偶然ではないと思います。たとえば、社会学ではタルコット・パーソンズ（アメリカの社会学者で「社会システム理論」の創始者）という人が、一九三〇年代後半にはじめて社会学の一般理論をつくろうとしました。彼は経済学の勉強もよくしていて、ヴィルフレド・パレート（イタリアの経済学者。「パレート最適」の概念を考案した）の名を冠した研究会なんかもしていたんですけど、パーソンズの根本の問題意識は社会秩序はいかにして可能かというものでした。その時に「予期」の問題、そして他者の行為に対する「予期の予期」の問題が取り上げられました。こういう風に、人びとの予期が何重にも重なっていることで社会ができている。この複雑な社会がそれでも秩序を保つ条件は何だろう、という問いを立てています。

松尾　タルコット・パーソンズがそんなこと言っているんですね。

北田　ちょうどケインズと同時代ですし、ぜんぜん離れたところでスウェーデンの経済学者のグンナー・ミュルダールも「予期」のことを考えている。どうも「予期」が社会を変えてしまうという気づきが、あの時代に一斉に、リアルな形で出てきたようなんですね。さっきも言ったロバート・K・マートンの議論もそういう問題意識の延長線上に出てきたものだと思います。

そういう「予期」の問題系にぶち当たった時に、みんなその「予期」を可能にしている媒体を解明して、それを脱物神化していく必要があると考えました。ケインズの経済学というのも、逆にそういう社会科学の歴史という観点から位置づけることもできるかもしれません。

いまの日本が置かれている状況ってまさしくそれなんじゃないですかね。一見すると、成熟社会派の人というのは、貨幣から自由であるように見えるけど、わたしにはものすごく貨幣にとらわれているように見えます。まさしく貨幣にのみ込まれて、流動性の罠にはまりきっちゃっているんじゃないでしょうか。

松尾 それはおもしろいですね。「予期の問題系」というのは、貨幣以外にもマルクスのさまざまな社会システム把握にも通じるし、青木昌彦の現代的な制度経済学にも通じる。ただ、ケインズとマルクスの問題意識に共通するところがあると言っても、もちろんマルクスにとっては、貨幣を脱物神化することは、資本主義社会を超克しないと無理だということになりますし、『資本論』の経済体系そのものはケインズの理論とまったく違った角度から展開されているんですけどね。

ブレイディ 『資本論』の体系っていうのはどういう風になっているんですか?

松尾 もともと『資本論』の経済理論というのは、ケインズのように景気の各局面の話をしているのではなくて、もっと構造的な話をしているんですよね。長期的な再生産構造とか持続可能性の話になっていて、その中にいましたような景気の話は直接には入ってはこない。

たとえば、マルクスも「相対的過剰人口の累積」とかって言い方で失業の話はしているんですけど、それは「資本の有機的構成」が高まっていく――要は機械化が進んで労働のほうが少なくなっていく――と、それで失業者が発生していくという話です。

ブレイディ　ＡＩに仕事を奪われる的なやつですかね？

松尾　ああ、そうそう！　それは技術的に労働が不要になっていって失業者が出るという話であって、ケインズのように生産物に対する需要が少なくなるから機械や工場を遊休させることによって、貼りつける労働が少なくなるという話をしているわけではない。だから、『資本論』の失業の話とケインズの総需要不足による失業の話はぜんぜん違うので、これは一緒にすることはできません。マルクスには「再生産表式」とかで、生産物を「生産手段」と「消費財」って二種類にまとめて、それぞれの需給一致条件を考えるという話もありますが、あの式は「両財の超過需要の和がゼロ」になるようになっています。つまり、生産手段部門で超過需要が出ていたら、消費財部門でちょうど同じだけ超過供給が出る。だからあの世界では財の均衡条件式は、二部門想定しているのに一本しかない。これはいわゆる「セイ法則」なんですよ。

北田　セイ法則というのは「供給は自らの需要を創造する」という定式で、ケインズ以前の古典派経済学がとっていた、「供給に合わせて需要が拡大する」という考え方のことですね。

松尾　その言い方は、ケインズが当時の主流派経済学を批判する時に使った誤解を生みやすい表現なのですが、正確に言えばそれぞれの財には需要不足・供給過剰も起こりえるんだけど、そんな財があれば、別の財では必ず供給不足・需要超過になっていて、すべての財を総計すれば、総需要は総供給に必ず一致するということです。一八世紀のフランスの経済学者のジャン＝バティスト・セイという人が考えた理論で、ケインズの時代までは主流の考え方でした。

マルクスは古典派経済学を深く学んだうえで、

それを批判する体系をつくろうとしたので、前提として当時の主流学説だったセイ法則を使っているわけです。資本家が自らの収入できっちり支出する前提を立てる限りそうなります。そういうセイ法則を前提としたモデルを立てているので、ケインズのように総需要が全般的にすべての財に関して不足しているという事態を表すことができない。だから、ケインズ経済学というのはマルクスの『資本論』のモデルそのものから出てくるものではありません。もし総需要不足を表そうとしたら、設備投資などの資本家の支出が収入に合わせてきっちり決まるのではなくて、独立に意思決定される要因を理論に入れなければならないし、そうなるとお金の貸し借りや、お金をお金のまま貯めこむ可能性を明示的に理論モデルに組み込む必要があります。

ただ、マルクス自体が恐慌を知らなかったわけではなくて、もちろん十分知っているわけですね。広い意味でのマルクスの政治経済学の中では、もちろん総需要不足の不況の存在とかは意識はされているんですが、経済理論として体系的に論じられてはいない。まず物事がその本質に一致した姿から論じはじめて、あとでそれが乖離した現象に議論が移るというのは、マルクスの一貫した叙述の仕方ですけど、それでいくと、まず総資本と総労働の全体的な生産関係の再生産が市場の不均衡によって乱されないクリアな姿を論じ、しかるのちにそれが乱される議論に移るという手順になります。マルクスの経済研究の計画は生前には未完なので、基本的にこの後者まで議論が到達しないで終わっているのだと思っています。

唯物論の重要性

北田　ケインズとマルクスということで言えば、岩井克人さんの『不均衡動学の理論』（岩波書店）というのは、八〇年代末の段階で、いち早くケインズの流動性選好の問題に注目した本でもあったと思いますけど、彼も『貨幣論』（ちくま学芸文庫）の中で、その問題意識をマルクスの「価値形態論」につなげて書いていましたね。結論にはまったく賛同できない本なんですけど、論壇には重宝されました。

松尾　たしかに、岩井さんは『貨幣論』の中の「恐慌論」で、マルクスの価値形態論と恐慌論をケインズの流動性選好論とつなげて読んでいました。ただ、岩井さんの問題というのは、なぜかそこからハイパー・インフレを警戒する議論に展開していくところなんですよね。

北田　そうなんですよ。景気循環の問題は、貨幣という「予期」にかかわる媒質の特性からくるものだ、という議論から、「(貨幣に対する) ひとびとの欲望によってひきおこされる恐慌がいかにはげしいものであろうとも、それに続く不況がいかに長引くものであろうとも、資本主義社会にとってはなんら本質的な危機ではない」という話になって、いきなり資本主義の本当の危機はハイパー・インフレにある、という議論につながっていってしまうんですよね。

松尾　要するに、あの理論は、普段は貨幣がバブルな状態にあるっていう話じゃないですか。つまり、貨幣というものをみんなが求めている状況というのは、貨幣バブルの状態であって、裏を返せば貨幣（という商品）に対して他の商品が相対的にデフレの状態にあるってことですね。おそらく、当時の岩井さんは、この貨幣バブルを弾けさせて、貨幣の物神性を完膚なきまでに崩したいという欲望を持っていたんだと思います。だから岩井さんの理論では、インフレが加熱してくると、ある地点でみんなが貨幣は神さまじゃないって気がつく、その時に貨幣バブルが弾けて、ハイパー・インフレが起こるっていう話になっているんですよね。僕はあれは革命待望論だと思いますけど（笑）。資本主義社会の物神性が崩れて、貨幣が紙くずになることで、資本主義社会が崩壊して革命が起こる、というような筋立てになっているんですよね。

北田　おっしゃるとおりだと思います。だから、「ケインズ主義政策で貨幣の物神性をゆるめて、恐慌を防ごうなどというのは、資本主義の延命策でしかない」「ケインズ主義は修正資本主義だ」という考え方が『貨幣論』の背後にはあるのではないかと思います。

松尾　さっきも言ったように、マルクスの中にも貨幣を脱物神化するには、資本主義社会を超克しないと無理だという考えはありますからね。でも、そのためにまず何をやるかというと、『共産党宣言』でも『フランスにおける内乱』でも、「革命政権は中央銀行を国有化して信用を国家の手に集中するのだ」と言うんですよ。結局その場合、政府が通貨を自由に発行できるようになるわけです。

北田　岩井さんは最近ほとんど論壇には登場されなくなりましたけど、新聞のインタビュー（「期待は経済の本質」「日本経済新聞」二〇一四年一〇月二五日）などを見る限り、日銀の金融緩和政策について、人びとの期待に働きかけて総需要を高めるという政策は、ケインズ主義的なスタンダードなマクロ経済政策なので基本的に正しい、という比較的穏当な立場をとるようになっているみたいですけどね。

松尾　僕もマルキシストとしては、資本主義を超える次の段階の社会システムは目指すべきだろうと思ってるし、目指していけるような条件を人間社会はつくっていくんだろうとは思うんだけれども。

マルクスの唯物史観で、たとえば封建社会から資本主義ができましたっていうことが、どうやって説明されてるかっていうと、上部構造が変わる前に、土台が先に変わるわけですよね。経済的実体の中に、封建的な、農奴から年貢をとっていく関係のほかに、商品交換関係ができてきて、ブルジョワジーが事業をはじめてそれが拡がっていく。で、そうした初期的な資本主義がだんだん拡がっていってそれが力を持ってきて、そういう経済のやり方に古い封建的な政治の上部構造が合わなくなってきて、ブルジョワ革命が起こって……っていう話ですね。

北田　いわゆる史的唯物論ですね。

松尾　そうだとすると、これからの社会システムの変化についても、資本主義的な階級的な関係の横にというか、その中にというかですね、資本主義とは別の、階級の支配関係によらない生産関係ができてきて、それが拡がっていって、遠い将来には、それがメジャーな社会システムになるでしょうっていうような、そんな見方が唯物史観だと思うんですよ。

だから、どっかでカタストロフが起こって、それで劇的に社会システムが変わるっていうのではなくて、目の前で、そういう次の社会システムにつながるような、階級的な抑圧関係のないような生産関係をつくっていきましょう、っていう話になると思うんです。最近、マルクスの展望した将来社会は「アソシエーション」と呼ぶのが流行っていますが、まずは草の根から、地べたの個々人の手の届く範囲から、アソシエーション的人間関係をつくっていくということです。

具体的には、従業者や利用者に主権がある協同組合なり民主的なNPOなりのつながりあいが発展していくとか、あるいは普通の資本主義関係の中でも、労働組合とかが発言力を強めていって階級的な支配関係を変えていくっていうね。そんな感じの、日頃の日常の生産のあり方を身の回りから変えていく取り組みが拡がっていって……っていうイメージの社会変革論なんです。資本主義体制を根本的に変える上部構造の革命は、一〇〇年後か二〇〇年後か、土台の中の変革が十分成熟したあとにくるという展望になります。

ブレイディ　「システムの終焉」だの「体制の滅亡」だのセンセーショナルな言葉で上から人びとを脅して立ち上がらせようとするんじゃなくて、いまそこにある地べたからつながっていく。政治は生きることであり、暮らすこと、ってやつですよね。そういうグラスルーツこそ社会運動の下部構造です。それって、実はアナルコ・サンディカリスム（無政府組合主義）的なものでもありますよね。アナ・ボル（アナキストとボルシェビキの論争のことを「アナ・ボル論争」という）のアナ的なものが復活しなきゃいけないとわたしは思っています。

松尾　でも、不況下だと仮にそういう労働者協同組合みたいなものができたとしても、経営が苦しくなって簡単に「ブラック協同組合」になってしまうんですよ。だから、社会を変えていくといっても、やっぱりまず目の前の不況をなんとかするということを考えなければいけないと思います。カタストロフや急激な変化みたいなものを待望するんじゃなくて。いますぐ資本主義体制を一挙根本的に変える上部構造をつくるのはまだ無理だとしても、土台の中の人びとの地べたの暮らしや労働の場での社会変革の取り組みをやりやすくするような政治を実現することは可能です。

やっぱり、僕にとってのマルクス主義というのは、実際に世の中で働いている労働者の立場に立つというのが第一なんですよ。それで、労働者にとってもっとも切実なのは雇用の問題じゃないですか。僕らはクビを切られたら生きていけないということなんですよ。だから、そこに一番の焦点を当てるっていうのは、前にも言いましたけど、マルクス主義の十分条件とは言えないまでも必要条件だと思っています。

そもそも、マルクスの唯物論というのは、ひとことで言うと「結局世の中飯の問題です」ということじゃないですか。それはマルクス主義の基本的な、一丁目一番地だと思います。世の中は飯の問題（土台＝下部構造）で動いていて、その問題を解決すると主張する政治思想や政治体制（上部構造）が選択されるんだっていうのが、唯物論の考え方です。そうしたら、いまのような長期不況で食べていけない貧困な人たちがいっぱい出てきたら、どういう上部構造が選択されるかと言えば、飯の問題の解決を提示する政治体制に決まっています。

北田 この本の中で何度も語ってきたように、戦前のドイツではそれがナチスだった。

松尾 そういうものが支持されてしまうというのは、唯物論的に見れば不思議でもなんでもないわけですよ。提示されている経済政策の中で、安倍政権とかオルバーン政権とかが提示しているものが一番良さそうに見えたら、当然みんなそっちを選んで、人権の問題とか憲法の問題は二の次、三の次にされてしまう。それが道徳的に善いことか、悪いことかという話ではなくて、唯物史観的には現実はそういう法則で動いているということなのです。

ブレイディ 自分を変えたいのなら話は別ですが、社会を変えたいのなら、日本の左派は、個人の在り方問題とか、道徳問題の外に出たところでものを考えなければダメだということですよね。「リアルに」とか言うのなら、厳然たるリアリティを目をそらさずに見ないといけない。

北田 左派にはぜひ唯物論を思い出してほしいですね。下部構造なき左翼が精神主義に走ったら、もっとも悲劇的なことになるに決まっているのですから。わたしは「自分はリベラリストだ」と言ってきましたけど、そういう意味ではわたしも唯物論者なんですよ。昔『責任と正義』（勁草書房）という本の中で、「自分は唯物論者だ」と書いたことがありますが、お金の問題や食う食わないという問題を、きちんと社会的な問題だととらえられるかどうかが、本来のケインズ主義やマルクス主義の政治経済学の基幹にあるはずのものだと思います。わたしは単純にそれを左派が取り戻すべきだと思う。

ブレイディ 欧州みたいに経済の問題が重要なんだと考える左派が日本にも生まれてくると、状況は変わっていくと思います。

日本経済の先行き

松尾　ただ、最後にちょっと悲観的な話になるんですけど、さっき言ったリフレ政策みたいなものって、有効なのは完全雇用になるまでで、そこから先はもう中央銀行で無からお金をつくって出しても、需要の拡大に見合うだけの生産を増やしていくことができないから、それこそ本当にインフレがひどくなっちゃうんですよね。

僕は日本がデフレ不況で低迷している時にこそ、緩和マネー（日銀が量的緩和でつくったお金のこと）を使って福祉インフラの構築に充てる（「投資」する）べきだとずっと言ってきたんですけど、現状では緩和マネーは福祉とか教育とか住宅政策にはぜんぜん充てられていないままで進んできているという状態です。それで、こういう風に中央銀行がつくったお金で政府支出することがいつ頃までできるかというと、もうあんまり時間がないと思うんですよね。いまの景気の動向を見ると、じりじりと完全雇用が近づいてきているように思えます。

北田　前にも言ったように、「アベノミクス」の「第一の矢」だけでも、大学新卒者の採用率が劇的に改善してきていますし、実質賃金も持ち直しはじめている。

松尾　そうなんです。世界経済にはリスクはありますが、もし何も波乱がなければ、もしかしたら今年（二〇一八年）中に完全雇用の水準に到達するという可能性もあります。もちろん、何政権だったとしても大学新卒者の採用率が上がったり、失業率が改善して賃金が上がったりするのは、それ自体はとてもいいことなんですけど、いまのままの路線でいくと、僕はオリンピック後に大きな問題が出てくるんじゃないかなと思います。

ブレイディ　オリンピック後にどうなるんですか？

松尾　おそらく次の消費税の引き上げで一回景気は後退に向かうと思います。ひょっとしたら今年中にも不動産バブルが崩壊して景気に多少の影響はあるかもしれません（ないかもしれません）が、オリンピックで多かれ少なかれ景気は復活するでしょう。その時に、緩和マネーは福祉や教育の分野じゃなくて、このオリンピックですべて使い果たして終わりになると思います。その時点で完全雇用が達成されていたら、もう追加の緩和マネーを出すことはできませんから、「人に投資する」という政策も簡単には大盤振る舞いできません。そうなると、そこそこの格差が温存されたままで、もうこれ以上ケインズ主義的な政策をとるとインフレがひどくなってしまうのでできない、という局面が到来しかねないと思います。

あるいは、仮に今年中に完全雇用が達成されて、目標のインフレ率が実現しはじめると、日銀は今度は金融引き締めに入らなくてはいけません。そうすると、政府は金融を引き締めなければいけないにもかかわらず、オリンピックをしなくてはいけなくなる。

北田　それこそ、公共投資をする必要のないタイミングで無駄なお金をじゃぶじゃぶ使う、みたいなことになってしまいますね。

松尾　そうなんです。そうなると、日銀はもう緩和マネーを出すことができないので、政府は民間からお金を借りるしかなくなります。ところが一方で、日銀は金融を引き締めるために売りオペして民間からお金を減らすことになるので、金利が高くなるんですよね。すると、日本に資金が押し寄せて円高になって輸出も鈍るし、設備投資が必要な企業もお金を借りにくくなります。

日本全体の平均をとったGDPで見ると、一見オリンピック特需で景気がいいように思えるけれど、景気がいいのは首都圏の一部だけで、地方では製造業が壊滅的な状態になるという可能性があります。

ブレイディ　地方と都市の格差が開いたままで、国全体のGDPだけは天井の水準に達してしまう。

松尾　地方経済はかなり厳しい状態になると思い

ます。昔だったら地方に職がなかったら首都圏に労働移動したんですが、それは団塊世代は人数が多くて、家を継がなくていい田舎の次男坊、三男坊がたくさんいて、新しい労働力として都会に移動していたからなんですね。いまは地方と都会との間の労働移動がものすごく少なくなっているんですよ。そうすると、首都圏は人手不足で、国全体を合わせたら統計上完全雇用でも、地方では職がないのに人がたまっていくっていう状態がたぶん来るんじゃないかなと。

ブレイディ　それヤバそうですね……。

松尾　結局、なんでこんなことが起こるかって言うと、EUの場合と似た理由なんですよ。つまり、日本は国全体としては中央銀行が一つなのに、インフレ圧力の違いが首都圏と地方で違った形で出てくる。つまり、首都圏はかなりのインフレ圧力がかかるけど、地方っていうのはむしろそれに対してデフレ気味になるんじゃないかと。

ブレイディ　ドイツは景気がいいけれど、南ヨーロッパは悲惨だっていうのと同じ状況が日本国内で起こってくる。

松尾　そう思います。いまの日銀のインフレ目標は二パーセントですよね。日本全体で見ると景気の差がかなりあるのに、数値目標はその平均なんですよね。しかも、金融政策の効果というのは全国一律にきくんですよ。首都圏ではインフレを抑制したいからって金利を高くすると、地方では設備投資が鈍って景気が悪くなるというように。金融引き締めで円高になれば輸出が鈍るというのは地方でも同じですし。儲かるところとそうじゃないところに落差があるのに、中央銀行は一つしかないということになって……。

ブレイディ　そのシナリオはヤバイけどリアリティがあります。

松尾　そうなると、ちょっと困った状態になるんですよね。前に「マイルドヤンキー」と呼ばれる人たちがいるっていう話がありましたが、彼らの特徴って地元志向で都会に出てこない人たちって言われているじゃないですか。それって、地方で職がないのに労働移動しない人たちも含まれていると思うんですよ。そうなると、社会的排除がますます進むんじゃないかと危惧しています。円高で激安製品が輸入されれば、なんとか生存はしていけるでしょうけど。

ブレイディ　そうすると、これから日本のチャヴも出てきますよね。違う蔑称が出てくるかもしれないですね。「マイルド」どころじゃないハードなやつが。

『THIS IS JAPAN』の取材で寿町の日雇いの方々とかホームレスの支援とかをしてる人に会った時も、みんな「一番怖いのは東京オリンピックのあとだ」ってはっきり言っていましたからね。

松尾　地方ではオリンピックの最中からそういう状況になる可能性もあります。たぶん地方は衰退して人が余るところがあると思うんですが、それがなかなか首都圏に移動しない、しかも首都圏のほうでは福祉とかそういうところではなくて、オリンピックのせいで建設業みたいなところに人手がとられているという状況になると思います。本当はそういう労働のミスマッチが起こらないように、不完全雇用の時代に、福祉とかに公共投資して、その分野に労働移動を促して、将来完全雇用の時代がやってきた時に、必要な地方、必要な分野で働いている人を増やしておかなくちゃいけないんですけど。このままでは、首都圏でも介護の人手不足というのがものすごいことになると思うんですよね。そういう労働の配分のミスマッチが起こってくる。

ブレイディ　山谷で取材した時に、あそこも老化が進んでいて、でも都内での介護が難しいから、すごく遠くの県の施設に入ってもらうしかなくて、友人たちのいる、住み慣れた場所で生涯を終えてもらうことができないって支援者の方がおっしゃってたんです。「山谷のおっちゃんたちは世間より先にそうなっているだけで、いまに高齢者はみんなそうなるでしょう」って言われてました。首都圏の介護の人手不足はすでに深刻のようです。労働配分のミスマッチとかも、結局ミクロとマクロが切れてるからですよね。地べたでいま何が起きているかということを把握してない。

北田　松尾さんがおっしゃったように、わたしも重要なのはむしろ「オリンピック後」に生じてくる問題だと思うんです。右派にしても左派にしても「二〇二〇年」に過剰にシンボリックな意味を与え続けていることが気になって仕方がありません。

経済とはずれますが、ここ数年来「社会の芸術フォーラム」という、現代アートと社会科学とのガチンコの討議の場を運営しているんですが、そこには「復興バブルから二〇一九〜二〇年に訪れる五輪バブルの間に、現代アートの社会科学的な位置・意義・方法を「二〇年以降」も継続可能な形で構想する契機が必要だ」という含意があります。アートはどうしても「経済」「労働」「搾取」といった問題系から目を背けてしまい、その時々の状況の関数で投下される公的資金や助成金に依存してしまう。そんな中で、若手の不安定性に由来するさまざまな「常識を崩す」試行錯誤だけが目立ってしまい、結局中長期的な観点に立ったアート界のサステナビリティは先送りされていく。アートは社会から自律している、というお題目はほとんど末法思想です。このままでは五輪後地獄だぞ、と。

「二〇年」に向けて「二〇年以後」を構想するプラットフォームを形成するか、「二〇年」を目標とするか、いま大きな岐路に立たされていると思うのです。だからこそ、わたしは、アーティストにこそ経済的なしたたかさを持ってほしい、社会からお金が還流する仕組みをつくってほしい、そのためにはいま何を準備しておくべきか一緒に考えてほしいと思います。これは人文学の未来と同様です。公的資金が下りるうちにお金の還流の仕組み、労働・仕事の意味をとらえ返し、イスの奪い合いではない場をつくっていかねばならない。

松尾　僕はアートのことについてはあまりよくわかりませんが、公的資金が下りるうちにサステナビリティのある仕組みをつくっておかなければという危機意識はとてもよくわかります。さっきも言ったように、僕もそう思って、緩和マネーで公共事業をできるうちにこそ、介護や住宅政策などの生活のインフラづくりにそれを充てるべきだと主張してきました。

北田　同様のことは、日本社会のあらゆる領域について言えると思うんです。しかしこのあたりインテリは呑気、あるいは逃げ切り志向だと思います。わたしは中堅世代以下にとってこそ、「下部構造」に目を向けた生活世界の再設計こそが喫緊の課題であると考えています。ぜんぜん伝わってない気がしますが（笑）。

松尾　おっしゃるとおりです。しかし、やっぱり経済政策というのは、その時々の状況に合わせて機能するものなんですよね。だから、状況が変わってしまえば別の政策を考えなければならなくなります。リフレ政策が通用するのも有効期限があるんです。そして、その期限はもう長くないと思います。

僕は、安倍さんが総裁選挙に出た時から一貫して、年中毎年、安倍さんが好況で完全雇用を実現して、選挙に圧勝して戦後憲法体制に終止符を打つという、ナチス再現の悪夢を警告し続けていまに至っています。そして、そうならないように、まだ完全雇用までギャップがある間に、野党が安倍さんを上回る、もっと民衆の役に立つリフレ政策を公約し、選挙に勝って政権をとることを主張してきました。ところが、それがぜんぜん聞き入れられないうちに、安倍さんの国政選挙五回圧勝を許して、さんざん国の右傾化と私物化が進められたあげく、対抗策の有効期限切れが近づいてきています。

北田　経済政策というのは、あくまでプラグマティックなもの、状況の関数ですからね。

松尾　そうなんです。リフレ政策というのは、単に状況に合わせて提案されたニュー・ケインジアンの政策にすぎません。それはあくまで手段なので、状況が変わればまた別のやり方が必要になってくる。それが経済学的なものの考え方というものなんです。

ブレイディ　そうなった時のことを、もういまから考えておかなくてはならないですね。

松尾　はい、そう思っていま、その作業をはじめているところです。なんだか「景気」の良くないオチになっちゃいましたけど。

ブレイディ　「景気」の良くないって、ただのダジャレじゃないですか（笑）。

あとがきにかえて

ソーシャル・リベラリズムの構築に向けて

北田暁大

ほとんどの読者はご存知ないだろうし、知らなくて当然なのだが、私の博士学位論文は『責任と正義　リベラリズムの居場所』というタイトルで、ロールズ以降の英米圏のリベラリズムについて、ニクラス・ルーマンという社会学者の議論を参照点に、かなり思弁的にリベラリズムの「機能主義的正当化」を図ったものだった。そこで述べていたことは、回りくどいけれども単純で、リベラルな国家〔政府〕は、理由や制度、規範を共有しない他者をなぜいかにして包摂しなくてはならないのか、またそうした意味でのリベラルな国家は、どのような形で自らの判断の不偏性と正当性を担保しうるのか、ということであった。

理論書なので結論はあってなきようなものなのだが、リベラルな国家は、人権を有する市民の正当化された理由に不偏的な配慮を向けなければならず、可能な範囲内で、理に適った異議申し立てを他者の自由権の不当な侵害にならない範囲で、実行可能な政策へと反映しなければならない。「(正当な理由に対する)不偏性原理」という最小の原理から成り立つ国家は、その「小ささ」ゆえにあらゆる理由を恣意的に排除しないという意味で「大きく」ならざるをえない。自由権・社会権という基本権は、国家が理由にもとづく不偏性担保の政治に自己限定する(つまり、教育や美術、科学、法、道徳とは異なる)ことにより、逆説的な全域的妥当性が保証されるための、社会的装置である、と。なんだか抽象的になってしまって申し訳ないのだが、ようするに、ロールズの自由論では足りない、人びとのニーズやウォンツを適切にくみ取っていく社会的装置が国家であり、人権はその国家の存立そのものの根拠となっているということだ。イメージ的にはセンのケイパビリティ論、ファンクション論があった。しかしケイパビリティ論のある種のパターナリズム(徳倫理との近接)を回避するために、人びとによるニーズ群を正当な理由を持つものとして再定式化したり、個々人の機能の変換様式をつぶさに検討する人文社会科学の知を媒介項として差し込んだ。社会科学は、機能的に分化した社会の諸領域を生きる人びとの直観的な違和やニーズを不偏性の天秤にかけるための理由作りの従者である、というのが私の見立てであった。

ロスジェネ論壇の消長を経て、二〇一一年頃から激化したヘイトスピーチや、安倍政権が誕生してからの「社会科学者」たちの政治へのスタンスを、一部は共鳴・共闘しつつ、そのなかで理由作りの従者という役割を忘却してしまっている人たちが少なくないことに、少しずつ危機感を感じるようになっていた。安倍政権への憎悪ゆえか、「人権か経済か」などという荒々しい図式が蔓延し、「脱成長」「低成長」「移民受け入れ否定」を言ってはばからない著名知識人が清貧の思想を説き、世論調査と国会前のデモの盛り上がりとを対照させて、世論そのものに絶望したり慨嘆したりしている。世論は、決して右傾化していない。歴史認識も憲法改正も「革新」的なアジェンダではむしろ「革新寄り」である（拙稿「日本型リベラルとは何であって、何でないのか」『現代思想』二〇一八年一月号）。問題は、人びとの社会的ニーズが「経済」へと向かっていることであって、その発想自体を貶めても仕方がない。それは理由の従者としての責務を放棄するものであり、ある特定現象に適当な文脈付けをするだけの批評家の姿勢と変わらない。そんななか、安倍政権の下、生産年齢人口のなかで唯一賃金がマイナスの経路をたどっている団塊Jr、ロスジェネの苦境は忘却され、華やかでファッショナブルな若者の政治運動がクローズアップされる。二〇一五年の反安保デモに足しげく通った後、私は路上ではなく、理由を創る机上にこそ戦線があると確信し、それまで抑制していた左派知識人への憤懣を吐き出すようになった。おかげですっかり右翼扱いだ。

考えてみれば『責任と正義』で私が考えたかったのは、ニューレフトや文化左翼の「次」へと進む「レフト3・0」だったのだと思う。これは単純な経済決定論への回帰ではない。そうではなく、様々な準拠枠から析出される「上／下」の正当化不可能なあり方を問題化し、大衆迎合と違う形で人びとのニーズを翻訳すること、つまり「(人びとが大切だと思っている)経済も」というスタンスである。「等しきものを等しく」とは本当に難しい問題だ。たとえば同一価値労働同一賃金という発想は、同一価値という形而上学的とも言える論争的な問題をたちまち惹起したりするし、非正規雇用者が正規雇用者のブラックな労働のあり方を「恵まれている」と断罪したりする、それこそ疑似的な分断を持ち込みかねない。「他の条件が等しければ」とは因果導出のための科学の基本作法だが、その条件統制の専門家が学者というものだろう。信じる政治信条のために人びとを愚民扱いしたり、勝手に諦念するのであれば、それは思想家や文明論者に任せておけばいい。

私は別に「経済還元論者」ではない。しかし世論を様々な角度から見て、なにが正当化可能なニーズとして許容されるか、を「権利」の一言で済ませられるほど、社会主義を遠ざけているわけでもない。フェミニズムにしても文化左翼にしても、かれらはみな権利基底的な「リベラリズム」にとことん懐疑の目を差し向けてきたはずである。ライツトーク(権利語を資源とした討論・議論)の横暴をフェミニズムは決して許容しなかった。「権利語」は、決して正当化の最終審級ではない。表現の自由ではお馴染みの論点だろう。私はただ、経済の領域についても同様の権利語による専横を許容すべきではない、と考えているだけだ。いったいいつから、この国の左派知識人はライツトークの従者——下手すれば新自由主義のそれ——となってしまったのだろうか。その違和感を本書では、松尾さんとブレイディさんの胸を借りて、びくびくしながら、しかし率直に話してみた。

ソーシャル・リベラリズム——この面妖な立場こそが私の立脚点である。リベラルであるということは実はソーシャルであることを含みこまざるをえないし、ソーシャルであることもまたプラットフォームとしてのリベラルな思想を前提とせざるをえない。折衷というのではなく、両者は表裏一体である。しかし、それに対応する政党が、ない。そのために体力を使うことを惜しんだわけではないが、残念ながら緊縮＝左派という構図が固まっている。議会内政治の「革命」が遠からず起きることを願ってやまない。

あとがきにかえて

日本に左派の反緊縮運動を！

松尾匡

今度こそ耳を貸してもらえるか

安倍さんが好景気を実現して選挙で圧勝して、改憲をはじめ戦後民主主義の破壊を推し進める悪夢を警告し続けてもう五年以上になります。そうしたら、このかん、味方側から叩かれてばかりです。

「好景気になる」と警告したら「アベノミクス礼賛者」にされます。安倍自民党の支持が高い根拠を分析して、以前と比べた経済状況の一定の改善のせいだと警告しても、「安倍擁護者」にされます。左派やリベラル派の野党勢力は、今みたいな経済政策を掲げては勝てないから、経済政策を転換せよと言うと、「左派叩き」と言われてしまいます。

こちらとしては欧米急進左翼の常識から当然のことを首尾一貫して言っているだけなのに、「安倍礼賛をしたり急進的なことを言ったり、コロコロ言うことを変える奴」みたいな扱いをされます。法人税増税や累進課税強化や福祉充実や再分配は、二〇一〇年の著作にも書いてある持論なのですが、これらのことを主張せずに「金融緩和だけ主張する奴」という虚像を流されることもありました。また、金融緩和や財政出動の不十分さを批判してもっと大規模な対案を提唱すると、「アベノミクスもっとやれ」と応援していることにされてしまいます。

そんなこんなで、全然耳を貸してもらえないうちに、安倍さんは選挙に何度も圧勝し、事態は当初から警告し続けたとおりに推移して、戦後民主主義の破壊が進められてきました。なんとも悔しすぎるのですけど……。

ところが、財政破綻や円暴落やハイパーインフレの危険を安倍政権批判の材料に使っていた論者たちは、理の当然として、消費増税と緊縮財政を唱えないわけにはいきません。たしかに、それはむしろ首尾一貫した態度だと言えるかもしれません。しかし、そこから人々が明るい高齢社会の展望を描くのは困難です。ましてや、ただでさえ生活が楽でない有権者に向かって、そんなことを唱えていては、選挙に勝って目の前の右傾化政治の暴走にストップをかけるなど、とうていできないでしょう。

このまま日本の左派やリベラル派は玉砕に向かうほかないのでしょうか。そうはさせないための一縷の望みを託してこの本を世に出します。ブレイディさんや北田さんには、いっしょに味方から叩かれるイバラの道に引き込んでしまったような気がして大変気がひけますが、もし今度こそ事態を好転させることができたとしたら、それはお二人の貢献が得られたからこそだと思います。

実現した反緊縮政策は首尾上々

さて、本文の鼎談では、反緊縮運動の紹介がいささか急進的な勢力に偏ったかもしれません。しかしレフト1・0、レフト2・0ともに穏健派と急進派があったように、レフト3・0にもいろいろな程度での穏健派はあり得ます。両者は、前二バージョンの場合に見られたような不毛な仲違いをせず、生産的批判を交わしつつ連携してほしいものです。「中道」それ自体が悪いわけではなくて、小泉さんを多少砂糖水で薄めたような「中道」と連携したら自殺行為だというだけです。日本ではそんなのばかりが目立ちますが。

実際には、これまで政権について、反緊縮政策を進めることができたのは、どちらかと言えば穏健派が主導する政権です。いずれも目下のところ首尾は上々。以下、

ＩＭＦ公表のデータを使って三例紹介しましょう。

カナダで二〇一五年に緊縮派の保守党政権を倒して政権についた中道左派の自由党は、三年間で二五〇億カナダドルの財政赤字を容認し、計六〇〇億カナダドルのインフラ投資を公約して選挙を闘っていました。実際この二年間で七〇〇億ドルほど歳出を増やし、二〇一五年に〇・九四パーセントだった実質成長率は二〇一七年に三・〇四パーセントへ増加。雇用はこのかん四四万人増えて、二〇一五年に六・九パーセントだった失業率は、二〇一七年末時点で五パーセントにまで下がっています。このかん、二〇一五年に二度の利下げをしたまま、二〇一七年秋の利上げに至るまで、緩和的な金融政策運営が続いてきました。財政・金融双方の積極政策が功を奏していると言えます。

二〇一五年にはポルトガルでも保守系の緊縮派から社会党政権に交代し、共産党など左翼三派の閣外協力を得て緊縮政策から転換しました。その結果、景気が拡大して二〇一五年に一二・四パーセントあった失業率は劇的に低下して、二〇一七年には九・七パーセントにまで下がっています。するとかえって財政赤字は減り、公的債務のＧＤＰ比も下がっています。この「奇跡」は「ポルトガル新時代　反緊縮のたたかい」と題して、『赤旗』で二〇一八年一月一四日から連載記事になっています。

二〇一四年のスウェーデン総選挙では、それまで緊縮政策をとってきた保守中道政権が敗北し、社民党・環境党連立に左翼党が閣外協力する少数与党政権が成立しました。そのもとで財政拡大と、金融引き締めから金融緩和への転換がなされ、それまで低迷していた景気が拡大。二〇万人余の雇用増で、失業率は二〇一四年の七・九パーセントから二〇一七年の六・六パーセントに低下する一方、財政収支は税収増によりかえって黒字化しています。

実は、スウェーデンの中央銀行は、政権交代前の二〇一二年に、私がIMFのウェブデータから確認できるかぎりではじめて、中央政府に対する債権（おそらくほぼ国債）を保有していますが、二〇一五年にはその額を前年比一五倍に増やし、以後もその保有水準を増加させ続けています。つまり、政権発足時点の赤字財政政策は、中央銀行による国債買い入れで結果的にバックアップされたと考えられます。この結果、中央銀行の出したお金であるマネタリーベースは、二〇一四年と比べて二〇一六年には倍増しました。

期限切れになってから受け入れられるのか

もっとも、鼎談の最後の方でお話ししましたように、日本では、増税なき財政拡大の期限切れは近づいてきていると思います。

この本には収録されませんでしたが、実際の話し合いの場では、二〇一〇年の『不況は人災です！』で半分冗談で書いたことは本当なのかもしれないということをお話ししました。戦前、大不況に対処するために生まれたケインズ理論が政策として開花したのは、正反対の高成長時代の六〇年代。そのせいもあって悪化した七〇年代の高インフレに対処するために生まれた「新しい古典派」の理論が政策として開花したのは、正反対のデフレ不況の小泉時代。やはり事態を悪化させました。この調子では、デフレ不況に対処するために生まれた財政拡大リフレ論が受け入れられて政策として開花するのは、時ならぬ超完全雇用の人手不足時代で、このせいでひどいインフレになってしまうのではないか――というネタのことです。

これが冗談ではなくて「本当かも」と思ったのは、その本を書いた数年後、NHKの若い人の取材を受けた時のことです。なぜ私のところにきたのだろうと思ったら、その人の上司が大学時代の同級生だったからでした。考えてみれば、ケインズ理論は上の世代の経済学者にはなかなか受け入れられず、戦後すぐ若い世代の研究者に流行したのですが、彼らが出世して政策に影響を持った頃は高成長期になってしまっていたわけです。同じように、高インフレ制圧のための「新しい古典派」が快進撃する八〇年代にアメリカに留学して、それを身につけた若手研究者が、日本に帰国し、出世して、学友たちが官庁やマスコミで人選を決める立場になって指名を受ける頃には、世の中はデフレ不況真っ盛りになってしまっていました。どうやら新しい学説に基づく政策が世間に受け入れられて実現するまでには、世代交代レベルの時間が必要なようで、その頃には当初前提にしていた条件が正反対なものに変わっているということが、しばしばあるような気がします。

最近になって私たちの主張がようやく振り向かれるようになってきたのはいいことですが、この浸透ペースでは、今回もそうなりそうで怖いです。もっと早くから、デフレ真っ盛りの頃に受け入れてもらえたらよかったのですけど。

せめて民主党政権時代にでも日銀マネーで金に糸目をつけない反緊縮政策がとられていたならば、公約は実現でき、景気は回復し、震災復興はでき、民主党政権は続いていたでしょう。秘密保護法も安保法制も共謀罪法もなかった。死ななくていい人の命がどれだけ救われたか。壊れなくていい家庭がどれだけ壊れなくてすんだか。どれだけの若者の人生が狂わなくてすんだか。その後、安倍政権下であれだけお金が作られてハイパーインフレにも円暴落にも全然なっていないのですから、もっとデフレだったあの頃やっておけば、弊害は何もなくいいことばかりだったはずです。

しかし、私はまだあきらめていません。現状では、いまだ十分にデフレ脱却ができておらず、多くの庶民に景気の恩恵が及んでいない状況ですから、今この主張をひっこめる必要はありません。また、将来本当に人手不足が進行してインフレ圧力がかかる時代がきても、大企業や富裕層への負担を高めればよいので、庶民のための財政支出を豊かにすることをあきらめる必要はありません。

オリンピックによる金利上昇・円高への対応

しかし、ちょうどデフレ脱却のいわゆる「出口」付近に、東京オリンピックがあることは、非常にやっかいです。鼎談でも「金利上昇と円高で地方経済は設備投資と輸出が減って衰退するかも」という話をしましたが、オリンピックの財政資金調達の市場への影響も、金融緩和縮小の影響も（さらには消費増税の影響も）全国一律なのに、首都圏だけに超過需要が作られる点に問題の根があるので、ちょっと深刻です。

とはいえ、本書をこうした「景気の悪い話」で終わらせるわけにはいかないらしく、編集サイドから、「あとがき」でこれへの対処法のアイディアを書いてくれと言われました。そう言われても、なかなかいい手が思いつかなくて困ります。オリンピック返上が一番いいので、野党側の立場としてはあくまでそう言い続ければいいのですけど。

首都圏限定の特別増税で地方に経済対策を打つというのもいいのですけど、私は法律のことは本当にしろうとなので自信がないのですが、そうなると憲法上住民投票が必要なのではないかと思います。だとしたら現実には無理でしょう。

結局インフレ目標を緩めるというのが一番現実的になります。その時の状況次第ですが、例えば四パーセントにする。そうしたら金利も円高も抑えられて地方経済はだいぶ楽になると思います。今の日銀の陣容では、事実上そうしそうという気もしますが。

ただ、これには大きな問題があります。「苦しくなったらインフレ目標が引き上げられる（または無視される）」ということが公衆の予想として織り込まれてしまうと、インフレ目標が物価安定のための歯止めとして機能しなくなるのです。例えば、資金の貸し手は目標値よりももっとインフレになると思って、それを織り込んだ高い金利じゃないと貸さなくなってしまいます。となると、企業は同様の高いインフレで将来売値が上がるのでないかぎり、お金を借りて設備投資しませんので、目標値をさらに引き上げないとひどい不況になってしまいます。結局ずるずるとインフレ目標が上がり続けることになり、歯止めがなくなってしまいます。

これを防ぐには、「インフレ目標の変更には選挙で民意を問うこと」というルールにすることが必要だと思います。でもそうなると、現行の選挙制度のままでは、安保政策や文化的価値観をめぐる選択を優先して、金融政策について自分の意思に反する候補に投票せざるを得ない有権者が続出しますので、選挙が民意を反映しなくなって困ります。だから、安保政策や文化価値観と、金融政策とがいろいろな組み合わせになっている政党から有権者が自分の意思にあった選択肢を選べるよう、選挙制度は比例代表制に変える必要があると思います。

こうして金融政策について民意を反映した構成の国会ができた上で、日銀の政策決定機関は国会がその構成に比例して選出するようにして、安保政策や文化価値観とは無関係な、金融政策についてのシングルイシュー連立で金融政策が運営できるようになるのが望ましいと思います（なお、景気加熱時の万一の海外資金の急流入による円急騰、不況時の万一の資金の急流出による円急落に際して、インフレ目標を硬直的に守ろうとすると、景気の不均衡に拍車をかけるので、その際には例外的事態として選挙で問わずとも一時的にインフレ目標をはずしてもよいことをルール化しておくべきだと思います）。

消費税増税反対・財政緊縮反対で勝てる

以上がオリンピックによる金利上昇・円高への対応策のアイディアですが、なかなか課題が山積みです。しかし、野党側に活路がないわけではありません。政府は、今年（二〇一八年）六月の「骨太方針」で、財政のプラマリーバランス黒字化に向けて、消費税増税と財政削減の緊縮政策方針を打ち出す見込みです。これ自体ひどい話ですし、本気でやめさせないとダメですが、ある意味ではチャンスだとも言えます。

安倍さんたちは権力を失えばどんな目にあうかわからない身ですから、政権にしがみつくのに必死です。改憲の国民投票は安倍さんの悲願ですが、万一否決されて――それは十分可能です――退陣圧力に結びつくことは断じて避けたいはずです。するると、安倍さんにとって一番リスクの低い方法は、二〇一九年の参議院選挙の時期を好景気にして、そこに改憲投票をもってきて、できれば総選挙もして、万一改憲が否決されても、経済実績への支持で選挙は圧勝できるようにすることでしょう。改憲投票をそれ以前にもってきた場合でも、否決されたならばただちに衆院解散して、有権者の「信任」を得る形をとりつけるはずです。そのために、景気拡大に全力を尽くすでしょう。公共事業の動向を見れば、いつごろ勝負をかけるかはある程度わかるだろうと思います。

本来なら、それで十分に景気が拡大してしまっていたら、先ほど述べたように、こちら側は日銀マネーを使って財政拡大する対案を訴える余地もなく、打つ手がなくなってしまうところでした。

でも今度は大丈夫です。相手がプライマリーバランスの黒字化などという有害無益なものにこだわって消費税引き上げと緊縮財政を打ち出すならば、俄然、攻守所が変わります。「こんなことをしたら、また不況時代が戻ってきますよ」「また就職氷河期がきますよ」「またリストラされてもいいのですか」「また派遣切りされてもいいのですか」「歳出カットで暮らしが苦しくなりますよ」そう訴えて、「私たちに任せれば、庶民の暮らしのための豊かな財政支出で、二度とあの不況時代には戻しません。二度と就職難にはしません。もう誰も路頭に迷わせません」と約束すれば、必ず勝機は訪れます。

そして、反緊縮運動が盛り上がって、そんなふうに、安倍さんが選挙で勝てないかもしれないとビビる状況までもっていければどうなるか。改憲投票で否決されるかもしれないとビビる状況、それで政権を失えば後ろに手がまわるかもしれないとビビる状況の三つが揃えば、そもそも改憲発議を断念させることができるかもしれないと思います。

それゆえ私たちの側は、本書に紹介した欧米反緊縮運動、レフト3・0にならい、財政危機論や経済成長全否定論から手を切って、経済についてのスタンスを大きく転換させなければならないと思います。そうすれば必ず勝てます。ともにがんばりましょう！

本書出版企画実現の経緯

さて、最後にこの本の成立の経緯を記しておきましょう。この本は、二〇一六年夏の、亜紀書房の小原央明さんからの熱烈な執筆要請メールが端緒でした。私は、今に至るも執筆に着手できていない二件を含む三件の出版企画を抱えて、その他いろいろ忙しい身だったので、最初はお断りしていました。しかし小原さんはあきらめることなく、手を変えてアイディアを持ち込んでこられます。ある時持ち込まれたのが、北田暁大さんとの対談という案でした。

たしかに、共著ならゼロから執筆するよりはだいぶ楽になりそうでしたが、北田さんは当時ご体調がすぐれないと聞いていました。何より、その前冬の「リベラル懇話会」のご活動の時、北田さんから直接何度も協力要請を受けておきながら、メンバーではなくて「アドバイザー」という位置付けにとどめてもらい、出された案に控えめに助言するぐらいの貢献しかできなかったという不義理が頭にありました。ご期待にかなう貢献ができなくてきっと失望させただろうと思っていたのですが、小原さんは北田さんと連絡をつけて対談のご快諾をとりつけたのです。北田さんには不義理を水に流していただいて恐縮のかぎりでした。とはいえ、二人でアカデミックな議論に終始して左派・リベラル派の現状を批判しても、実例による展望を示す点で弱ければ、また「左派叩き」と受け取られて終わってしまいそうだ、という不安もありました。

そうしたところ、二〇一七年は、いきなり拙サイトの新春エッセーを、ブレイディみかこさんがブログで取り上げてくださったと思いきや、ご本人から直接メールをいただくという超ハッピーニューイヤーな出来事で幕を開けました。欧州左翼の動向、特にその経済政策論は、日本に欧州経済の専門家が左派系でも何人もいるはずなのに誰も取り上げてくれないから、英語が不自由なのに自分でフォローするほかなくて難儀してきました。そんな中でブレイディさんのレポートは、ほとんど唯一の日本語情報として重宝してきたのです。それに、ブレイディさんのご著書を読むと、自分が観念的に考えたことがそれでいいのだと、実例と、地べたに根ざしたまっとうな感覚で肯定される気がして、とても力づけられていたところでした。

ブレイディさんとすぐに意気投合し、まず思いついたのは、別の出版社から依頼されている出版企画を一人で執筆する余裕がないので、共著にしないかという話でした。うれしいことに、ブレイディさんもその件の編集者も乗り気で、企画は社内の折衝にあがることになりました。

そうしている間に、亜紀書房の側でもブレイディさんを共著のメンバーに引き込む構想が盛り上がっていたようです。そして私の方にその提案がくるのと前後して、別の出版社の方の企画が社内折衝を通らずにポシャり、宙に浮いたブレイディさんと私は、そのまま亜紀書房の構想に乗り移ることになりました。

こうしてその年、ブレイディさんが来日される二回の機会を使って話し合いが収録されたのですが、まるで何年も昔から同じ問題意識を共有しあってきた仲間のように話が盛り上がりました。

それにしても、脈絡など皆無で、あちこち勝手な話題で盛り上がったものを、剛腕で筋の通った議論に仕上げた小原さんの労力は膨大なものがあったと思います。大変お骨折りをおかけしました。さきほど、この本で事態を好転させることができたらブレイディさんと北田さんの貢献と書きましたが、何よりもまず小原さんの貢献です。いやおかげできっとインパクトありますよ、この本。これでこの国の反緊縮運動もようやく沸き起こってくれることを期待します。

ああ、そう言えば小原さんが考えてくださったこの本のタイトルも、インパクトありすぎなんですけど（笑）。左派を自認する人で、貧困問題とか労働問題に関わっておられたり、グローバル資本主義分析をされている方たちから、「私たちはとっくに経済を語っているぞ」と怒られちゃいそうなんで最初ぐずったんですけど、剛腕の編集者に「勝てる対案」（笑）を出すことができず、残念ながら敗北を喫しました。

なんとか食い下がって、〈経済〉と山カギかっこをつけさせてもらったのですが、ここには「マクロ経済政策」という意味を、もっと言えば「人々の暮らしをもっと豊かで安心できるものにするための、あるべきマクロ経済政策」という意味を込めたつもりです。貧困問題も労働問題もグローバル資本主義分析もみんなとても大事ですが、あと一言、このことも語ってもらえたら鬼に金棒。怒れる庶民の心強い味方になれます。

そして、「いや自分はそのこともとっくに語っているぞ」とおっしゃるあなた。あなたのような人が存在することをわかっているからこそ、このタイトルにしたのです。いっしょに周りに呼びかけましょう。周りの、縮小志向や均衡財政志向やデフレ志向の人たちに、「そろそろ〈経済〉を語ろうよ」と。

二〇一八年二月二八日

〈追記〉

本稿脱稿後、森友学園問題が公文書改ざん問題という深刻極まりない事態にまで発展し、この追記を執筆している時点では、安倍政権が崩壊する可能性についても語られるに至っています。仮にそうなったならば、誠に歓迎すべき事態ではありますが、本書の当初の想定を超えたものであることはたしかです。報道を受けて、その点について本文にも若干の補足を加えましたが、あくまで最小限にとどめました。というのは、その場合にも、この本の中で私たちが主張している「いまこそ、日本に左派の反緊縮運動を！」という論点は、いささかも古くならないばかりか、むしろ重要性が増すものと思われるからです。

現在、自民党内でポスト安倍の最有力候補と目される石破茂さんも岸田文雄さんも河野太郎さんも財政均衡志向が強く、もし政権についたならば、二〇一九年の消費増税が予定通り行われるばかりか、財政支出削減も進められ、金融政策についても緩和の手仕舞いに向けて圧力がかけられると見込まれます。この場合、景気後退は当然不可避ですが、それがオリンピックによっても相殺され得ない不況になる危険性も大きいです。

このことが大衆心理に与えるインパクトは非常に大きいだろうと思われます。ようやくもうすぐ多少は安心できる経済の時代がくると期待していたところが、またリストラや就職難や倒産の時代に舞い戻る恐怖を味わうことは、最初から不況の中にいるよりも、もっと堪え難い絶望感を人々に与えることと思います。その際に高い確率で起こるだろう現象は、本書の中でも繰り返し語られているように、より右側から政府を攻撃する反緊縮の極右勢力の台頭です。

この時に、もしも左派やリベラル派が、緊縮財政政策や金融引き締め政策に対して「アベノミクスの後始末だから仕方ない」という態度をとり、自ら財政拡大や金融緩和（つまり左派からのニューディール政策）を唱えて対抗することをしなかったならばどうなるか。再不況の恐怖にかられる大衆の支持は、確実に極右側に流れてしまうでしょう。その結果は、安倍政権の方がまだかわいい政権の誕生ということにもなりかねません。

その逆に、左派やリベラル派の方から力強い反緊縮政策を訴えていけば、万が一安倍政権がずるずると存続してしまったとしても、あるいは政権崩壊後に自民党内の緊縮勢力が財政均衡路線を推し進めようとしたとしても、それに対抗して大衆の支持を得ることができるでしょう。したがって、安倍政権の存続・崩壊の如何にかかわらず、いまこそ左派からの反緊縮運動が不可欠である、というのが、変わることのない本書のメッセージなのです。

どうかこうした可能性を直視して、本書の主張を真剣に検討してくださるようお願いします。

二〇一八年三月二七日

ブレイディみかこ
イギリス・ブライトン在住の保育士・ライター・コラムニスト。著書に『ヨーロッパ・コーリング』『THIS IS JAPAN』『子どもたちの階級闘争』『労働者階級の反乱』など、共著に『保育園を呼ぶ声が聞こえる』などがある。

松尾匡（まつお・ただす）
1964年石川県生まれ。立命館大学経済学部教授。専門は理論経済学。著書に『商人道ノスヽメ』『不況は人災です!』『この経済政策が民主主義を救う』など、共著に『これからのマルクス経済学入門』『マルクスの使いみち』などがある。

北田暁大（きただ・あきひろ）
1971年神奈川県生まれ。東京大学大学院情報学環教授。専門は社会学。著書に『広告の誕生』『広告都市・東京』『責任と正義』『嗤う日本の「ナショナリズム」』など、共著に『リベラル再起動のために』『現代ニッポン論壇事情』などがある。

そろそろ左派は〈経済〉を語ろう
レフト3.0の政治経済学

著　者　ブレイディみかこ・松尾匡・北田暁大

発　行　2018年5月1日　第1版第1刷発行

発行者　株式会社　亜紀書房
東京都千代田区神田神保町1-32
TEL　03-5280-0261（代表）
03-5280-0269（編集）
振替　00100-9-144037

装　丁　水戸部 功

印刷・製本　株式会社トライ
http://www.try-sky.com

ISBN978-4-7505-1544-1　C0030
乱丁・落丁本はお取替えいたします。